徐 问·徐 容·编

重读徐开垒

上海人民出版社

徐开垒（徐福生摄）

徐开垒的父亲徐禾载

徐开垒的母亲黄金梅

前排（右起）：徐禾载、黄金梅。后排（右起）：徐开垒、徐雯彦、徐开墅、徐开堃、徐开垫

徐开垒与他的父亲徐禾载，后排（右起）：徐开垒、徐开墅、徐开堃、徐开垫

二十世纪三十年代，上海租界尚未沦陷。徐开垒（右一）全家在中山公园合影

团聚。（右起）徐开垫、徐开堃、徐开垒、徐开坚、徐开墅、徐森尧

徐开垒 20 岁

1948 年春天徐开垒在南京玄武湖

徐开垒和夫人刘秀梅结婚照

刘秀梅 25 岁时的倩影

徐开垒夫人刘秀梅婚纱照

1953 年徐开垒和刘秀梅

1956 年徐开垒与夫人刘秀梅
及女徐容、儿徐问

1959 年 6 月 7 日徐开垒和夫人
刘秀梅及（左起）徐问、徐音、徐
红、徐容摄于上海

二十世纪八十年代，徐开垒与夫人刘秀梅在新华路寓所

1993年徐开垒与夫人刘秀梅

1978 年全家福

1983 年春节。徐开垒与夫人刘秀梅、（左起）女儿徐音、徐容、女婿崔龙弟、儿子徐问、儿媳王玲娣、女儿徐红合影

目　　录

第四辑 文品与人品

第五辑 永远的怀念

第六辑 难忘的记忆

搬家

徐开垒

我活了六十多岁，生平共搬了十次家，每次搬家景况都不相同，其间�有不少可歌可喜可悲可位记述；但总的说来，下一次搬家，比近一次（也许也是最后一次吧，）对我说来，更有particular的意义。

第一辑　徐开垒散文选

第一次搬家，那还是我十五岁那年，当时抗战刚刚开始，敌人的飞机成整日整夜向宁波滥投掷炸弹，不少房屋时有炸毁，居民也纷纷逃亡。宁波城内十室九空，市面笼罩着一种恐怖的空气。当时我父亲就从上海回来，把我们全部迁上海去。

临离宁波的时候，我们没有向什么人告别，也不曾有什么人向我们送行。因为当时事出仓促，也是偷偷地，无恐觉地因家之明岁迁出……

静

静并不同于寂寞。寂寞会使人趋于颓唐，而静却能增加生活的更大的勇气。因此，我是一个静的爱者。

从幼年起，我就看惯了祖父的静癖。

在一个寂静的城市里，家屋是在一条更寂静的街道中。屋后有个不大的草园，有草，也有花和树木，然而这些都是静静的。

祖父就在这静静的环境中，以静静的心灵，体会了那静的温存。我们时常以原始的童稚的好奇心，去探测祖父的爱静的性癖；我们时常从这古老的草园大门的隙缝里，去窥探祖父在院内的神秘的动作。

原来祖父是静坐在一棵大的银杏树下，右手拿着棕色的烟管，左手托在膝上。眼睛也是静静的，像是注视着飘浮在天上的白云，又像是探索着嘴边烟圈的去路。

只有他的耳朵是最奇特了，园内是那么静，祖父听到一些什么呢？

"祖父真是一个奇怪的人呵！"我想着，于是静静地退到我自己的卧室里。

卧室里也是静静的呢，一个未满十岁的孩子，究竟未能完全领受到静的安慰。然而，从那时候起，我对祖父已经具有莫大的敬意了。

从园林里出来，祖父依然是有说有笑；不过当他独个儿踏着轻的脚步到那静静的草园去的时候，祖父却从不曾喊我或是其他的家人做过陪伴。

当祖父的静癖，在我不再感到陌生的时

祖父徐禾载珍藏康有为书法，留赠徐开垒

3

候，爱静的种子已经开始在我的心灵上萌发了。

纵然生活的地点不再是一个静的地方，然而在我们的家庭中间，却仍有静的影子不时降临；纵然爱静的祖父已经被不平静的日子带到了不可知的天国，然而爱静的性癖却终于渐渐地在我的心田滋长了起来。

静是温柔而且美丽，在她的身旁，我回复了真实。

每次，我从闹市带着创伤归来，幽灵般地推开门，静就会以熟悉的柔软的手为我敷上安慰的灵药。于是，我思想我所要想的，我欢笑我所要欢笑的，我絮语我所要絮语的，我愤怒我所要愤怒的……

静，她给我以没有打扰的思索，她给我以沉默的鼓舞，她给我以无限的光明的启示；她使我从颓唐中重新振作起来，她使我回复原始的纯洁的心灵。

当我无可奈何而离开她的时候，她常常赠予我以重振的勇气，坚强的决心。像一个仁慈的护士欢送伤愈的战士回到沙场去，静的声音是动人的。

近代中国国学大师章炳麟（章太炎）书赠祖父徐禾载。徐开垒家传

我爱静，静使我想起祖父，和祖父生前在家园中探索静的影子的情景；而且也因而领悟到祖父之所以有一个倔强的性格了。

要寻觅静的影踪，就莫易于夜深。

小说家常常选择夜深的时候写稿，其原因就在于有静的影子在督促他。而像我这样一个平凡的人，每喜在半夜披衣起床，却是由于单纯的爱静。

夜深，推开窗户。窗外没有一点声音，幽黯的路灯，散布着幢幢的黑影，那时静会飘渺地踱了过来，在你的耳边响着轻快的语声："夜深了，夜深了。"

然后，我和静一同望着冷月；她会告诉我那冷月这时正照着一些什么，或是为我讲一个远古的故事，唱一首动听的歌曲。

那时我的心胸会因而变得宽阔，因而引起对日间的思索和回忆。虚伪、欺诈、狂妄……都将由静的温柔的手抹去；最后她将给我以再战的勇气。

"夜深时能去接近静的人，是幸福的。"我常常这样想，因而也愈觉得应当骄傲于对静的认识了。

先生，你也爱静么？那静如草，静如幽谷里的溪水，都是洗涤我们心灵的源泉。然而你不知道静的本身，却更可爱呢！要是你也想去体贴一下静的温存，那么就请你夜深时披衣起床，去找寻她的影子罢。

世间一切顽强的人是否都有这个经验呢？我不知道。然而，静在我的生命的旅程上，至少已经是一种不可缺少的点缀了。否则，也许我会变得更荒唐、更懦怯的罢。

（《宇宙风》乙刊 1941 年 10 月号）

竞　赛

记忆有时真像一位不速之客，当我们不经意的时候，它就会来敲我们心灵之门。而且往往等不及我们笑意相迎，它就已突然在我们的面前出现了。因此，在我们偶然检阅旧物的时候，我们会忽然想起我们童年时的小伴侣；在我们跳上电车，挤在乘客中间的时候，我们会忽然记起三年前的一个早晨：我们骑着自行车旅行去；而现在，正当我们工作得疲倦了，准备伏案小息之时，我们又突然为这个不速之客所打扰了。我看见一个影子在我的面前掠过：一个十五年前的同学，有着黝黑健康的脸，惯常带着少女的羞怯的微笑。她曾给我们求学时代增添过不少快乐和烦恼。她永远是我们考试成绩的角逐者，而又暗暗地不让我们知道。当每一次考试完毕后几天，教师发回来考卷时，像出于一定的规律，她坐在旁边总是这样问我：

"你几分？"

"八十二分，你呢？"

"八十三分。"

在这样的问答中，我们总是在十分的欢愉中，带着一分天真的妒忌，然后又让这一分感情成为下一次加倍用功的动力。……

时间冲去了我们寂寞的少年时代。现在，一切都过去了，我们都在和过去完全不同的环境中生活，我们早已不为一张试卷、一次考分、一些微小的事情而喜怒哀乐。可是，为什么这个十五年前的同学，这个羞怯的、具有着十五年前少女特征的女孩子，她又在我的面前出现了呢？

一个喧闹的中午。当我游历过一些名城和乡镇，又回到这个朋友星聚的地方，我为三五良朋的欢谈所沉醉了，然后又忽然从这沉醉中惊醒过来，从其中的一个旧同学的口中，听到了这样的消息：我们那个十五年前的女同学，这个在我们的脑海里早已湮没了很久的人物，现在一家工农速成中学教书，而且被选为优秀的人民教师。

这个消息与其说是使我惊奇，还不如说是使我不安，纵然我现在已从朋友星聚的地方回来，纵然我现在独处一室，因疲倦而伏案小息，但我好像又看见她在我的旁边，在人生的道路上，像过去一样，一手掩盖着老师发下来的考卷，狡猾地笑着问我："我八十三分。你几分?"

我几分呢? 这次我真被窘住了。也许是不及格。也许只有六十分，勉强及格罢了。我是尴尬而又难受。我觉得我又不幸成为一个失败者。和十五年前一样，面对着她的微笑，我在十分的欢愉中，不是也还带着一分妒忌的心情吗?

我希望能像过去一样，收拾起这一分妒忌的心情，成为下一次加倍用功的动力。

(1956 年 9 月 13 日《人民日报》)

忆念中的欢聚

我说职业是一种向导，或者说甚至是一种坐骑，它时时带着你，去阅历各人所追求的世界。艺术家追求美，化学家找寻元素，作家探索人的精神世界，物理学家钻研物质的性能，天文学家窥察宇宙的奥秘。经济学家呢，他们不远千里，在数字的王国中猎奇。只有新闻记者这个职业，它犹如一头不羁的野马，日夜奔波，四海为家，他们祈求的是什么呢？

曾经多少次，我到过一个城市，又一个城市；曾经多少回，我到了这些城市，去了又来了，来了又去了。长年的风尘仆仆，使我茫茫然不知所止。终于在一个偶然的机缘中，在一个不眠的夜晚，像与一伙久别的朋友重逢，一些城市的影子忽然都在我的面前显现。如果人都有性格，每个远去的友人都有一丝半缕的特征可资追忆，那么，曾经作为自己栖息之地的那些城市，岂不是像和自己朝夕相处过的朋友一样，有些什么影子可以找寻的吗？一晚上，我接待这些城市，犹如接待来自远方的客人，我那幽静的忆念的王国，一时竟然高朋满座了。

如果赋予城市以人格，我说昆明，你是个心无芥蒂、胸怀坦荡的朋友。在你的怀抱里，那四季如春的气候，使人忘却冬天的寒冷。你那宽敞的大路，到处是阳光，到处是海棠、茶花，到处有少数民族的行踪。你的货铺出售着各民族的花布头饰，在阳光下，苗汉相互酬答，行人如同一家。你洋溢着我们民族大家庭和睦的气息，使人想到，如果你是个长者，你一定是那豁达大度、慷慨好助的马二先生；如果你是个姑娘，你就一定是貌如其心、性格爽朗的史湘云。可是什么时候，你曾变得阴郁不欢，沉默寡言？那时在这大街上，猜忌代替了坦率，争吵夺去了和睦。春城虽飞花，花落无处觅。这是因为魔鬼在这里撒播了离间的因子，宙斯在人间取去了火种，光明顷刻在眼前消失，人们的感情纽带被割裂。可是什么时候，你又从沉睡中醒来，生命又回到你的身上？啊，如今你的土地上，茶花又亭亭玉立，大丽花又妖娆引人；你那宽阔的胸怀，又佩挂上人民和民族团结的标记。今夜，你款款而来，显得兴高采烈，你那真挚敦厚的微笑，好像为我们这次欢聚，平添了一盏晶莹的明灯。

如果赋予城市以人格，我说广州，你是个才气横溢的诗人，你的诗笔写到哪里，哪里的土地就变成花木世界。我曾经来到你的身边，你半是街道半是花园，一年四季都是鸟语花香；最为引人的是处处都有高耸天际的大树，这里有杉柏、棕榈和英雄的木棉。它们在空中伸出千枝万杈向四边发展，好像你有千枝万杆的诗笔，在微风中写着千首万章的诗篇。你的诗篇写在珠江岸边，写在太平路上，写在烈士陵园里，写在越秀公园的每一棵大树旁……你用这些热情的诗篇接待过多少来自内地的旅行者，和一片诚心向往祖国的归国侨胞？你的诗篇总是结构谨严，抑扬顿挫，有低吟默诵，也有慷慨高歌。你又以盛大的花市来表达你今天心头的欢愉。人们说，花城报春来，诗人展长才。今夜，你在我这个忆念王国的聚会里，是杯酒诗百篇，还是欢歌一曲泪千滴？

如果赋予城市以人格，我说武汉，你虽然英雄迟暮，而豪情不减当年。去年我到这里，但见一桥飞峙，三镇鼎立，如天堑通途，如龙盘虎踞。武昌城内，辛亥革命的遗迹依稀；珞珈山上，武汉大学书声琅琅然。纵然这里的多雨季节，使人忧虑；但东湖的辽阔水面，令人想得更远。武汉，你以巨大的双手，把京广铁路和长江联络在一起。你抓农业，抓工业，正在把生产的面貌改变。今夜，你健步走来，老当益壮，毫无倦意，使人感觉纵有万斤粮，千吨钢，也压不坍你的双肩。

庚寅春画家吴石仙画作《桃园仙境》。徐开垒家传

长沙和南昌，我不知道应该怎样把你们接待。你们是光荣的象征，因为无产者的鲜血，曾流淌在你们的胸怀；我一百次赞美长沙的市街，它虽然缺少新颖的高层建筑，却有十几万颗长沙市店员为顾客热情服务的高洁的心灵。南昌人则以对革命先驱者的虔诚，在八一大道上建造起高耸云霄的展览馆，接受过往者对革命历史的瞻仰。如果赋予城市以人格，长沙，你是我新结识的一个淳朴的朋友；而南昌，你与革命先驱者的名字联系在一起，你曾使我在十年前，挥着眼泪把我心爱的一个女儿送到你的身边；十年后的今天，我有缘在这个城市里，探索中国人民革命的足迹，我抚摩着先驱者当年用过的一支驳壳枪，我呼唤着南昌城的历史之神，它将永远成为我们摧毁旧世界、建设新世界的引路者。

今夜，我当然也会见了桂林、杭州。桂林山水甲天下，杭州风景秀丽更如画。我说桂林和杭州你们本身就是两个挥笔如椽的画家，你们以你们的魔力，不仅使旅游者感到你们的风景如画，而且也有能耐，把欣赏者（或者旅游者）也抓到你们的怀抱里去。人与景在这里得到统一，欣赏者与被欣赏者，在这里得到和谐。桂林和杭州，你们这两个飘拂着美丽的长须的画家，今夜你们携着手来到我这里，你们能不能以你们神奇的双手，为我们这个忆念的王国的空前盛会，画一幅"欢聚图"呢？

难忘的，特别是我的故乡宁波，我亲爱的保姆，我在你的怀抱里成长，直到我成为一个十五岁的少年。纵然你曾经给我过泪眼模糊的微笑，给我过祥林嫂一般痛苦生活的印象，离开你四十年，你还是在我的梦里。如今，你的某些街道还是既狭且长，你那用石板铺成的路，一到雨天，人们穿着钉鞋走路，还是在空寥中响着叮叮的声音。宁波，你是受难的象征，如果赋予城市以人格，我说你就是祥林嫂，旧社会浙东妇女的代表，甚至到了 60 年代，你还在兵荒马乱中继续过着颠沛流离的生活，那是"四人帮"的阴谋曾把野蛮的武斗引你走向死亡的边缘。只是在三年前，春天降临人间，你才恢复你在 50 年代安定团结的日子。

我怎么能忘掉上海。这个城市，我生活了几十年。可是如果赋予城市以人格，我把上海比作什么呢？我对它太熟悉了，我反而觉得它难以比喻。在今晚的聚会上，我把它当作一个不速之客吧，像人们在集会上对一个突如其来的新闻记者一样，可以待之如上宾，也可以把他当作门下客。

我们欢聚就那么一些客人吗？不，我几乎像孩子在夏晚仰望夜空一样，历数着星星，却把高悬在太空的月亮忘掉了。而我这时恰好在它的身边，在北京的一个招待所里，在东长安街的一幢楼房中。今夜我是天安门广场的邻居。

我的忆念中的欢聚，正是在这样一个地方的这样一个晚上举行的。如果赋予城市以人格，北京，你这全国城市和乡村的中心，你该是今夜聚会上的首席。如果没有从你那里带来拨乱反正的喜讯，没有从你那里带来一系列新的决议和政策，昆明，我们坦率的朋友，你那朵象征着团结友爱的茶花，能够重新开放吗？广州，我们的诗人，你的诗篇又怎会迎着海外归侨歌唱？武汉，我们的英雄，你的豪情又怎能不减当年呢？……

如果这些城市是星星，那么北京，你就是今夜的月亮。让我们向你谈谈这些年来，由于那些恶人的作孽，因而遗留下来的一大堆问题吧。此刻，你庄严而又亲切地站在我们面前，那么让我们坐下来，让我们再听听你熟悉的声音吧。而在我的沉思中，城市的确是人，它们各有自己的历史，自己的个性，自己的特长，也各有自己的缺点，同时也有各自在"十年动乱"中痛苦的经历。北京啊，我们的明月，以你的光亮，照得我们每一颗星星都更加光焰耀目吧！

我说职业是一种向导，或者甚至是一种坐骑，它时时带着你，去阅历各人所追求的世界。艺术家追求美，化学家找寻元素，作家探索人的精神世界，物理学家钻研物质的性能，天文学家窥察宇宙的奥秘。经济学家呢，他们不远千里，在数字的王国中猎奇。只有新闻记者，日夜奔波，四海为家，他们寻求的不过是一点点平凡的真理，加上一点点幻想，一点点微小的安慰而已。

（《人民文学》1980 年 1 月号）

庐山风景

祖父徐禾载珍藏溥心畲画作，赠予徐开垒

庐山风景很美，一登上牯岭，极目四望，就被它的云雾变幻所醉倒。云雾使庐山景色千变万化，以致你目不暇接，一时竟无法把如画的江山尽收眼底。

如果你到望江亭，那么云雾更会使你发现：原来这里所有的崇山峻岭，全是能来往自如的巨人，看他们来去匆匆，好像肩负着多少急待完成的任务；而长江犹如一条银色的玉带。把他们拦住在天边了。如果你到含鄱口，那就又是一番景象：云雾不仅使高山成为能行动的神明，而且也使鄱阳湖变成一个怯于见人的姑娘，看她躲躲闪闪，若影若现，使人怀疑是哪个小伙子的眼睛，把她逼得坐卧不安呢？

给人印象最深的，则是从天桥到仙人洞去的山路上，那个锦绣谷，这才是庐山风景的精华所在：举凡天下最奇异的高山、峻岭、险崖、深渊、惊壑，都在这里集合，而且很自然地成为一个整体。满山满谷的古松高杉，把它们打扮成一片葱绿；多变的云雾，则是他们神秘的衣衫。人站在它们的面前，竟不知是在云里，还是在雾里；是在人间，还是在天上；又好像是到了童话世界，只见松杉对话，山岭携手，总觉得我们枉有千百代才华绝世的诗人，留下多少吟咏庐山的佳句，竟一句都对不上眼前的景色，难道他们都没有真正上过庐山吗？到了仙人洞，在附近的御碑亭上，才看到亭两侧有对联一副，勉强概括了庐山风景的特点：

　　　四壁云岩九江棹
　　　一亭烟雨万壑松

的确，云岩、烟雨、松杉、鄱阳湖和长江，组成了庐山风景的交响曲。而云雾正是它的主调。云雾给了庐山以生命，它使庐山风景更生动，更引人，更有变化。

我们祖国各个风景都有它独特的美。庐山之美，在于它既雄伟，又迷人。桂林的风景是很迷人的，在漓江看群山，也有"横看成岭侧成峰"的感觉，但它仅止于秀丽，而雄伟就不如庐山。昆明的龙门比庐山的锦绣谷还要高，雄伟极了，从龙门眺望一望无际的滇池，也很使人心旷神怡，但它缺乏庐山的朦胧美。杭州的特点在于它有一颗明珠般的西湖，它是以湖制山的；庐山则是以山制湖，因为鄱阳湖对庐山来说，只是一个配件。同样在江西，井冈山自是雄伟，它也引人入胜，但更多的原因在于它有革命历史的传奇，自然环境就远不及庐山的精致。浙东的普陀、天童、育王诸山，也有松竹之美，它们是佛教圣地，置身其间，有肃穆的庄严感，却无庐山的亲切味。

每到一个风景区，就等于欣赏一次美术展览会。只要称得起是艺术创作，就不可能是完全一样的。每一件艺术作品都有其独特的美。自然风景之妙，还在于它有时间的制约，四季的变化。庐山在春夏是一片葱绿，在秋季就因枫叶变红，稻麦变黄而出现更丰富的色彩；一到冬天，又变为银色世界。而云雾的变幻，又给它每一个时刻以不同的形象。因而李白在这里看到的是"屏风九叠云锦张"，白居易在这里却唱出"竹雾晓笼衔岭月"，而苏东坡则在这里哀叹"不识庐山真面目，只缘身在此山中"。客观世界千变万化，通过艺术家各人的不同经历，反映在艺术作品上就必然是有不同内容，不同形象，不同风格的。

我在庐山"休养"了半个月，刚上山，恰好碰着全国文艺理论学术讨论会在这里闭幕，在五老峰的五老洞中碰到一个朋友，我说，"你们在讨论些什么呢？"他说："每天议题不同，今天谈起报上一篇文章，讲到一部影片。"我说："请大家来看看这里的风景吧，也许能得到一些启发。"可不是这样？一个庐山尚且有那么多变化，为什么一个阶级只允许一个典型呢？人与人之间的关系，比物与物之间的关系复杂得多，我们面临的是一个世界啊！为什么现在还会有类似"我们的社会难道是这样的吗"这样可笑的提问呢？艺术创作并不是如你想象的那么简单：你看到过的，别人就可以写；你没有看到过的，别人就不可以写。一个小小的贾府，尚且有多少封建地主阶级妇女，就有多少封建地主阶级妇女的不同典型；更何况我们十亿人民的社会主义国家，难道不能让艺术家从各种不同角度多创造几个工农兵的形象吗？请不要把王夫人、王熙凤、宝钗都捏在一个模子里，变成一个贾母；也不要把庐山、黄山、漓江、西湖都捏在一个模子里，变成中山公园的假山。

一切艺术都应该是多样的。因此，也请允许我，在这篇理应记事抒情的小散文里，破例发几句议论吧。

（1980 年 9 月 20 日《人民日报》）

山城雾

　　每个人都有过飘渺的属于少年时代的悲欢。这些悲欢在时过境迁之后，常常给人留下一些印象，如同一些陈旧的画卷，挂在人们的心域之中，无法卸掉。当人们头上有了白发，偶然展阅这些褪了色的画卷，想起了那些过逝了的不羁的青春，也许会失之一笑，也许会有一种无法排遣的怅惘的感觉罢。

　　四十年前，当我们还是在中学读书，还是十几岁的少年人的时候，远在千里之外的重庆，曾经是我们心所向往的地方。它的浓重的山雾，毫无疑问的，曾经迷住过我们幼稚无知的心灵。当时，抗日战争的炮火，正纷飞在我们的头上，许多诗人、作家、演员、艺术工作者以及医生、护士，都从四面八方奔赴这个山城；在学校里，不少教师和学生，也都随校西迁。在一个树叶上还闪着亮晶晶的朝露的早晨，我曾在一个初级中学的校园里，与一个穿着长袍、理着短发的同学相约，在他到达重庆以后的第三个月，当他有了落脚点的时候，我会和他一样，瞒着家长，背离家庭，捎着行李，拎起网线袋，登上沿路不知要经过多少次险关的长江轮船，去投奔那个号称"抗日战争的大后方"的地方。

　　人们该还记得"五四"时期，在我们的前一辈中，曾经有过不少青年怀着美好的理想，倚凭着长江轮船上的栏杆，迎着江风，从内地来到沿海的大城市，接受时代的洗礼；在抗战时期，我们这一代的叛逆者，则是在民族存亡关头，以爱国者的心情，俨然与繁华的都市生活决绝，离开沦陷了的沿海的东南城市，去内地承受战争生活

2001年5月11日，1940届高中同学合影。（左起）诸葛濂、丁溶、徐开垒、高文彬

15

的考验。两个时代的境况是不同的，但两个时代的青年倾注着对时代的无限热情，却没有两样。其时，我与那个同学相约，谁也不会怀疑，谁会在这样一个时刻失去信守。不幸的是最终的失约者不是别人，正是我自己。没有料到在我那个同学远行后的第二个星期，肺病突然闯进了我的生活，它像一个破门而入的暴徒，把我紧紧扣留在一家医院里。而后来交通又被敌人严密地封锁，连我们相互间的通信联系也断绝了。只是在医院里，在四周铺着洁白床单，和白衣护士来往如梭的病房中，日夜萦系在我脑海里的，仍还是我心目中那个"圣地"一样的重庆，和我那个朴实诚挚、说起来口中讷讷的同学。当我病愈出院，回到现实生活，来领受四周时时刻刻响着警车声音的沦陷区人民生活时，我愈益向往于我曾经向往过的地方了。

忽然有一天早上，人们说抗日战争胜利了。受尽外敌欺凌压迫的上海人民，那时无不欢欣鼓舞，都说"天亮了，重庆的人回来了"。许多人每天去车站、轮埠，迎接回来的亲人。不幸我所盼望的那个同学却没有任何信息。后来才有人把消息传过来，说他在这个山城度过了几年极为困窘的大学和中学的生活，也参加过学生运动，并在一次斗争中遭受军警弹压，以至左腿受残。抗战胜利后，在人群十分拥挤、交通运输非常混乱的返回上海的长长旅途里，在艰险非凡的长江三峡航行中，他在一次航船触礁的不幸事件中，和一批与他一样的既无门路又无钱财搭乘飞机的旅客，一起葬身在长江之中。他当然没有能够回到上海。当时有很多像我那个同学那样的人，他们几年前从上海热情地奔赴重庆，而重庆最后并没有能够让他们安全地返回上海。出乎上海人民意料的，则是大批接收大员，却从重庆飞来，使沦陷区人民在吃尽战争苦头之后，接着又遭受到一次新的剥削和掠夺，承担了一次"胜利"的灾难。

这些重庆来的人，甚至乘公共汽车，也要享受与一般乘客不同的特殊的"胜利者"的待遇。一次，我从上海静安寺搭车到外滩，人们在站头上，正排队依次上车，忽然有一个壮汉从远处窜过来，二话不说，就抢先登车。人们一时惊呆了，不免窃窃私语，有人甚至发牢骚，提抗议，他却喝住群众，大声说："我是重庆来的！"这就上车了。

当时正好是1946年春天，上海《文汇报》增添了两个副刊。一个是《笔会》，唐弢先生主编；一个是《读者的话》，柯灵先生主编。他们两人同时又联合主编一个16开的《周报》，地点在上海厦门路厦门里。当时我经常去那边。有一次，柯灵先生正张罗《读者的话》最初几期稿件，我就把公共汽车站头上所见写成"读者的话"给拿去发表了。我记得这段"话"的最后一节是这样写的：

"……那人抢先上车，别的乘客说：'你哪能这样？'他却理直气壮地回答：'我是重庆来的！'啊，他是重庆来的？他是重庆来的！"这里接连的三句"是重庆来的"，确实表达了当时沦陷区人民对"重庆人"的惊讶、失望和愤懑的神情。

事情正是这样，就在这批天上飞来的"重庆人"来到上海后，"重庆人"一时竟成为国民党"劫收大员"的代名词，"重庆"这个名词在上海人民的心目中，也在我的心目中，渐渐失去光彩了。

现在，一段漫长的岁月已向我们告别，无数个多变的晨夕早在我们身边飞驰而去，它们留给我们一些若隐若现的影子，只为我们点缀了一些记忆上的空白。属于过去年代的对于重庆人的偏见，像过眼烟云一样，早已在我的心头消失。但是，在"十年动乱"中，重庆这个山城的雾，忽然有一天又在我的心中冉冉地升起来了。那是1966年夏天的一个早晨，有个多年前的旧邻居忽然兴冲冲地走来向我告辞。他是个身强力壮的青年，满脸的笑，飞跃着满心的希望，说他厂里有个车间内迁，去支援三线建设，他已报名参加。这个新建的厂就在重庆的远郊。当我在第二天把他送上火车站，只见他单身只汉，携着沉重的行李，挤进人山人海之中，如入无人之境，很快就钻入车厢里去了。我为他朝阳一般的意气感到歆羡。大概九年以后的一个春节，我好不容易终于看到了他携着孩子回来探亲。这次见到的他，却已变成一个满面愁容的老人。原来他到了四川后，"文化大革命"就开始了。九年之中，他们那个厂几乎没有一天开过工，武斗把我们的事业毁了，也把所有善良的人们的日子毁了。他在那边结了婚，有了孩子，孩子长到八岁，还不曾有机会上学。当这次我们见了面，"你叫伯伯吧。"他关照着他的孩子。孩子叫了一下，闪着光溜溜的大眼。"他一个字都不识，却学会了猜拳！"做父亲的露出了一脸的苦笑，说大家的日子全在喝酒猜拳中度过了。

我在他的苦笑中，猛然想起我年轻时代那个同学的一生。他在抗战的烽火中，远离父母，逃出沦陷了的上海，远奔雾一样迷惑他的重庆。他的热情的形象，一如扑向灯花的飞蛾；而他的遭遇，恰如一滴清水误落在凶猛的大火中，顷刻之间归于消失。而此刻在我眼前苦笑的邻居，他当年带着青春的微笑，携着沉重的行李，挤入人山人海之中，如入无人之境的形象，又到哪里去了呢？可怕的历史重复啊！严酷的历史，你葬送了我们多少代青年的热情呢？

重庆，这山城的雾，它使我感到迷茫……

一种意料不到的机会，终于降临到我的身上。今年我有机会来到这曾经在四十年前日夜向往的山城，而且已经在这里逗留几天了。此刻，初冬的黄昏，我终于登上了这里的枇杷公园的枇杷山，重庆市区最高的地方：枇杷山上的红星亭。

呈现在我眼前的，确是一幅奇景。无边无际的灯海，从山脚下，一直延伸到遥远，遥远。分不清哪是市区，哪是北碚；哪是嘉陵江，哪是长江。但见有些灯光，结成一团，成为一个巨大的灯球；有些灯光，联在一起，像一条狭长的银链；有些灯光，则是若断若续，似明似暗飘荡着，似有无限诗情，无限画意。

人们只有按着方向，猜度着这是重庆人民大礼堂，它那金碧辉煌，色泽鲜艳，富有民族气息的高大建筑，在夜间该是怎样光彩夺目；这是竖立着人民解放纪念碑的重庆市街中心，多少商店、集市汇聚在这里；这是新近建成的重庆长江大桥，在它的两岸有多少工厂亮着炉火，日夜不息地赖着它把产品源源运往全国，为我们的新经济政策增枝添叶；那是北碚，在抗日战争年月里，曾有多少政治、经济、文化、教育界人士活跃在这块土地上，以致今天的许多回忆录上还不断出现它的名字；还有北温泉、三花石、缙云山，你们又在何方？那灯光似明似暗的地方，就是你们的影子吗？

在灯海里，有无数的往事可以回溯，有无穷的想象可以驰骋，有无限的情理可以探索，有无尽的力量可以汲取。萦系在我心头的，仍是这个山城的昨天和今天。一些影子仍在我的脑海里不断沉浮，一片记忆王国里的残云仍在我的心头飘动。我心里有些惆怅，因为我想起我年轻时候那个同学短暂的一生；同时我心里也得到了一些宽慰，因为我想到我那个十多年前来这里支援建设的邻居，他终于在最近两年开始有了劳动者正常的生活，因为党的三中全会以后，这个山城的工

乙卯夏画家吴石仙画作《山色模糊新雨多》。徐开垒家传

业建设已恢复发展，他们的厂也终于正式复工了。几天来，我在这山城旅游过程中所接触到的重庆人民热情、豪爽的性格，使我意识到在 40 年代中期上海人民因"重庆人"的到来而遭受到的"胜利"的灾难，与真正的重庆人民实在毫无关系。而从 60 年代中期到 70 年代中期重庆的动乱局面，当然实际上也不应由重庆人民负责。看到眼前灯海所呈现的一片兴旺景象，想起日间在一个座谈会上听到长江农工联合企业一个负责人关于新的经济政策落实情况的介绍，我意识到这个山城已经开始苏醒，人民正在用自己的双手把困窘摆脱。历史终究不会永远停滞不前；而历代的反动统治者只能给历史长河投几块石头，增加一些漩涡而已。当我想起日间在"白公馆"院子里看到烈士手植的石榴树，已亭亭玉立，虽时届深秋，它仍红艳如火。这就更加使我相信真理不倒，人民永存，历史永远向前。

山城的夜雾渐渐散去，它在黎明中露出巍峨的真相，人们又在以期望的眼光注视着它，它可不要使人民惊讶和失望啊！

（《人民文学》1981 年 1 月号）

坝上一家人

二十多年前，我第一次到新安江水电站工地采访，就听到有那么一桩新闻，说是有个年轻的测量工，在水电站刚开工建设时，有个晚上，她在荒岭上掌着油灯工作，路程还未测量到一半，她就从岭上滑了下来，人摔死了，灯却挂在树枝上，那是她在跌下去的过程中把它挂上去的。人们说，她刚结婚一年，竟然就那么牺牲了，真可惜。

我曾经想搜集她的事迹，却一时找不到更多的线索。以后一次次到新安江水电站，从挖土、挑泥、浇灌、筑坝，到安装机器，最后输送电力到三省一市，每一个阶段，我都不免想起这个没有见过面的不幸的姑娘，特别是看到当地灯火辉煌，农村家家户户装上电灯，附近省市工厂有了充足电力，日夜开工，眼前不免出现那么一个景象：一盏挂在荒岭树上的摇曳的灯，它在黑暗中闪闪发亮，那是第一盏灯，一盏永不熄灭的灯……

可我总是听不到有关这个姑娘更多的消息。二十多年过去了，虽然那盏灯还在我心上亮着，但我想我再也不会得到有关她的更多的材料了。终于有一天，在完全出乎我意料的一个场合，我竟然看到了她的影子。

那是在离新安江几千里远的湖北省当阳县城里。这个当阳县，是一千多年前三国时代的遗址。我因为访问葛洲坝水利工程枢纽工地，顺便来这里看看历史遗迹。当阳离葛洲坝工程所在地宜昌县，不过百里路之遥，乘汽车半天就到了。我还没进城，就看到玉泉山上云雾缭绕。有人告诉我，当年高僧普净就是在这里修行的。到了玉泉寺，只见古柏参天，还有一株银杏古树，枝叶茂密，郁郁葱葱，据说也有一千多年。离这株树不远的地方，山上有一块石碑，上面刻着："关云长显圣处。"真叫人分不清是真是假。

进了城以后，竟然四周都是三国遗迹。不但有"张翼德横矛处"，还有张飞当年喝退百万曹兵的长坂坡，附近有个公园，就叫"长坂坡公园"。走进公园里，只见一群年轻力壮的农民正聚在一起谈笑，有男的，也有女的，足有十五六个人。一问，才知道是葛洲坝工地的民工。原来当阳县有 42 万人口，出产水稻棉花，"文革"中，因为农业歉收，许多公社社员就被葛洲坝工地招去当民工；这几年因为农村政策落实，不少人已争着回乡种地。这十几个民工，虽然还在葛洲坝工地劳动，却不像先前那样半年几月不回家，成年累月留在工地上；而是按着工地规矩，每星期可以回来一次料理自家农活了。今天他们正在这里等车，车子一到，就准备回到工地上班。我想，这真是个好机会，我正愁没有便车，这下可在当天返回工地招待所了。

当我摸出证件，向他们打招呼时，为头的就跑了过来，问清我的情况，就满口答应，大卡车一到，还让我先上去，他自己坐在我旁边。我听大家叫他"张翼德"，不免一怔，这才仔细看了看他的脸，浓眉，大眼，黑胡髭，果然有点像三国绣像画中的张飞。我便笑了起来，问：

"他们怎会叫你张翼德？"

"哈哈哈……"众人都笑了起来。

原来他真是姓张，因为他的面貌有点像张飞，力气又大，干活又勇猛，又是当阳县人，坝上人就这样把他叫开了。他的原名反而默默无闻。

听说当阳县的小伙子们，不论在城里，还是在乡下的，都有不少人能背诵几回《三国演义》，我就想抓住这个特点，同张翼德聊天。哪知道出人意料，张翼德相貌堂堂，又是班长，说起话来却口中讷讷，有时连一句话也答不上来；这样就有个姑娘跑过来为他帮腔，一问，才知道是他的爱人小胡。

我说："我还来不及把当阳县跑遍，不知道城内还有啥个去处？"小胡说："多着呢，还有太子桥，糜夫人投井的地方；还有关陵，关公的墓园，写着'汉室忠良'四个大字……"我说："真可惜，要是能有机会，再来一次就好了。"她说："不要紧的，让我爸爸慢慢讲给你听。"我说："你爸爸——"她说："对，我爸爸，他也来过，他现在在坝上，

1977 年 5 月 14 日画家程十发《再造周勃画像》，赠予徐开垒

他熟悉三国故事，从小我就听他讲……"

我有点朦胧，不了解她爸爸在葛洲坝工地究竟干什么工作，只觉得她谈起她爸爸时有些自傲；同时发觉她的口音与这伙青年民工不一样，就问："你爸爸也是当阳人吗？"这次是张翼德答话，他说："不，她爸爸是浙江人。"

一听说是浙江同乡，我的兴趣就更浓，不管这辆车一路上颠簸得厉害，甚至把我颠得有些头晕，我仍追着问小胡："你爸爸是浙江人，怎会到湖北来呢？"她说："他是个安装工，原在新安江水电站工作，后来到丹江口水库，这几年又来葛洲坝了。"

知道她爹是新安江来的我就想会会他，一下车，葛洲坝已经是灯海一片了。但见大坝上的一百多台大吊机，正穿破夜雾，在探照灯光照耀下，此起彼落地操作；浇筑仓里，拌和楼中，大江的基坑里，都有碘钨灯、水银灯、日光灯亮着，人和车辆像流水一样，来往不断；机器的轰鸣声音、车辆的行驶声音、人的大声说话声音，织成一片。这时张翼德早已带着他班里那十几个铆焊工，爬上三四十米高的大坝闸门去工作；他的爱人小胡，则乘上露天电梯，像月亮里的嫦娥一样，直升到一百米以上的高架门机的操作台去值班。留下我一个人在地面上，像一只走投无路的蚂蚁，竟不知到哪里去找她爸爸老胡。幸而老胡在这里是个名人，到哪里，哪里就知道他的名字；可就不知道他现在在哪里干活，原来他在安装队没有固定工作岗位，是个啥都得管的"不管部长"。一个钟头以后，我终于在调度室里找到他。看来他已靠近五十岁了。

我把来意讲明后，说："老胡，你让我好找。"

他笑笑，不曾回答。过了一会，他反问我：

"给你安排住宿了吧？"

我说："安排好了，就在这里的招待所，已经住一个星期啦。今天抽空去了一次当阳，嘿，真有意思，张飞、关公，还有刘备的夫人……你去看了吗？"

"去过。我女儿的婆家就在当阳的长坂公社。"他说。

"你女儿和女婿，我全见到了，好有出息，刚才和他们一起回工地，一到，两个人就各自奔上天去，丢下我站在地上看他们，人比蚂蚁还小呢。"

他看我说得有趣，就给我兴头加码，说：

"这里工程是巨大，你想想，当初新安江投资不过4亿，已经全国第一了，如今，这葛洲坝工程，投资395亿！相差有多远！"

"新安江水电站刚建设时，我就去过，听说你从那边来？新安江不错，最近我又去了一次，那边的同志对我说，过去他们是第一，现在他们是第四位；等到葛洲坝工程建成，他们说他们要成老五了！"

听了我这几句话，他的眼睛明亮起来，说：

"好嘛！我们就是要早些把新安江电站变成老五嘛！"

他问我第一次去新安江是在哪一年，我告诉他是在 1959 年。然后他半晌不语，我就给他吹当年新安江工地人山人海的景象，又问他当时在哪个工地劳动，是怎么去新安江的。他说他初中毕业，就被分配到安装公司，在参加新安江水电站建设以前，就已做了几年安装工人了。那时报上为这个工程宣传得厉害，"自己设计，自己制造，自己施工，自己安装"，这样，他就与几个同学一起报名来参加这项工程。他原是安装工，就随着队里的其他一群师傅进到工地来了；他还有几个同学，有的是运输工人，有的是勘察队员。他那结婚才一年的爱人，就是搞测量工作的……

"搞测量工作？"我愣了一下。

"嗯，搞测量工作。但她很傻，欢喜野外工作……"他梦幻似的说。

"野外工作——？"

"嗯。野外工作，我记得的，她生了孩子，在家里坐月子，第二个月，产假满后，就上班来新安江工地……"

"来了后，怎样？"我急迫地问。

"死了！就在那个荒岭上搞测量，不小心，滑下来死的。"

一盏灯在我的心中闪亮。我发觉自己身体微微颤动了一下。然后，我安静下来，内疚地说："我听说过她的事情，但没来得及报道，我就离开了新安江。我不知道你们来到了这里。"

"是的，电站建成后，我就带着孩子，离开了新安江，跟随安装队，去了一些别的地方，也到过丹江水库工作，在那边过了几年，才到葛洲坝，现在也快十年了。"

"啊，小胡！"我自言自语地叫道："原来是她的孩子！她死时，小胡才两三个月吧？现在二十岁出头了！"我一边说，一边想着这小胡是怎样过来的：从小死了娘，跟随着这个东奔西走的安装工人，为使全国各工矿企业发电，全国农村家家户户夜间发光，她到处为家。长大了以后，她自己也跟她爸爸妈妈一样，成为一个水电站工人……

不知是不是为了回避想起他死去多年的爱人，老胡在这时忽然掉转话头，向我讲眼前他心头上的疙瘩。他说："眼前，一家子发生了矛盾。我那女婿的娘，想叫他们小夫妻回乡务农，说现在农村好了，家里劳动力越多越好，不需要像前几年那样抢着来葛洲坝做民工。我女婿在这件事上犹豫不决；我女儿呢，她可不同意。我想我有什么办法呢？只好让他们自己决定。"

这确实是个难题。谁能够保证说哪个工作一定比哪个工作强？面对这样的僵局，我有点爱莫能助。忽然，老胡又说话了，显然他有自己的主意，刚才他说的"只好让他们自己决定"那句话不过是一句遁词。他说：

"我说嘛，水电站工作我干了二十多年，手头经过的，也不只是一个、两个，可就是一个比一个大，一个比一个强。刚才你说新安江电站已从第一位排到第四位，将来这里的工程完成，它就要成为老五！人们的眼界越来越开阔，我们的手艺越来越有经验，这不就是革命吗？难道必得拍台子、吹胡子，才算革命？我对我女儿说，说什么都要拉住张翼德，他是猛将，是英雄，铆焊队需要他，每月给他的奖金可不少，人要有志气嘛，他在这里学的技术，到当阳去种地，还有什么用？"

我怔了一怔，一下子，心头好像亮了一些。我说："你身边只有那么一个女儿，你也舍不得她，她也舍不得你，怎么好叫她离开你？"

"还不是这样的事情。"他看了我一眼，说，"主要说她自己。她在高空作业，两年了。每天像腾云驾雾似的在天上，眼光看得远。这孩子，比她妈妈还傻，说大坝筑成，这里就要出现人造海，沿岸的大路将栽起松柏和白杨，长江航运从此畅通，全国有多少省市要我们供电！去年长江上游出现几十年来最大的洪峰，这孩子站在坝上，看葛洲坝岿然不动，兴奋得满脸通红。唉，这孩子，真傻！……"

听了他的话，我迷迷糊糊从调度室出来，也不知怎样向他告别的。只觉得眼前出现的一家人，我已经有足够的了解。我还要提什么问题呢？在这秋天的夜晚，夜空如鲁迅所说，奇怪而高。当我再一次进入喧闹的工地，抬起头，只见小胡驾驶的高架门机正在高空操作，门机上的号志灯，像红宝石一样镶嵌在月亮边。一座大型机器正在安装。工地上的水银灯、探照灯、日光灯、碘钨灯，则把整个夜间照得如同白昼。

这时，我又想起当初荒岭上那盏挂在树上的幽暗惨淡的油灯。小胡的妈妈当年正和小胡一样的年龄，她一定是和小胡一样傻的，一定有各种各样奇怪的想法，要不然，她怎么会在生命濒危的时刻，还舍不得把手上的灯丢掉，觉得非把它挂到树上去不可呢？

有这样一些到处为家的"一家人"在坝上，我们的家，你们的家，就有了热，有了光。

（《上海文学》1982 年 10 月号）

作家靠读者养活

——与巴金对话

徐开垒：巴老，传记（指《巴金传》）我已写完了上半部，《小说界》双月刊连载也已有一年，不知您是不是每期都看？这样写，行吗？想再听听您的意见。

巴金：我是个病人，没有精力按期翻看传记，也没有时间和你常交谈，很抱歉。书中个别情节与事实有些出入，以后最好修改一下。如有关成都老家三叔的记述，有些描写过头。文章中说，"在大家庭中，三叔则串通五叔或黄姨太，制造各种事端，使人感到不安"。其实，三叔不过是脾气不好，起初与我们兄弟相处得也还是不错的。我记得一到冬天，我和三哥还有濮家表哥常常到他家的房里，围着火炉喝茶谈天，有时还看他写字吟诗。他与二叔都是日本留学生。二叔教过我读《春秋》《左传》，未曾教过我日文。三叔在二叔的律师事务所工作过，事务所里还有一个姓郑的书记（秘书），吃过晚饭后，我常去找郑下象棋，

1982 年 9 月 27 日应作家协会组织，徐开垒陪同日本作家访问团去巴金家访问，离开时在巴金住所合影。巴金（右五）、团长高桥揆一郎（右四）、巴金女儿李小林（左三）、徐开垒（左二）

有时也和三叔下。郑是江津人，有一回郑请假回家，三叔写了一首诗跟我开玩笑："跃马人何在，争车愿又乖，电灯光如雪，唯有四公来。"当时家人叫我"四公爷"。

徐：您在离开成都之前，曾在1922年郑振铎编的《时事新报》附刊《文学旬刊》上发表过十二首短诗，这些作品可不可以称作是您在文学创作上的"处女作"？

巴：我不这样看。当时我们大家庭里的几个兄弟，读了"五四"以后的一些作品，受了一点影响。其中冰心等人写的诗如《繁星》等，我们都很喜欢，我就跟着也写了一些。还不止我一个人，堂弟李西龄也写。我后来还写过几篇东西，不成功，没有能发表，也就不写了。小说《灭亡》才是我的处女作，这些小诗原来我早丢失了，近年来由研究者从旧报刊找了出来，我才记起来了。

徐：研究作家的生平，看他们创作进程的顺逆与时代脉搏的起伏，是很有意思的。这里既可以看到作家的崛起与成熟，也可以看到作家的挫折与衰退，以及重振与复苏；同时更不难由此窥测时代风云的变幻。当然，从这里还可以看到作家之间既有相似的境遇，又有个性、才能、素质的差异。研究您的写作史，首先使我惊奇的是您一开始就出现的犹如排山倒海似的创作流量。显然，那是"五四"时期的思想解放运动，为人们带来了自由创作的环境；但是您的写作才能，从文学基础上来讲，究竟是从哪里来的？

巴：说实在，我并没有才能。我写小说，主要是小说看得多。童年时代我读了不少中国旧小说，少年时代还读了很多从欧美翻译的小说，包括商务印书馆出版的一套丛书（《说部丛书》），后来又读英文版的外国小说。但我读小说，不过是为了消遣。当然，鲁迅的短篇集《呐喊》和《彷徨》以及他翻译的好些短篇，都可以说是我的启蒙先生。我的外国老师是狄更斯、屠格涅夫、高尔基、罗曼·罗兰、卢梭、雨果、左拉……

徐：您在古典文学上的造诣，无疑也是您驾驭文字的基础。

巴：我看的书比较杂，缺乏鲁迅、茅盾那样有系统的修养。至于古书，也无非四书五经，《古文观止》之类，都是私塾时代的必读书。我确实在那时背熟了几本书，不但背熟，而且背得烂熟。这也许在写作上也有点帮助。后来主要还是看小说。此外，在信仰无政府主义时，也通过翻译《伦理学》，读了一些有关政治、经济方面的书。我喜欢读革命家的传记及回忆录。

徐：巴老，我们对无政府主义问题是否可以这样看法：它比共产主义更早传入中国，由于它反对权力和权威，主张个人绝对自由，所以当时一些在旧中国对封建主义、帝国主义统治感到不满的青年，都欢迎它，许多人受过它的影响。但无政府主义既无严密组织，又无明确教义，各人对它的理解常不相同，中国的无政府主义与欧洲的无政府主义也不完全一样，而中国的无政府主义更是各人有各人的认识。我觉得您在青年时代对无政府主义的了解也仅仅从克鲁泡特金的一本小册子开始，没有经过系统的学习。所以您那时虽自称无政府主义者，却从没有宣扬过无政府主义最根本性的实质问题，这就是厌弃工业化，向往手工业劳动时代，甚至要求回到农村自然中去。您所受到的家庭教育和学校

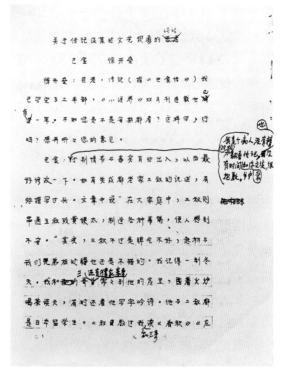

《作家靠读者养活》手稿之一

教育以及所读的书，给您更多的是人道主义、民主主义和爱国主义，所以从您的作品中反映出来，即使早期，也还是这方面的思想感情多。不知我这样理解，是否正确？

巴：这也很难说。思想随着现实的考验，总有变化，发展。我的思想不但几十年来在不断变化，即使最近十年来，在我写《随想录》开始时，对有些问题的看法，到目前也有所不同了。所以，我总劝别人读《随想录》，最好能作为整体来看。我对自己的思想，一时也难用几句话来说清楚。我为自己思想做总结，也只能根据自己的认识，一点一滴来做。做一点，是一点。我总希望能把思想挖得深一些，看得深一些。比如我对国家的认识，就有错误，有改正，有发展，有变化，也有进步。我希望能把我们的社会建设好。但到现在，我对有些问题的看法是否成熟，是否已完全正确，那也难说。对无政府主义我信仰过，但在认识过程中，一接触实际，就逐渐发觉它不能解决问题，所以常常有苦闷，有矛盾，有烦恼。这样，我才从事文学创作。要是我的信仰能解决我的思想问题，那我的心头就没有苦闷，没有矛盾，没有烦恼，我早就去参加实际工作，去参加革命了。但在实际上不是如此。这样我才把文学创作作为我自己主要的工作，由此来抒发自

己的感情。在我的思想中有人道主义、民主主义和爱国主义。那是经过人们的分析，我才认识的。这些思想显然不是根据自己主观要求而出现的。比如爱国主义，过去无政府主义者反对爱国主义，但是我后来又是一个爱国主义者。并不是我要有爱国主义就有爱国主义，而是通过实际，在生活的经历上，看到帝国主义对我们的侵略，人民受到欺侮，自己也深受其害，才意识到原来中国人连最起码的权利都没有，这样就觉得要爱护自己的祖国，要反抗外敌的入侵。至于知识分子对解放后的态度，在《上海文论》上有一篇文章谈到这个问题。

徐：那是陈思和写的，他认为《随想录》是您后期思想的一个总结。他对不少问题的分析很好；对我今后写这本传记的后半部将有所启示。他所说的在中国大陆刚解放时我国知识分子的心态，犹如"发现了上帝一样的惊喜"，因此"毫不犹豫地选择了新的道路"。而您的思想发展，正典型地表明了这个历史性的转折。您的选择对您说来是很不容易的。他说当时许多人离开了大陆，而您留了下来，并说服别人如毕修勺放下疑虑，参加社会主义建设。您以您的崇高的威望和声誉，向新中国献了一份厚礼。

巴：当时确实有很多人劝过我离开大陆，我也有许多朋友离开了大陆，但我看到人民拥护中国共产党，我想我应该与人民在一起，我不能离开人民，这就留了下来。我说，我要改造自己，从头学起。我确也劝说过别人不要离开祖国，但我没有劝说过毕修勺。毕是朱洗劝他留下来的，朱洗同他住在一起。

徐：陈思和的文章还谈到知识分子在革命政权成立后，他们看到人民生活安定，自己又受到社会各方面的尊重，得到"莫大的幸福"，却又似乎潜藏了一种危机，作家不再作为一名浮士德式的永不满足的个体探索者，"歌颂性的文学也自然而然地取代了批判性暴露性的文学，而一种自'五四'始就在知识分子中间养成了的，以个性为基点的现实战斗精神悄悄地衰弱了"。而事实上，"受过'五四'精神熏陶的知识分子，大都怀有一颗不安定的灵魂，他们在满足了温饱之余，仍然需要更高的精神渴求，需要独立思考，需要为祖国的未来作出新的探索。但是，这种探索精神在当时的客观上不但没有得到应有的鼓励和保护，相反，它的积极性却因各种缘故而一再受挫"。这使我想起一个问题，这就是在解放以后的十七年中，我们的许多作家，特别是许多在解放前就成名，并有很高成就的作家，如茅盾、叶圣陶、冰心、沈从文、曹禺、夏衍等，也包括老舍和您自己，为什么在创作上进入了一个低潮？不但许多人搁笔不写了，就是继续从事创作的，从数量到质量，都大不如前，这是为什么？

28 **巴：**现在看来，"你出主意，我写作"，这样的方式从事创作，总是要失败的。解放初期，我不过四十出头，正当壮年，总想写出点东西来，但总是写不好。可以说，我在十七年中，没有写出一篇使自己满意的作品，我写不好自己不熟悉的生活，茅盾在解放后不是没有从事过创作，他也尝试过，甚至写电影剧本，但没有成功。曹禺写《明朗的天》效果也不好，大家都知道的。刚去世的师陀，解放初期写作劲头很高，但他的长篇连载被一家报纸腰斩；另外一篇小说题目叫《写信》，是他下生活后写的，我看了还不错，但别人对他不满，说描写农村青年给志愿军写信时态度不严肃。看来写作总是以写自己熟悉的题材为好，写不熟悉的生活总没有办法写好。

徐：我在1933年上海出版的《社会与教育》上看到徐懋庸写的一篇文章，题目是《巴金到台州》，他谈到当时访问您的时候，您对作家"下生活"提出看法。当时他向您提意见，说您的"作品的结局过于阴暗，使读者找不到出路"。您回答说："我的作品是艺术，不是宣传品，我不想把抽象的政论写入我的作品中去。我从人类感到一种普遍的悲哀，我表现这悲哀，要使人类普遍地感到悲哀。感到这悲哀的人，一定会去努力消灭这悲哀的来源的，这就是出路了。"后来他又要求您到农村去找一点新的题材，您回答说："这自然很好，但并非必要。我认为艺术与题材是没有多大关系的，艺术的使命是普遍表现人类的感情和思想。伟大的艺术作品，不拘其题材如何，其给予读者的效果是同样的。"我认为您在那个时候，实际上已对"题材决定论"进行了批判。解放前，您虽然生活在城市，但您也还是多次到农村，到矿井，尽可能争取有扩大视野的机会。解放后更在党的号召下，去战场，去工地，不断"下生活"。但您的主要作品还是《激流》和《寒夜》，而不是《砂丁》《萌芽》和写朝鲜战场的小说。这就证明当年您对徐懋庸表达的关于作家"下生活"，提出"这自然很好，但并非必要"这样看法，是非常正确的。

巴：是的，我原是同意胡风所提出"到处有生活"的说法，但是解放后我就不敢说了。这也正是我在《随想录》中所说的，证明我在解放后"觉新性格"的存在吧。一个作家如果没有生活，他怎么写得出作品？怎么会成为真正的作家？有了生活，才有作品，才做作家。生活培养作家，不是职称培养作家；作家靠读者养活，不是靠领导养活。这本来是个很浅显的道理。可是我们这么多年放弃自己最熟悉的生活，勉强去写不熟悉的题材，甚至要作家的作品去解释政策，而政策有时又不免有反复，这样要创作丰收，是很难的。作家应该写他最熟悉的生活，写最使他感动的东西。这是我的几十年经历所得到的教训。当然我并不反对作家到处去看看，对世界有更多的了解。

徐：当前文学批评界的思想活跃，确实使人振奋。过去写的现代文学史，确有许多不正确和不公平的地方。但我觉得"重写文学史"这样的提法，似乎还保持着过去那种只能独家写文学史的"权威"观念。其实文学史的写作，也应该百花齐放，谁都可以写的。

巴：是的，海外的中国现代文学史写作，各人都写各人的。夏志清的那本，就把沈从文与师陀写进去了。不像我们过去写文学史，要劳师动众，必须集体讨论，搭班子。

徐：师陀在解放前确是很有才华的。抗战时期柯灵同志编《万象》杂志，在"编后记"多次推荐过他的作品，我们都受到过影响。当时他的文字的确很好。解放后，他"下生活"特别积极，后来不知怎么，衰退得厉害。在他离世前一个月，我曾到他的新居看他，主要也是为了写传记，因为我知道他也是您的老友。

巴：那时他很用功，他的作品受到重视。他的短篇集《谷》得到大公报文艺奖金。他在解放前写的几本集子，如《里门拾记》《马兰》《果园城记》《大马戏团》等都是不错的。解放后他曾一度把主要精力放在电影剧本上。写电影剧本，七稿八稿，把他搞昏了。

徐：最近在《文艺报》上读到一篇题目叫《周扬现象》的文章，和在《中国作家》杂志上发表的李子云追忆周扬的散文，不知巴老看到过没有？那两篇文章基本精神一样，这就是我们过去的文艺政策折腾得连周扬同志都晕头转向。

巴：文章看了。我还记得 1965 年元旦中午，中国作协书记刘白羽邀请在北京出席人大和政协的作家吃饭，当时所谓"四条汉子"中的三个人已被点名，只有周扬还在位，饭后他还向我们头头是道地讲了一个下午。回想那时每个人心里战战兢兢，实际上周扬也不例外。

徐：在解放前，或者可以说，您的工作、生活、思想感情大都反映在您的作品中了，而解放后十七年您的作品，不但在数量上，而且在内容上，也只能是反映了您一部分的工作、生活和思想感情。类似周扬现象，我想在您的实际生活上有时也是有的。我记得萧乾写过一篇文章，谈到他在 1957 年"反右"运动刚开始时，在北京紫光阁开会，他在自己的单位里已被点名，因而感到局促不安，当他一进会场，别人都不敢理睬他，只有您还和他打招呼，并让他坐在您的身旁。我想象那时您的心情怎样？

巴：不是他坐在我的旁边，是我坐在他的旁边。我后进会场，我也想对他讲话。他是我的老友，我心有不忍，但又无可奈何。

徐：我想我写的传记如果没有写出您类似的在这样境遇中的这种心情，我的传记就没有完成任务。

巴：那么请你多看看《随想录》……

徐：巴老，不知您对最近在京沪两地播放的《家·春·秋》电视连续剧怎样看法？除了极个别的人以外，我所接触到的人，大都对这部电视剧的评论，觉得还不错。

巴：电视剧是一些年轻朋友的再创造，这样摄制出来很不容易了。当然还可以搞得更好些。我同意你在报上发表的那篇影评讲法，这就是《家》中的罪孽，不能把主要责任推到陈姨太、冯乐山身上。特别是冯乐山，他在当时当地不过是一个社会名流，至多是个帮凶。此外，关于觉新的自杀，我同意黄宗江的说法，最好迟一点，把家中大事安排好了再走，否则他会死不瞑目。

徐：现在许多报纸期刊为了争取经济效益，都在找企业家赞助，所谓"赞助"，实际就是"资助"。他们还提倡"文艺家与企业家相结合"。像这样的问题，我们应该怎样看法呢？

巴：对这样的问题我可以说是一窍不通，毫无经验，我还是那句老话：作为作家，养活我的是读者，不是企业家。

（1989 年 1 月 19 日《文汇报·笔会》副刊）

家　事

　　大年初三，我约我的两个哥哥、一个姐姐和一个弟弟到我家欢聚。我们五个人如今都上了年纪，连弟弟也年逾花甲，有的且历经坎坷，已到古稀之年，却喜我们五人个个健在，眼前日子都还过得不错，可以告慰父母在天之灵。只是这几年各人忙各人的，平时见面机会还是不多；唯有到了春节，才有机会来往。而春节假期只有三天，要每人跑遍各家，还是有困难的。大概从1986年开始，我们才采用按排行轮番作东的办法团聚。

　　今年轮到我，我自应积极准备。前一天，我与妻商量："日子已定好明天，并已通知他们下午四点来到，晚上六点就餐。吃团圆饭，自不必说；但总得有个新鲜玩意儿才好。"妻一向比我机灵，这时马上接口说："兄弟姐妹、姑嫂弟媳，全上年纪了，像今年这样一个不缺的团聚，以后机会即使有，也不会很多了。趁此时机，留下个纪念吧。"我说："那好，到时我给大家照个相就是了。"她埋怨我说："你这人就是不开窍，现在还兴拍照！家里不是新添了个录像机吗？请有摄像机的熟人来拍几个镜头怎样？"我听了很高兴，就找女儿工作单位里的一个青年小沈，带了他的摄像机到我家来凑热闹。

　　初三那天下午，大哥和大嫂不到三点钟就来了。大哥年过七十，长我六岁，头上白发却不多；近来很有些人把他误作我的弟弟看，因为他看起来确比我年轻，今天穿上一件新大衣更显得精神。

　　此刻，他坐到沙发上，随手从皮包里取出一本书来递给我，我接过来一看，原来是他的新著《民法通则概

徐家四兄弟（左起）开垒、开墅、开垦、开垫

论》，群众出版社出版的。

大哥在解放前就在大学教过书，年轻的时候他曾主张"依法治国"，所以学的教的都是法律，只因为他专攻的是民法学，解放后这门学科在大学里取消了，他才改在中学教语文。1957年因为发了几句没"法"的牢骚，前账后债一起算，曾被戴了多年"帽子"，这几年，法制观念树立，才给他彻底平反，从外地农场调回来，安排在社科院当民法学教授，曾几次赴北京参加民法起草工作。

大哥在学校读书时，是勤奋读书的"优等生"，出来做事也总是循规蹈矩，被人家当作"规矩人"……此刻在我印象中最难忘的，还是那不见他形影的二十年，当时说他在农场不管冬夏，都赤着脚；又说60年代困难期间，那边每天饿死不少人，他曾拾野菜过日子……但这一切都已过去了，眼前坐在我面前的，则是个比我还精神的老人。

我与大哥、大嫂正说着话，在一旁带着摄像机的小沈，早已把大哥向我赠书的镜头摄下。大哥虽早在电视机里出现过他参加法学座谈的镜头，这次却专为他拍摄，脸不免微微发红，样子更像个孩子。

到了四点钟，二哥和二嫂按约好的时间一分不差地来到。这些年来，他就靠一点一划，一分不差的习惯过日子。想50年代初期，他当全国劳模，是因为他从大学化工系学到那个一点一划精神办事的科学本领，才在国内成功自制了治疗肺结核的新药。可是到了"大跃进"那会儿，他就遭殃了，领导提拔他到内地一家全国最大的制药厂去当总工程师，告诉他说这家工厂是苏联支援我国建设的156项工程之一，到了那边，看不到苏联专家也罢了，哪知制药工业也并未上马，却要他领着全厂工人大炼钢铁。这时他原该机灵点儿，审时度势，随和随和，可他却二话不说，一声不吭地从内地赶回上海，躲在家里再也不肯回去了，哪怕上级拍电报，派专人找他谈话，都没有用。以后不要说那些"全国劳模""人民代表"等荣誉称号全都丢尽，连吃饭都成问题。到了"文革"期间，人家就把他往后日子在郊区农村帮助公社建药厂的事当作走资本主义道路来整。当然这些也全过去了。

现在，他也早恢复了高级工程师职位。而且退休以后，比在职的时候更忙，人家说他"肯放下架子，离开大城市，不怕艰苦，关心农村工业建设"，这样的过头话，看来也跟当初说他走资本主义道路一样，有点荒诞无稽。而二哥却并不曾变，至少他的一点一划脾气不曾变：他不仅今天下午四点钟准时到我家，还要求晚上六点钟准时开饭。

这就苦了我。我那在一家医院里当主任医师的弟弟，带着弟媳来到时，我一看手上的表已经六点钟了，我问他："怎么来得这么迟？"他说："春节值班，谁也推卸不掉的。何况我得带头。"我无奈，只好嘱咐小沈赶紧给二哥、二嫂和弟弟、弟媳拍几个镜头，自己来到厨房，向妻发愁：

"姐姐、姐夫到现在还没来，是怎么一回事呢？"

"打个电话去问一问嘛！"

妻一边说，一边走进房里，就拨电话给姐姐，接电话的却是我外甥女，说她父母早在一个半钟头以前就出来了。

"赶公共汽车，至多半个钟头就该到了。"妻放下电话，对我说，"别是又发了病吧？"

"这可不能胡说。病多年不发作了，怎么会……"我安慰妻，兼又安慰自己。回到客堂，面对着大家，我的心却忐忑不安。

姐姐比我长四岁，兄弟姐妹中，原我与她最亲近。小时候，我总与我姐姐睡在一个房间里。我们老家房间宽大，一间房放两张大床之外，还放得下几个大衣橱，一张大方桌，还有不少空隙地方可供我们游玩。我从小顽皮，六岁那年，为了把睡在摇篮里的弟弟吵醒一事，母亲追赶着我，准备把我痛打一顿，是姐姐护着我，把母亲手里拿的尺夺了下来。我受母亲的气，不肯上桌吃饭，姐姐就陪着我，直等到我回心转意，两人才一起就座。我十二岁在小学读书，姐姐已经是中学生了。她长得很美。我家是大族，族里堂姐、堂妹、堂侄女很多，人家都说，论体面，我姐姐数第一。那时学校里正时兴唱《毕业歌》，我每天傍晚从学校回来，在房间里总听见姐姐唱"我们今天是桃李芬芳，明天是社会的栋梁"，歌声激越悠扬，好像至今还在我耳边响着。抗战开始，父母带我们逃难到上海，租了一间统厢房：前厢由父母和我们四个兄弟住，后厢由姐姐一个人住，因为她是女孩子，已经长大成姑娘，开始读大学，但我仍经常享受到她在课余做家庭教师所得到的零用钱，给我们买水果吃。

抗战胜利后，她由二哥介绍，嫁给了二哥在大学读书时的一个同学。

姐夫学有专长，解放后在皮革研究所当所长，试制成功用猪皮代替牛皮制革，更是声名大振，有了经常到苏联等国家去交流经验的机会。姐姐的日子过得很平静，也很美满，她像一棵在暖房里放着的盆花，从来没有经过风吹雨打。可是可怕的年代来临，1966年10月的一个深夜，一群从北方来的红卫兵由市内的造反派带来，像古罗马时代野蛮无比的汪尔达人一样，一路呼啸着冲进他们住的西区里弄中。

这条里弄住的人家差不多全入睡了，弄内几乎一片漆黑，但红卫兵预先有准备，他们不但人人手携手电筒，还从电影厂抢来探照灯，一时灯光如炬，把家家户户照得通亮。我姐姐从梦中惊醒，还来不及向姐夫问明白是怎么一回事，却发现红卫兵已经潜入各户进行搜抄。他们先给姐夫一个"反动权威"的罪名，然后翻箱倒箧，弄得衣物书籍满地。我姐姐从床上跳下来拦阻他们，嘴里才喊出一声"强盗"，就被他们按住身子，要把她的裤子脱掉，打屁股……几天以后，我姐姐就精神失常了。以后几乎每隔一二年总要被送入一次精神病院。只有最近几年才比较长时间地趋于正常状态。

今晚他们终于来到。时间已经六点半。看到他们，满屋子的人禁不住欢呼。我问他们在路上怎么逗留得那么久，姐夫支吾着说："车子挤，你姐姐坚持步行，不乘车。"我看他们这么冷的天气，竟走得额头上汗涔涔，不免有点歉意。这时摄像的小沈看到久候不到的客人驾临，全家团聚，一时也心花怒放，立刻拿起摄像机，把灯光开足，对准姐姐和姐夫拍摄特写镜头。就在这一刹那间，我姐姐离开客堂，进入洗手间，竟好久不曾出来。我看看姐夫，只见他的脸色发白，我心中奇怪，问姐夫："姐姐怎样了？"他说："该是在洗脸洗手吧。"过了一会儿，姐姐果然出来了，只见她急匆匆回到客堂里，拿起她的皮包，又急匆匆地向外走，我妻从厨房里闻声出来，想把她拦阻住，她苦笑着只说了三个字："受不了。"就急匆匆回家去了。

一时屋子里鸦雀无声。姐夫终于轻声地向我解释说："她怕强烈的灯光。在家里，窗外建筑工地的探照灯整夜亮着，她也整夜睡不着觉，不免爬起床来洗手洗脸。二十年前那个夜晚红卫兵的灯光给她的印象太深刻了。"我这才意识到我这次邀请小沈来给我们家摄像，是个冒失行动。我和我妻原想为这次团聚增加一点新鲜玩意儿，却想不到竟然是弄巧成拙，心里有说不出的难过。我觉得很对不起姐姐和姐夫，也对今晚到的其他客人有点歉意。

热情的小沈并不知道我们家的事，他仍兴高采烈地为我们摄像。开饭的时候，他也不肯即刻就座，还站在一边为我们摄取吃"团聚饭"的镜头。但他哪里知道"一人向隅，举座不欢"，我们家十个人席上少了个姐姐，总觉得美中不足。一直十分体贴姐姐的姐夫，这时不安的情绪不用说，我的几个兄弟和嫂嫂们这时也不免心中遗憾。妻在厨房里忙了一整天，满想今晚能让大家过得愉快，却不曾想到席上大家欢笑不多，吃菜的兴趣也不浓了……

这时我耳边又响起半个世纪以前，我那可怜的姐姐激越悠扬的歌声："我们今天是桃李芬芳，明天是社会的栋梁……"

旧金山第一日

下午 5 点 50 分，中国民航开往旧金山的班机从上海起飞。我与老伴买的虽是经济舱，座位却还不差，电视屏幕离我们不远，两腿也可以自由伸展，真要感谢售票员对我们老人的照顾了。要不然，这十一个小时左右在机舱里的逗留，可真难熬啊。

当然，在旅途中，要像家里那样睡个通宵，是不可能的。我只是迷迷糊糊地感觉到天渐渐地暗了，然后窗外变成全黑；使人奇怪的是，天很快就又露出黎明的曙光，终于又是白天。据说这是因为上海与旧金山有时差的缘故。

机舱里的电视机，放映到上海时间午夜 12 点半就停歇。我抬头看窗外，却见空中旭日已经升起。而我终于闭上眼，沉沉地睡着了。可是不一会，就又被叫醒进第二次餐，听人说："今天飞机提早一个小时到。"随后班机终于到达旧金山机场。我们下机后，来到领行李的地方，才知道旧金山时间已是上午 11 点 50 分，日子却仍是在上海上飞机的那一天：11 月 30 日。这使我大为高兴，不免笑着对我老伴说："我们多活了一天。"她回答道："傻瓜，等你回去时，那一天不

1994 年 1 月 18 日徐开垒在芝加哥密西根湖畔（徐问摄）

徐开垒在旧金山奥克兰海湾大桥

就依然要还给人家的吗？"

据说旧金山四季如春，是美国气候最佳的地方。特别是在海湾地区，一个月里，总有二十天左右晴空万里。现在已是初冬季节，果真仍像春天一样温和；而且阳光灿烂，蓝天无云。我儿子徐问驱车把我和老伴接到伯克利加州大学村他的住所。这里有一百多幢房子，大都是两层楼的，也有一小部分是三层楼。楼与楼之间都有一块草地，种着几棵大树。每幢楼大致有八户人家，按人口分配房间。有一间一套的，也有两间或三间一套的。在这里住的，有四十多个国籍的学生家属，也有一些助教，一些外来的所谓"访问学者"。我儿子一家三口，原住两间一厅；我们老两口住进去后，就有三间一厅了。

把行李安顿好后，儿子又接我们到旧金山市区 BRYANT 路的第八条街一家百货展览馆，看我的儿媳。她在那边一间服装展销厅工作。我们国内也许也有这样规模宏大的百货店，但说实在，当孤陋寡闻的我，看到瑞士的钟表商、英国的黄金客、法兰西 16 世纪古董的经纪人，都在这里和世界各国大大小小的生意人，包括美国的电脑巨头、埃及的银贩子、丹麦的灯具设计师，以及中国的瓷器商……他们一起设摊，楼层之多，规模之大，我不得不承认自己是前所未见。

在我们把各个展销厅走了一圈后，我儿媳王玲娣也已到了下班时间。我们一家包括我九岁的孙子共五人，又从市区回到湾区。路上经过旧金山大桥，这时已是傍晚，千百辆汽车车后都亮起红灯，在十条车道上，朝着一个方向开，景象比白天看到的还壮观。在桥上疾驶约二十分钟，才驶出大桥。我问我儿子："听说

1990 年代初徐开垒和刘秀梅访伯克利分校看望徐问

上海的杨浦大桥比旧金山大桥还长，今天我坐在车上怎会这样久呢？"儿子说："这里是海湾大桥，人们通常称它作旧金山大桥；当然，也有人把金门大桥当作旧金山大桥的，这样，旧金山大桥就没有杨浦大桥长了。"

我们的晚饭，是在旧金山海湾地区附近的伯克利市街一家中餐馆吃的。这个小城就是加州大学所在地。这家餐厅离大学不远，店名"长江酒家"。虽然供应的都是中国菜和中国点心，半数客人还是外国人。当然，其中不少是在这里读书的大学生。我在这里吃到好久不曾吃到的大黄鱼，但它烧煮的功夫还不及我的老伴。炒面、炒河粉的料理，却还是不差的。这就是我到美国后的第一顿晚餐，这时已经傍晚五点多钟了。我想起昨天这个时候——11 月 30 日下午 5 时，我正准备上飞机，和前来送行的女儿女婿告别；今天这个时候，也是 11 月 30 日下午 5 时，却在这里与儿子一家团聚，不觉有些好笑。饭后改由我儿媳驾车，把大家送到一个类似"超级市场"的地方，时间虽已很晚，门口广场上仍停放着几百辆在那边购物的顾客的汽车，还有一大堆供顾客进内使用的载货推车。我们进去时，我儿媳在门口先让他们看了出入证。原来这里和百货店不同，不是谁都可以入内购物的。它带有合作社性质，要在这里购物的人，每年须先付一笔钱。这里的日用品不但货源充足，而且价格比一般市场便宜。一进门就看到，这间像人民广场一样宽广的大仓库，堆积着物资有的比上海四层楼的公房还高。顾客们各自推着购物车在这个大房间兜圈子，直等到自己需要的日用品都放在车上了，才把车子

徐开垒在旧金山与儿子徐问一家合影。（左起）徐开垒、徐问、王玲娣、
徐承棠、徐婕妮

推到出口处向黑人小姐们结账。那晚我儿媳也在这里买了五十斤袋装暹罗大米和
几盒鸡蛋、橙汁与牛奶，以及开心果之类的食品。我儿子还把白天给我们照相的
胶卷，投到一个专为顾客接受洗印的箱子里去，据说明天就可以来取。

当我们回到大学村住所，已经晚上十点多钟了。儿子儿媳把他们原来住的房
间，让给我们老两口住，我们推让不掉，也只好躺到床上去，刚闭上眼，心里一
计算：自己有多少时候不曾上床睡眠了？两天两夜了吧？一时竟不清楚。好在眼
前实在倦到极点，只片刻就睡熟了。

（1995 年 12 月 3 日《解放日报·朝花》）

散文随想

——我和散文

一

写散文不是我的正业。我的散文，完全是我业余时间的产品。一般说来，我所写的散文，确比我过去做记者时代所写的通讯报道，更符合我的真心实意。我写散文，是为了抒发自己的感情，或者说对我是一种享受；而过去写通讯报道，则往往只为了完成一时的任务。所以我历年来所写的通讯报道，随写随丢；而我的散文，却总是尽可能地剪存下来。因为它是我自己的孩子。

二

散文是我学习文学最早的一个品种。在我开始上学的年代，私塾早已没有了；但我所进的一家宁波最大的小学，却坚持要求学生读《弟子职》，读《孟子》等文言文；白话课本只有在教育局"督学"来"视察"时，才准许放在每个学生的桌板上。与其他人一样，我在小学时就被《项脊轩志》《陈情表》《祭妹文》等文章所感动。《孟子》则是我的主课。上了初中，才接触白话文，课文上鲁迅的《藤野先生》、朱自清的《背影》、冰心的《寄小读者》都扣动过我的心弦。但是那已经是30

1956 年 8 月 6 日徐开垒在北京北海

40

年代中期了。当时我们的新文学运动已发展到一个新的阶段，在散文领域里有了新的作家和作品。巴金主编的文化生活出版社出版的"文学丛刊"，每一辑都有几本比较精彩的散文集子。我是这些集子的忠实读者。我每晚让陆蠡、何其芳、丽尼、芦焚等作家引入语言艺术的王国里，走进比现实世界更其多彩的散文之家。在抗日战争中期，我进了大学读中国文学系，王统照老师一开学就给我们逐字逐句讲解陆机的《文赋》，我为它称艳的语言所陶醉，终于也逐字逐句把它背诵出来。有些文字至今记忆犹新，如"其为物也多姿，其为体也屡迁。其会意也尚巧，其遣言也贵妍"。它为我进一步鉴赏古今散文家的杰作，提供了一些条件。

当然，后来在我看了一些文艺理论书籍以后，我发觉《文赋》这条门路并不宽敞，它虽为我初步解决了一些诸如文体、语言等问题，但如果我凝固在这个阶段中，那就会掉到形式主义的窠臼里去。更重要的是必须研究这些作品为什么这样动人，除了它们的文字语言本身之外，还有没有其他的东西，我看是有的。这就是作家真挚的感情和深邃的思想。它们才是散文的灵魂。

三

锤炼语言，要下苦功夫；锻炼情操，更要从根本上着手。散文是作家直接表达感情的文学形式，它比任何文学形式都更需要真情实感。郁达夫的《一个人途中》，文字如行云流水，感人的则是作者出自肺腑的爱子之情。朱自清的《背影》，文字简洁，形象生动，但令人难忘的是作者对他父亲的真挚感情。

徐开垒在鲁迅公园

1991 年 11 月 1 日徐开垒在家中（史清禄摄）

真情实感不是凭空产生的，它来自生活。假如许多作家不是战争年代颠沛流离，经受战火考验，他们能写出如此众多的气势磅礴的优美动人的散文吗？假如许多作家不是在十年动乱中饱经忧患、备尝艰辛，他们在"四人帮"粉碎后会有这么多摧肠欲断的怀念、追思故友的散文吗？

眼泪不是无缘无故流出来的。

"十年动乱"之后出现所谓"伤痕文学"是很自然的事情，是符合一定艺术反映一定时期生活的创作规律的。大批感人心腑的悼文，是亿万人民一个时期遭受劫难后的哀歌，是我们时代散文领域里的特产。

眼泪并不可怕。哭，在一定条件下，具有一定的积极意义。眼泪并不一定表示软弱。"我哭豺狼笑"，正是天安门千万人的哭，和敌人的笑，形成一个革命与反革命的对比，然后才有"扬眉剑出鞘"，迎来十月的欢笑。

四

当然，我们不能停留在"伤痕文学"上，尤其不要因此而产生厌倦生活的灰色的情绪。

我们在建国十七年中，出现过不少歌颂劳动者的散文，从杨朔的《雪浪花》，冯牧的《沿着澜沧江的激流》，刘白羽的《红玛瑙》，魏钢焰的《船夫曲》到袁鹰的《戈壁水长流》……我们看见工人农民在社会主义建设中奋勇前进。

在我国经济调整时期，我们要反映党和人民团结一致向"四化"迈进的战斗生活和革命精神，不要多为逝去了的受难年月而哀伤。但不论写小说和写散文，有时还是离不开揭批"四人帮"，因为我们的四个现代化建设不是凭空而来的，它是在"四人帮"所造成的一场大动乱之后进行起来的，我们的工厂是在被"四人帮"破坏过的基础上重新进行生产的。把写四个现代化建设与写揭批"四人帮"的作品对立起来，显然是一种误会。当然，我们应当向前看。对作家来说，深入生活仍是个前提。它是我们进一步推动文学创作的先决条件。如果散文作家是自由的鱼，那么生活就是他们一刻离不开的水。

五

在50年代和60年代初期，我有过多次深入生活的机会。我到现在还是很欢喜我在这一时期所写的有关描写崇明围垦区和新安江建设工地生活的散文。因为我当时的确从这些地方接触到许多非常纯朴的人，体会到他们互相之间的亲密关系，以及他们为社会主义建设献身的精神。他们的生活是多彩的，故

徐开垒先生像1989年春日于羊城，振国志画

事是生动的。在他们把水电站建成，或者向大海进军，把千年荒滩围垦成农场，开始生产粮食以后，又捎着背包，走向另一个荒滩，去开辟新的天地。这种吃苦始终在前，享受始终居后的勇于自我牺牲的精神，确实是非常感动人的。

我写的《新安江灯火》《围垦区随笔》《第一株树》等散文，在一定程度上反映了这方面的生活，当时在《收获》《人民文学》等刊物上发表后，不少朋友曾鼓励我继续写下去，但也有人认为我的这些散文，还不及早期写的散文，如《竞赛》等作品读来亲切。不少散文选本，也没有把这些写围垦区、水电站的作品选入，而是另选了我的其他作品。我起初并不理解为什么我和他们的看法不同，后来才逐渐意识到我写这些散文时，在写作上确实比较拘谨。人家感到不够亲切，原因可能就在这里。

我记得50年代，曾经批判过"写身边琐事"，我想这些批判大概还是应该肯定的。但不知为什么，从那时起，我就有一种感觉，或者说思想受到了一种束缚，认为散文最好不要有"我"字出现。"我"字一出现，就会喧宾夺主，就会掩盖了所描写的工农兵。因此在以后的写作上，我有意回避了一些本来可以写得更为亲切动人的细节。现在想起来，当时如果我允许在写崇明围垦区或新安江水电站的散文中出现"我"，那肯定会写得顺当得多。

"四人帮"粉碎后，党中央拨乱反正，知识分子作为劳动人民成员回到无产阶级队伍里，这就使作家在文学散文领域里，有理直气壮展阅世界，充分抒发感情的广阔天地。正如秦牧先生所说："文学是通过个性表现共性的。它时常要求作者不回避表现自己。"散文是作家直接抒发真情实感的文学形式，它更要求作者敢于站在正确的立场上表现自己。我终于在 1978 年以后，接待了"我"字回到散文领域里。近两年来，我写的散文《幽林里的琴声》《忆念中的欢聚》《最初的歌声》《岁月冲淡不了我对她的怀念》，以及最近发表的《山城雾》，都写到了自己。我不知道写得恰当不恰当。但我觉得我真正得到了解放。

我是噙着感激的眼泪，写成这些散文的。

六

像一个歉收的生产队，向大队或乡镇汇报年终成绩一样，我在"我和散文"这个总题目面前，难以向大家启口。的确，我写散文的时间很长，少说也有四十年。但是不论从数量上还是质量上讲起来，都不及一个勤奋的作者耕耘三四年。最近为了编一本散文集子《雕塑家传奇》，搜罗殆尽，前后总共不到五十篇，二十万字都不到。可见我门前的园地是荒芜的。按理像我这样一个作者，不该有什么发言权。但也许正是由于我的歉收吧，《文艺报》编辑部给我以汇报自己失败经验的机会，我以十分珍惜的心情来接受这个测验。

(1981 年 2 月 15 日)

第二辑 《笔会》·《巴金传》

《笔会》副刊五十年

徐开垒

  《笔会》副刊五十年，如一条长江大河，如一部二十四史，真不知从何说起。而且江有源头，史有序卷，《笔会》虽创刊在 1946 年 7 月，却也还有它继承的传统。这就是《文汇报》在抗战时期的文艺副刊《世纪风》。柯灵主编的《世纪风》，以留沪作家为写稿队伍作基础，并努力发掘青年作者，作为团结抗日的支柱。它的杂文尖锐泼辣，散文形式多样，除了随笔小品，还有速写和文艺通讯。此外，更有短小精悍的"墙头小说"，和宁缺毋滥的新诗和旧体诗词。

  《笔会》创刊后虽不到一年，至 1947 年 5 月就随着报社被查封而停刊，但它继承《世纪风》的传统，文章短小，作者面广，给人印象很深。它创刊时，总管当时报纸副刊与专刊的报社副总编辑柯灵，去负责战斗性更强的《读者的话》了，而让他的老友唐弢来编《笔会》。《笔会》每星期出刊五至六次，和《世纪风》一样，作品题材、形式、风格力求多样。

  1949 年 5 月上海解放，《文汇报》在当年 6 月 21 日就恢复出版。《笔会》到 1956 年 10 月才复刊，这是有一定历史原因的。这一年党中央提出"百花齐放，百家争鸣"的文艺方针，要求在宣传工作上做到"去掉宗派主义，去掉过多的清规戒律，去掉骄傲自大，坚持谦虚谨慎，尊重别人，团结一切愿意合作或可能合作的人"。当时《文汇报》从北京迁回上海，考虑怎样刷新版面，听了不少文学艺术界人士的意见，大家一致要求恢复《笔会》副刊。报社领导还参照中央和市领导这一时期所作的指示精神，决定把调动解放后长期搁笔不写文章的作家、艺术家以及其他方面专家的写作积极性，作为努力的目标。《笔会》仍由解放后主编《文化广场》副刊的陈钦源负责，并把我从记者岗位上调来一起筹备复刊，参与主持。我们把柯灵前辈过去联系过的作家、艺术家，重又接上关系，并按形势发展，进行扩大。我记得当时钦源联系得较多的是宋云彬和施蛰存；我联系的则有沈尹默、王统照、丰子恺等人。这些作家大都在解放后六七年中一直没有动过笔，这时才开始写文章。我还写过访问记，被访问的除了丰子恺，还有巴

1965 年 7 月画家贺天健画作，赠予徐开垒

金、傅雷等。这时《文汇报》北京办事处许多记者在浦熙修领导下，也组织了不少专家、作家、艺术家的稿子来，如叶恭绰、阿英、夏枝巢等人的文章。由于这些老作家、老艺术家的作品一向很有读者，忽然复出，令人惊喜，《笔会》版面也就给人一种焕然一新的感觉。党的"双百"方针，确实使我们的报纸副刊，有可能出现知识分子畅所欲言的景象。不仅巴金的《秋夜杂感》，施蛰存、宋云彬的杂文，在这里发表，丰子恺的《缘缘堂随笔》也在这里重又出现。

我们不但鼓励老专家重又出山，还举办短篇小说征文，以发掘新的作者。这些作品，后来结集在上海文艺出版社出版，书名《花果集》。它的作者都是当时初出茅庐的小伙子，至今在我的记忆中还留有印象的，有十七八岁的俞天白、沈仁康，和二十岁出头的某些工人作家。这些人后来崭露头角。不幸的是，正当我们有较好的工作基础时，还不到半年，反右扩大化就开始了。

反右后"大搞群众运动"的"大跃进"形势，更使《笔会》工作步入了一个极为困难的时期。首先，版面被缩为三分之一版。每周出刊次数也减少。这样的限制，在形式上也就无法继承报纸副刊的传统。尽管在工厂、农村蹲点的作家，仍积极为我们写稿，来"迅速配合当前政治任务"，但《笔会》究竟是一个文艺副刊，只有"三面红旗"，没有"双百"方针的正确、认真贯彻，终究成不了文艺百花园的气候。当"大跃进"被确认是一种浮夸现象时，作家的作品也就随着报废。应该说，这是我们的严重教训。

到 60 年代，特别是 1961 年前后，因中央的"七千人大会"和科学工作会议召开，党的"双百"方针再一次被郑重提出来，《笔会》终于又有机缘沐浴在和煦的春风之中。1961 年以后的《笔会》确实又恢复到 1956 年刚复刊时那样，思想活跃，作品形式多样。那时曾受到读者很大的欢迎，也得到许多前辈作家的称赞。

但好景并不久长，1962 年 10 月八届十中全会"千万不要忘记阶级斗争"的口号很快传达下来。办副刊，内容形式都要求多样化，而处处要以阶级斗争为纲，前景又不免处于黯淡。1963 年、1964 年还不怎样，1965 年以后形势就越来越紧张。"文革"一开始，《笔会》就被迫停刊，人员大都到干校"大班子"学习。后来新出的《风雷激》在"文革"那样环境中，要维持《笔会》的传统，如缘木求鱼。因为"四人帮"容不了"双百"方针，而"双百"方针正是文艺副刊生命所在。只有在粉碎"四人帮"后，"双百"方针重新贯彻，我们才有可能使《笔会》副刊内容重新活跃丰富起来，我们的作者队伍才重又"两条腿走路"。我永远记得在 1977 年初，当我被重新任命为《笔会》副刊主编后，长期被迫停笔的巴金、艾青、柯灵、于伶、王西彦、罗荪、秦兆阳等一大批作家，都曾在我们《笔会》副刊发表他们在"文革"结束后的第一篇作品。1977 年 5 月发表巴金的《一封信》，几天之内就收到几百封读者来信，并要求我们把他们的热烈兴奋之情转达给巴金。可以说，巴金的《一封信》是我国文坛复苏的第一声春雷。

在 1977 年组织一大批老作家重又写稿的同时，我们又在来稿中发掘了一批新的作者，如 1978 年发表的卢新华的《伤痕》、郑义的《枫》、胡迪菁的《谭静》和宗福先的《入党》等。这些作品的题材内容在当时都起了冲破思想禁区的作用，发表后也像《一封信》那样收到过几百封读者来信。它们都给我们《笔会》副刊带来了新的热潮。

但是当时《笔会》副刊版面在"文革"过程中形成每星期只能出一次的"惯例"，以致大批来稿无法容纳，特别是在我们发起短篇小说征文以后，曾有八千多篇作品涌现到我们面前，我们只好以编辑部的名义出版了一本《新蕾集——文汇报〈笔会〉短篇小说征文选》。漫长的历史再一次证明：群众来稿中的作者是我们事业的未来。报纸的文艺副刊作者队伍的组织，唯有"两条腿走路"，让专家与群众结合在一起，才能使我们的版面活跃。

我在 1984 年离开《笔会》主编岗位，从事专业写作。1988 年 5 月离休。我与《文汇报》文艺副刊的关系是从 1938 年开始，到现在长达五十八年。我与它的关系是：从读者到作者，又从作者到记者，然后再从记者到编者；在副刊编辑岗位上，前后付出了将近三十年的时光。它占去了我一生中最好的时间。我知道《笔会》在这期间如果有一点点成绩，那是我们每个人的勤奋工作的结

壬寅春贺天健画作《京口北固山冈》，赠予徐开垒

果，绝不是一个人的。在这些年代里，我有痛苦，有欢乐；有压抑，有舒畅。纵观几十年经历，我至今还怀念：1956年，1962年，1977年至1980年。在我离开《笔会》以后，随着改革开放形势的发展，思想解放，新闻改革，报纸加张，有了比我在职期间更好的客观现实，它使《笔会》局面焕然一新。回顾在我工作期间，我是多么希望《笔会》能恢复每星期出刊五六次的局面。但自从1957年反右以后，它一直未能按中国报纸副刊传统，如叶圣陶先生对我说的那样"日出一大版"。谁知直到四十年后的今天，我往昔梦寐以求的《笔会》日出一大版，才终于实现。虽然我早已从编辑岗位上，退回到作者和读者的座位上来了。但是我还是十分高兴，我春节期间远在深圳，仍禁不住写信给现任《笔会》主编肖关鸿说："我羡慕你们。"

（1996年7月8日《文汇报·笔会》副刊）

《笔会》创刊六十年

徐开垒

时间过得很快，《笔会》创刊已六十年了，回忆六十年前，就禁不住想起上海市厦门路尊德里那间统厢房，几位前辈在这里忙看稿、约稿、写稿的景象。当时抗日战争胜利还不到一年，从事银行钱庄工作的刘哲民先生，在这里以上海出版公司的名义先后创办了三个刊物：唐弢、柯灵主编的《周报》，郑振铎、李健吾主编的《文艺复兴》，傅雷、周煦良主编的《活时代》。虽然后面两个刊物的主编办公的地方都在他们自己的家里，只是把每次编好的稿件亲自送到这里；而《周报》的两个主编唐弢、柯灵和两个校对阿湛、杨幼生，则天天坐在这里办公；有客人来也总是在这里接待。

柯灵、唐弢不仅在这里编发《周报》稿件，还经常把这间统厢房作为《文汇报》副刊编稿的场所。当时柯灵编《读者的话》，唐弢编《笔会》，版面每星期至少有五六次出版。我经常在这里看到他们看稿、改稿、划版样。唐弢先生编《笔会》原准备与陈西禾合作，后来陈先生因忙着搞戏剧工作，编报纸副刊"临阵脱逃"。但他约钱锺书先生为副刊版面写的"笔会"两个字，唐弢还是用了。唐弢为人正直热情，写杂文、散文更富有经验，抗战前他在《申报·自由谈》写的文章，曾有人怀疑过是鲁迅化名写的作品。同时唐先生在文坛朋友也多，他编《笔会》有一个有利条件，这就是《文汇报》在《笔会》之前，就有一个《世纪风》的编辑经验，而这个经验正是他的知心好友柯灵积累起来的。柯灵先生在抗战初期（1938—1939）和抗战胜利初期（1945 年 8 月—1946 年 5 月）编的《世纪风》，恰恰正是弢公大力支持的刊物。他不但自己积极在这个副刊写稿，还几乎每一次开座谈会讨论类如"鲁迅风"这样一些问题，都参加策划，勇于发言。即使在上海沦陷时期，柯灵编《万象》，唐弢也总是用笔名为它写散文和杂文稿，与柯公同心协力，和敌伪划清界限，共度艰难岁月。所以柯灵编刊物的经验，不论在哪一个时期，唐弢都很自然地得到过一定的体会。

编文艺副刊最大的依靠，首先是要建立一支有力的作者队伍。这就是我们经

1958 年 7 月国画家程十发扇面画作《傣族少女》，赠予徐开垒（正面）

书法家沈尹默扇面书赠徐开垒（反面）

常说的，要"两条腿走路"。一条腿是有实力的名家，缓急可待。另有一条腿，便是从读者来稿中发掘出来的一批新生力量。《笔会》创刊的时候，唐弢把我当时在暨南大学中文系读书的两个老师郑振铎、王统照请来"放头炮"；后来弢公回忆，说除了这两位，称得上"前辈"的，还有叶圣陶、巴金、田汉也曾为他编的《笔会》写稿。此外，就是当年与他相交的挚友如冯雪峰、臧克家、柯灵、李健吾、魏金枝、周煦良、傅雷、辛笛等人，而现在这些作家也都逝世了。不仅这样，在唐弢写的回忆 1946 年 7 月《笔会》初创时的文章中，他说"我所熟识或不太熟识，但在上海文艺界十分活跃，各自拥有一批读者的略微年轻的作家"，他举出十一个人的名字，其中晓歌、汪曾祺、阿湛、海岑、陈敬容、杨枝、辛未艾等 7 个人，也在近年离开人间；剩下的除了黄裳和王殊，健笔如昔；我和何为现在也已到了眼力衰退，几乎无法动笔的日子。但是历史永远存在。当年唐弢编《笔会》，版面生动，文字精短，每星期出刊五六次，突出了报纸副刊的连续性特点，并由此可以隔一个时期就能出一次特辑的可能性，如纪念鲁迅逝世十周年特辑，纪念普希金特辑，抗日战争名作推荐特辑，悼念闻一多特辑等。这些都是铁的事实。

文艺副刊比一般文艺刊物（周刊、月刊、半月刊和双月刊）有利，就因为它是报纸的副刊，报纸天天出版，它也有可能天天出刊，这就使稿件反应迅速，连续性强。如果组织问题讨论，就更有可能使人在旁边看连续风景。我记得唐弢曾半开玩笑地对我说过："办报纸就是要办得热闹。你不是在马路上经常看见有人吵架么？一吵架，别人就禁不住停住脚步，围上来看。有矛盾就有是非。人们就是喜欢看矛盾怎么发生，怎样解决。办报就要解决思想问题。而天天出版的文艺副刊提出问题，解决问题，就是比文艺月刊或文艺季刊要快得多，干脆得多。"

柯灵、唐弢编副刊成绩良好的另一个原因，就是有徐铸成这样一个报社领导，他对副刊比较放手，从来不去指手画脚，同时副刊编辑室人也不多，编辑思想比较集中，很少需要主编瞻前顾后。在我编《笔会》副刊时期，副总编辑唐海做我的"顶头上司"。不论是1956年秋冬，还是60年代初期，或1980年前后，他也和徐铸成一样，从来不七嘴八舌，要我这样那样，更不随便在版面上擅自更换稿件，这样《笔会》就有出新点子，开辟新栏目的可能。最使人难受的是反右前后和"大跃进"时期，一边版面减少，一边又硬塞连编者自己也无法容忍的稿件，当然这也是当时的客观环境造成的。

关于《笔会》的历史，我曾在《笔会》五十周年时写过一篇《从〈世纪风〉到〈笔会〉》的文章，发表在1997年第一期《新文学史料》上。今天《笔会》六十周年纪念，特别使我想起创刊时的主编唐弢，当年他辛苦劳动，一边广约稿件，一边张罗版面，在尊德里那间统厢房中不断摇着笔杆的形象，至今还在我的脑子里。而他解放后50年代调离上海赴北京工作后，长期与我通信的五十多封信，原件至今还留在我的身边。这些信原应交给北京中国社科院文学研究所编入《唐弢书信集》，因上世纪90年代初，我曾几次赴美探亲，文研所曾来信要我把这些信寄去，我却来不及应命，真是十分遗憾。借这次《笔会》创刊六十周年纪念机会，再次对唐弢前辈表示感谢和怀念。

（2006年6月30日《文汇报·笔会》副刊）

回忆与感激

陈思和

今年7月1日是《文汇报·笔会》副刊创办七十周年，《笔会》编辑来信，嘱我为之写几句话。我想了一想，七十年前的事情自然是不知道了，但近四十年前的事情大致还了然。

记得巴金先生"文革"后第一篇文章《一封信》就是发表在《笔会》上，读这封信时的激动至今还宛若眼前。巴金先生说，从他的第一部小说的第一章《无边的黑暗中一个灵魂的呻吟》，到他的最后一部长篇小说的最后一句"夜的确太冷了"。在这二十年中间他竟"写了那么多的痛苦和黑暗"。巴金先生出于当时的语境考虑，这个话里还多少含有自我检讨的意思。但是在当年处于觉醒期的我读来，却读出了另外一种意思。确确实实，巴金的小说打动我的正是那些描写黑暗的意象。每一代人心灵深处都有对黑暗的不同感受，在当时的我的心里，弥天大暗就是"文革"的中国。我们刚刚从黑暗中走出来，是多么需要一个描写黑暗的大师为我们指点迷津。不久，我考上复旦大学中文系，很自觉地开始阅读巴金，渐渐走上了研究的道路。

我还记得，隔了一年，大一的时候，《文汇报·笔会》发表我的同学卢新华的课堂作业《伤痕》，引发了伤痕文学思潮。对于这篇小说的评价，当时在师生中间还充满争议性，可是《笔会》的及时刊登，一下子把小说公布到社会上去了。无数人被触到了心灵的痛楚，无数人给作者发来了声援信，于是，一场控诉和批判"文革"的社会思潮汹涌兴起。理论界绕来绕去讲不清的问题，放到社会群众运动中一下子就清楚了。我那时写过一篇支持《伤痕》的文章，在小说发表不久，被刊登在《文汇报》的文艺评论版面上。我一直把这篇文章的发表，看作是我走上文学评论道路的起点。

我提起当年的这么两件事，不仅仅是想说，《笔会》曾经在中国社会和文化思潮转折期发挥了何等重要的影响，更是想表达我个人的感激，正是编辑们的敏锐眼光和前沿立场，帮助了许许多多像我一样的青年学子看清历史发展的方向，坚定了人生道路的选择。

在这里，我特别想感谢一个人，就是四十年前《笔会》的主编徐开垒先生。他主编的《笔会》，格调高雅，版面淡雅，文风儒雅，创造了一种大雅的知识分子文学传统。这个传统至今还保持在《笔会》的版面上，成为爱读者们陶冶心灵的一方净土。七十年过去了，《笔会》的主编已经从我的前辈延续到我的同辈又延续到我的学生，但斯人斯风犹在，徐先生不朽了。

我与徐先生并无太多的接触，但是他曾经与我同住在杨浦区的一个居委会，他的孩子，以及邻居都是我少年时代的小伙伴。那个时候我就知道徐先生是一位作家，一位在邻里间口碑甚好的忠厚长者。他的孩子后来出国去了，他的邻居始终与徐先生也与我保持着来往。徐先生晚年搬到别处去住了，有点寂寞，那位邻居还特意开了车，接他到杨浦区旧居附近去转转，找老邻舍叙叙旧。徐先生去世后，我在杨浦区作家协会的刊物《杨树浦文艺》上特意出了一个纪念特辑，请那位邻居写纪念文章，记载了此事。后来文章刊出，那位邻居问我：你为什么不写一篇纪念文章呢？我默然，心想，总有机缘写的吧。但是去年那位邻居也患病去世了。所以，现在趁着《笔会》的纪念，就带出了我心中久久的念想，用纪念一位老编辑，来表达我对《笔会》的敬意。

（2016 年 6 月 30 日《文汇报·笔会》"《笔会》七十年"专辑）

作者简介：陈思和，复旦大学中文系教授，复旦大学图书馆馆长。

我写《巴金传》

徐开垒

《巴金传》已经出版，它的续卷也已在《小说界》双月刊连载完毕，终于定稿出书了。

完成了这部五十万字的长篇，我心中感到轻松，却又觉得沉重。

回想四年前，上海文艺出版社四位编辑同志来我家约我写这本书时，我就有这样类似的心情。因为这是出版社作为重点工程来叫我挑这副担子的，我感到荣幸；却又觉得自己的才力有限，难免辜负广大读者的期望。而且，在这以前，我已应人民文学出版社之约，与一个同志合作写《陶行知传》，并已开始采集资料。但是几经考虑，我还是接受了上海文艺出版社给我的任务，那是由于有李济生同志的支持，并告诉我已征得巴金同志的同意，这才使我有勇气挑起这副担子。

感谢人民文学出版社屠岸、季涤尘同志的大度，他们在接到我的道歉信后，不但不责怪我另有所择，相反，出于对整个出版事业的热诚，他们竭力支持我写

徐开垒在巴金家中

1981 年 4 月 17 日徐开垒与李济生在郑州合影

他们也希望能早日看到的《巴金传》。他们这种宽容态度和良好作风，在《巴金传》出版的时候，特别使我难以摆脱对他们的感激之情。

说实在的，对我个人来说，这两家出版社过去都出版过我的书，两个编辑部都给过我热情的鼓励和帮助，我都铭感在心，愿为他们尽心尽力，继续做点工作。我放弃《陶行知传》的写作计划，而从事《巴金传》的写作，是由于我个人觉得巴金、陶行知虽都是我的前辈和老师，但我对巴金生平的了解，要比对陶行知的了解为多。特别是巴金同志还健在，他的许多朋友和熟人就生活在我们的周围，我有什么事情不清楚，可以向他们随时提出咨询。同时，我还认为对当前读者需要来说，也许《巴金传》比《陶行知传》更为迫切。

这样，我就终于行动起来。不但动手翻阅资料，还搬动两条腿，不间断地登门拜访巴老，同时又访问了他的一些朋友和熟人。当然，首先要感谢上海文艺出版社给我创造了条件，让我由李济生同志陪同到他的故乡成都访问。在与巴金的众多家属包括他的堂弟李西龄、侄子李致等人的聚谈中，使我有机会了解到巴金大家庭的百年变迁。济生同志还陪我去四川大学，会见了巴金二三十年代的老友卢剑波教授。这位须发全白，已达八十五高龄的老人，他向我提供了 20 年代巴金与他的那些年轻朋友一起办刊物的情况，加深了我对"五四"运动前后四川社会的印象与认识。隔了一个时期，济生同志又陪我到北京，住在中国现代文学馆招待所里，与现代文学馆刘麟等同志交流了有关巴金资料研究的成果；并到北京图书馆去参观了在那边展出的巴金文学创作生涯六十年展览会。这个展览会，是由北京图书馆与中国现代文学馆联合举办的。它增强了我写《巴金传》的总体

徐开垒

观念。

在这以前，我还在北京访问过冰心。冰心前辈谈起抗战时期重庆书市买不到她的书而巴金为此感到焦急的情景；他向她约稿，为她编作品集，并替她的书写序，给她丰厚的稿酬，却不计较他自己的利益。"他真是个善良到极点的人。"冰心的话使我很感动。当《巴金传》开始在《小说界》连载后，我又在北京乘全国散文杂文评奖委员会开会时机，与唐弢同志做了一次长谈。唐弢向我谈了他在抗战时期和抗战胜利后与巴金交往的情景，然后又谈到 1956 年秋天他自己入党后，根据上级有关同志的嘱咐，去巴金家中动员巴金写申请入党报告。当时唐弢用朋友间随便谈话的形式向巴金说："老巴，我看你也该向党打报告，提出入党要求了！"巴金却笑了起来，很快回答说："这多年来，我自由散漫惯了，组织观念不强，看来还要努力。我想我还是留在党外的好。"唐弢的这一段回忆，也帮助我进一步认识巴金怕受约束的性格。

在我向巴金的朋友们的访问中，钱君匋关于巴金二十岁左右刚从故乡成都来沪时情景的叙述，赵家璧关于巴金在抗战前与靳以一起编办刊物时的回忆，朱雯关于巴金在 30 年代初到苏州去看他时的一段往事谈话，王辛笛关于解放初与巴金一起到北京参加第一次文代会时情况的陈述，师陀关于他在抗战前刚从北京来沪第一次见到巴金时情景的追叙，柯灵关于在"文革"开始前文艺界情况的介绍，王西彦关于他在"文革"中与巴金同在一个"牛棚"里生活时情景的描绘，黄裳关于巴金在霞飞坊生活时的往事叙述，马云关于文化生活出版社编辑事务的

1987 年 4 月 25 日徐开垒在四川成都访问巴金堂弟李希龄老人

忆旧，都为我写《巴金传》进一步充实了内容。而南京大学教授杨苡、上海科学院细胞生物学专家王衡文、上海文艺出版社干部萧荀、卢湾区妇产科医院高级助产士沈庚香等对我的谈话，则更多有关巴金夫人萧珊的事迹，当然也相应丰富了巴金每个时期的生活内容。

此外，还有一些虽然与巴金不相认识，却非常了解当年时代环境的老人，出于对上海文艺出版社事业的关心，和对《巴金传》写作的热情期望，他们或则接受我的采访，无私提供我大量素材；或则主动写信来，向我补充资料，有时还纠正我在《小说界》发表的初稿中的讹误。其中曾在30年代《时报》担任过本市新闻版编辑的顾芷庵先生，向我详述了当年他的同事吴灵缘经手编发巴金长篇小说《激流》（出书后改称《家》）在《时报》上连载时的经过。另一在卢湾区老年大学工作的秦驾彭老人，还主动写信给我，告诉我当年为巴金介绍《激流》给《时报》刊用的文化人火雪明是川沙人，而不是宁波人。市立第二中学王镫令老师还介绍他的同事林老师与我相识，为的是林老师曾经做过巴金外孙女端端的班主任。他的目的是希望我在《巴金传》中把巴金的家庭生活和端端的学校生活联系起来，使巴金的教育思想（对当前教育改革的看法）在作品中写得更鲜明。

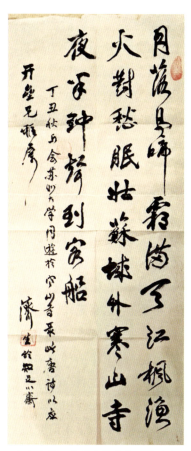

上海文艺出版社编辑部对《巴金传》出版的重视，和广大读者群众也包括巴金的朋友们对这本书的热情关注，都使我日夜处在紧张不安的状态中。但是相反，巴老对我的写作，却十分放手，他从不向我表示应该怎样写或者写什么。他像尊重一切作者写书一样，从不对我进行干预。虽然我每写好一章，总把原稿交给他，希望他看一下；但他有时几乎一字不看就转给李济生同志了。因此，有时文章在《小说界》登出后，他才发现问题。比如我把他的三叔和《家》中的四叔等同起来，以致将其写成与祖父的姨太太勾结在一起制造事端的坏人。这使他感到不安。他对我说："其实，三叔不过脾气不好，起初与我们兄弟相处得也还是不错

巴金胞弟、作家李济生书赠徐开垒

59

的。"在出书前，他请他的女儿李小林同志把全文一字一句地念了一遍给他听，并向我提供了一些补充修正的意见。

巴老对我工作的支持，是我的幸运。我虽然访问了许多人，由此得到不少素材，但有些往事究竟相隔久远，有时别人转述，不免以误传误，甚至文字记载也不免失实，这就需要我向巴老核对，加以鉴别。比如1935年冬天，巴金在北京帮助靳以结束《文学季刊》编务后，在该刊写的停刊词《告别的话》，以及1936年在上海为《文季月刊》写的创刊词，赵家璧同志在1988年《新文学史料》上写的回忆靳以的文章中，都把它们当作靳以的作品，家璧同志还把他的文章清样寄我供我参考，我读了后，找《告别的话》和《文季月刊》创刊词来看，发觉不大像靳以写的，倒很像巴金当年的笔调。经我向巴老提出询问，果然，他说都是他写的，并且说，这两个刊物凡是不署名的文章，都是他执笔的。后来我又向家璧同志核对，他说确是他记错了。

由此，我知道即使当年的同时代人，年代过久，有时也不免记忆出错。这还使我想起另一件事，是有关钱君匋同志的回忆。我几次带着录音带去他家里，听他的长时间谈话。因为就目前讲来，在上海能谈巴金在20年代住在宝山路宝光里的生活情景的，只有他一个人了。年逾八十仍精力充沛能作长谈的钱先生，他的热情叙述增长了我不少见识，同时也使我非常感动，但究竟年代过久，有些事情不免有所出入，如有关他当年给朋友帮助的事，后来据我了解，此事与巴金并无关系。

看来写人物传记，有利的条件，莫过于传主的健在。我写《巴金传》，最大的幸运是随时可以请教巴金，并有他的家属李济生、李小林等人的帮助。上海文艺出版社找准题目，找定作者，而又能很好地创造条件，帮作者把工作做好，这是它的大本领。所以我说，我的幸福是巴金给的，也是上海文艺出版社给的。《巴金传》出版后，得到各报刊和电台、电视台的推荐，这是出于人民群众对巴老的爱戴，也是由于出版社（包括《小说界》编辑部）有关领导和责任编辑李济生、左泥两位的认真工作。他们确定编辑方针后，在约稿中由总编江曾培同志亲率劲旅出动，势在必得，这种气魄，使作者不得不放弃原来选题，去服从他们的需要。这样的工作精神，永远是我的楷模。

另外，我也深知没有前人的耕耘，就没有成熟的泥土足以培植新的果树成长。任何事业的建树，都依赖承上启下，众志成城，而不可能白手起家，无祖无宗的。对巴金的学术研究也是这样。所以我感谢一切先我研究巴金的学者，如陈丹晨、李存光、贾植芳、谭兴国、唐金海、张晓云、陈思和、李辉等，我从他们的著作中得到营养，他们永远值得我尊敬。但也无可否认，我的书究竟是巴金的第一本文学传记，既需要评介他的作品，更需要全面反映他的生活。作家是作为一个完整的人在世界上存在的。作家的作品固然是作家生活中的一个主体，但作品绝不是他生活的全部。试看在滔滔不绝的历史长河里，作家的生活之船，既有顺水而下的时候，也有逆水行舟的日子，甚至更有翻船覆船的时刻！在错综复杂的时代环境里，古今中外作家的作品有时可以代表他的思想，有时却难以抒发他自己的感情，有时甚至不得不被迫长期搁笔。（许多作家在"十年动乱"中不正是这样的吗？）所以把研究巴金的作品评论集都当作巴金的传记，这种说法我是不能同意的。我曾就这个问题请教巴老，巴老说："作家传记应该是以作家在实际生活中的为人，来对照他的作品所反映的思想，看看两者是否符合。"这样的说法是令人信服的。我正是想按照这样一个原则来反映巴金的八十多年的生活。这里所说的生活，既包括他的工作，也包括工作以外他在生活中的一切际遇，有欢乐，也有悲哀；有思考，也有忧愤；有矛盾，也有胜利。当然，反映得是否准确，这就要看我的水平了。而此刻我感到不安，感到沉重，正是我唯恐在这一点上做得不够。但愿在文学写作的前进道路上，能遇到更多的知音！

（1992 年 5 月《书海知音》）

徐开垒和《巴金传》

王建平

1989年4月下旬的一个下午，《文汇报》高级编辑、著名散文作家徐开垒去看望因第二次摔伤住院的当代文豪巴金，他想趁此机会听听巴金对《巴金传》下卷写作的意见。巴老却对开垒说："我在医院里，正把你写的传记上卷，请李小林（巴金的女儿，《收获》杂志副主编——笔者）逐章逐节地念给我听，我有什么意见，有什么地方需要修改的，我都对小林讲了，请她记下来转告你。我希望先把上卷定稿。"

徐开垒充满感激之情。

一项重点工程

《巴金传》上卷，写了巴金（李尧棠）从1940年11月在成都出生到1949年5月在上海迎接解放、前后45年的生活和创作历程，共分六章，约二十四万字。在1988年由上海文艺出版社编辑出版的《小说界》杂志分六期连载发表之后，受到海内外广大读者的欢迎。

《巴金传》是上海文艺出版社精心筹划的一项"重点工程"。1989年3月14日下午，一些作家、学者以及和巴金熟悉的老朋友，应《小说界》编辑部之邀，参加了《巴金传》的创作讨论会。与会人士认为，为文学巨匠巴金写传，难度很大，由于徐开垒进行了大量采访和细致的论证，占有了丰富、真实的素材，从而将巴金艰辛坎坷的前半生准确、朴实地展现在读者面前，且又写得细腻，读来令人信服；更难能可贵的是，迄今为止，包括《巴金评传》《巴金论》等研究巴金的专著已有九部，徐开垒没有重复这些著作的写作路子，而是另辟蹊径，写成了一部富有特色的文学性传记。

在从医院回家的路上，巴老那张清癯的脸容和武康路上巴金寓所那扇铁门不时重叠地浮现在开垒的眼前。二十多年来，他不知多少次叩开了巴老家那扇绿铁门，而每次跨入绿铁门，他都从主人身上受到教益和鼓舞。也许是新闻和文艺圈内的信息特别灵通，好些圈内人都知道徐开垒作为文艺记者和副刊编辑，和巴金建立了较为深厚的友谊。

他们都想到了徐开垒

巴金是在 1927 年发表处女作《灭亡》的，为纪念巴老文学生涯六十年，上海文艺出版社决定推出有关巴金的"系列工程"，其中包括《巴金传》。

请谁来写《巴金传》呢？巴老的弟弟李济生正好在这家出版社任编审，也是一位出版界的前辈，他本人倒是很合适的人选，但李济生和上海文艺出版社的总编辑江曾培等几乎同时想到了徐开垒。当江曾培、李济生等一行四人来到徐开垒家说明来意后，为人谦逊的开垒，认为自己无论从思想水平还是写作才能来说，都难以挑起这副重担，他竭力推辞。

江曾培则胸有成竹地对开垒说："老徐，我们之所以请你为巴老写传，一是因为你和巴老已建立了长期工作友谊，你和巴老相处较熟，他对你也是了解的、信任的；二是你是散文作家，目前国内出版的《巴金评传》等都是仅仅从作品来论述，我们想出版国内第一部巴老文学性传记，我们深信你完全能胜任这项工作。另外我们请李济老协助你，这又是一个十分有利的条件。"

开垒终于被说动了。既然上海文艺出版社有着这番诚意，他答应一试，并尽力而为。

这家出版社的工作是十分细致的，他们事先做好了巴老的工作。巴老一开始并不同意为他立传，他一贯主张作家主要依靠自己的作品和读者见面，别人写的传记很难表达他的思想发展的过程，但巴老又十分尊重和体谅别人，对上海文艺出版社请徐开垒为他写传，他表示无权干涉。巴老还对开垒说："你就用有关我的材料，写你自己的文章吧！"

其实第一个请徐开垒为巴金写传的，是曾在 50 年代担任过《文艺报》副主编、后调往广东工作的著名评论家肖殷。1979 年，徐开垒以文汇报《笔会》副刊主编的身份去组稿，巴老为他写了三封私人介绍信给广州的作家欧阳山、陈残云和肖殷，也许正是这个印象一直留在肖殷的记忆之中，当 1983 年他受命筹办一张文学报纸的时候，他在病床上出过主意，请徐开垒撰写《巴金传》，从创刊号开始连载。当时，开垒在婉拒后，向肖殷建议，请巴老的子女来写更为合适。

而这一次，既已深得巴老本人的首肯，又有其弟李济生的协助，他在接受上

63

海文艺出版社的重托以后，就知难而上地全力以赴。写一部五十万字的文学传记，时间的跨越将近一个世纪，传主又是蜚声海内外的当代文豪，且本人健在，他一生涉及的人和事是那么复杂、浩瀚；再说，国内已出版多部有关巴金的论著，徐开垒面临的困难是很大的。

全方位多角度的采访

用开垒自己提纲挈领的话来说："采访和搜集资料的工作，是全方位立体式、多角度多侧面地进行的。"

他阅读和研究了世界著名作家如法国罗曼·罗兰，俄国托尔斯泰的传记，以资借鉴。

他阅读和研究了中国著名作家鲁迅、郭沫若、茅盾、老舍和曹禺的传记，在借鉴的同时，特别注意这些书中记载的传主们和巴金的交往，或作为线索，再找当事人或有关人士补充采访，或作为素材，供写作备用。

他阅读和研究了国内外已经出版的有关研究巴金的著作和资料，类似李存光的《巴金年谱》等书，对他的写作帮助很大。

他阅读了巴金所经过的各个历史时期的背景资料和对巴金的思想形式和发展起过作用的某些社会思潮和有关思想家的观点。

他阅读了现代和当代中国文学史料中有关巴金的资料，包括已故的和健在的作家们忆述巴金文学活动的文章。

他重新阅读和研究了巴金的作品，特别是那些巴金历年所写的有关他自己的思想和活动的散文、随感、杂记、书信和序、跋等。

他采访了和巴金有过长期交往的作家，如钱君匋、师陀、柯灵、唐弢、黄源、赵家璧、王西彦、王辛笛、朱雯、黄裳等。

他采访了巴金夫人萧珊的好友杨苡、王衡文等。

他还在巴金弟弟李济生的陪同下，去成都巴金老家实地采访和调查，访问了几位和巴金一起长大至今健在的老人；同时搜集和研究了有关成都风土人情的历史资料，有关巴金老家的兴衰变迁。还曾去重庆、武汉等巴金在抗战时期住过的地方。

最重要的采访，当然是传主本人，但巴老毕竟年事已高，身体欠佳，开垒不忍心过多地去打扰老人的休息。他在每次采访之前，都做了认真准备，事先把各种问题写成书面送给巴老，让巴老有较充裕的时间去回忆。采访时，征得巴老同意，作了录音。开垒说，巴老的每次谈话，都十分坦诚，毫无遮掩。有些同志对某一桩事情的记述，如果和巴老所谈不一致，则以传主为主。举凡在巴老已经写过的文章已有过详细记载的，一般情况不再多问。开垒告诉我，他曾听说，有些访问巴老的同志向巴老提出的问题，常在巴老文章中已有记载，而他们没有看过，仍随便提问，这给巴老增添了许多不必要的麻烦。

谈及此，开垒向我追忆了他年轻时的一次失败采访。

1946 年初，抗战胜利不久，柯灵在文汇报上新办一个《灯塔》副刊。一次，他和当时一些在抗战时期留沪的作家如李健吾、陈西禾等一起，请从重庆刚回上海的夏衍、金山、张俊祥、白杨等人在红棉酒家吃饭，畅叙阔别之情，当时，还只有二十出头的徐开垒，被柯灵约去采访，写篇通讯。开垒说："那时缺乏采访经验，对夏衍、金山等四位名家的情况又所知甚少，更未做充分准备，席间的提问，也仓促幼稚……"次日，他把写好的那篇题为"陪都归来的四艺人"的文章交给柯灵，柯灵看了直摇头，说他的文章空泛又平淡，并向开垒指出："做记者，如果采访之前不做好准备，采访时就提不出切中要害的问题，那么你文字修养再好，也写不出好文章来的。"

开垒牢牢记住了柯灵的话，觉得这是他终身受用的一段教诲。如今他自己已有了一定的知名度，即使他和巴老已较熟悉，他也不做无准备的采访。他每跨进一次巴老的那扇绿铁门，必有所获。实际上，他写《巴金传》花在收集资料和采访上的时间，几倍于写作。

我曾问过开垒："《巴金传》上卷所写的内容，直接从巴老那里采访到的材料，约占多少？"

"约摸三分之一左右。"开垒回答。

从《巴金传》上卷的写作来看，作者以追求真实为第一准则，而深入细致的采访是保持这种真实性的重要前提。开垒在采访中是以既是记者又是作家的眼光来进行观察和扫描的。

"1933 年 8 月初，在《文学》杂志主编傅东华先生办的宴席上，巴金和鲁迅第一次见面的情景，你写得翔实生动，很有现场气氛，好像你也亲自参加了会见，这些材料是怎么采访到的？"

"既用了现成的资料，包括巴金自己写的回忆鲁迅的文章，鲁迅日记，冯雪峰和朱正写的《鲁迅传》以及老作家黄源的回忆；也用了活资料，采访了巴老本人。有的文章中写到林语堂也在场，我问过巴老，他说，林语堂没有参加那次会见。"

"1944年5月初，四十岁的巴金和二十七岁的萧珊来到贵阳欢度蜜月，新婚之夜，他俩用过简单的晚餐，在月光下的树林中散步，相互回忆着长达八年的恋爱……这一段，你写得像散文诗一样美。"

"主要根据巴金本人在各个时期所写的有关写作生活的回顾，其中也有一些材料写到他与萧珊新婚时的生活，此外，我也访问过萧珊的好友杨苡和王衡文，当年，她们之间是无话不谈的。"

开垒写《巴金传》，为追求真实，基本上用的是叙事体裁，很少用对话，使传记中的每一段记载，都经得起历史的考验。而在写到巴金和萧珊1938年在广州的爱情生活时，却有一段十分精彩的对话：萧珊问巴金："应该做一个什么样的人？""做一个战士，"巴金答道，"在这个时代，战士是最需要的。但是这样的战士并不一定要持枪上战场。他的武器也不一定是枪弹。他的武器也可能是知识、信仰和坚强的意志。他并不一定要流仇敌的血，却能更有把握地致敌人以死命。"上述巴金和萧珊两个人之间的悄悄话，开垒又是怎么知道的呢？我曾问过他，他说："这段对话取材于巴金用通讯形式写的散文。"

传记还写到1933年9月，巴金在北平中央公园水榭参加沈从文和张兆和的婚礼，他们的婚礼没有主婚人，也没有证婚人，沈从文穿的是一件蓝毛葛的夹袄，张兆和穿的是一件浅豆沙色的普通绸旗袍……我真佩服徐开垒，这些细节的素材又是怎么到手的？

他的回答是："根据张兆和妹妹的回忆。"

我还和开垒谈到，巴老在台湾也有很高声望，据最近中新社的报道，台湾有个团体已派人到上海来邀请巴老访问台湾。巴老表示，他乐意去，并希望冰心同行。这固然是条新闻，而早在1947年初夏，巴老就作过台湾之行，这段鲜为人知的旧闻也不乏新意。那次，巴金在岛上访问了半个月，他还去看望了在台湾大学教授外国文学的老朋友——早在1933年相识的原《申报·自由谈》主编黎烈文。巴金和黎烈文的友谊，源于一个是《自由谈》的作者，一个是《自由谈》的编者。后来，在鲁迅先生的领导下，巴、黎两位还曾合作起草过《中国文艺工作者宣言》。到台湾以后，黎氏度过了他一生中最后的二十六年，他一生坎坷，安于清贫。1972年离开人世，终年六十八岁，身后十分萧条。巴金从未忘怀这位老友，也特别反感别人不负责任地随意给他在头上泼污水。

巴金的1947年台湾之行主要为由他担任总编辑的上海文化生活出版社在台湾设立分社的事。同年秋，李济生也为同样的原因去过一次台湾。这些开垒在《巴金传》里都有生动的描绘。好在我和开垒相识三十多年，我又追问他：巴金台湾之行的材料，怎么采访到的？而我之所以这样细问，是想写出他的采访水平来。

"是李济生向我提供的。"

看来，啃下《巴金传》这样的大工程，确实需要全方位的、立体式的采访。传记中好些章节的内容，是他有机地、别具匠心地综合了来自各方面的死资料、活资料，直接采访或间接采访所得，而开垒对各种素材的驾驭，又是那么得心应手。

1987—1988 年，在他动手创作《巴金传》的时候，开垒已六十六岁了。他的勤奋使我深为钦佩。他常常在凌晨两点多钟披衣起床，坐在写字台前铺开稿纸……写作时，他好像和这位当代文豪在絮语交谈，吸取着传主那崇高的精神世界所赋予的思想上和文学上的精神。

啊！他忘不了那扇绿铁门

《巴金传》上卷的成功，也确实离不开他长期以来对巴老各方面情况的积累和对巴老的了解、友谊。

早在青年时代，徐开垒就是巴金的忠实读者，当他还是中学生的时候，就已在 1940 年 6 月 1 日的《申报》上发表过对《秋》的小评。解放前后，徐开垒作为记者，也在一些会议和活动场合多次见过巴金，彼此之间也有过书信往来，而直接接触巴金则始于 1956 年冬天，《文汇报》在上海复刊不久（1956 年 4 月—9 月，《文汇报》一度停刊，迁京改为《教师报》），徐开垒叩开了武康路上巴金家的那扇绿铁门，采写了《一访巴金》。在这以后，也曾多次跨进绿铁门向巴老组稿。

1977 年 5 月，粉碎"四人帮"才半年余，徐开垒又一次叩开巴金家的那扇斑斑驳驳的绿铁门，这是很有点胆识的。巴老被迫害十年后的第一篇作品，就是通过徐开垒之手发表于《文汇报·笔会》副刊的。那时，还没有拨乱反正，起初，巴老不太愿意动笔，开垒就为广大读者提出请求，十分恳切地对巴老说："那么多年不见你的文章，广大读者是多么想念你，你就用书信体形式，写一篇散文吧！"巴老终于答应了。这篇题为"一封信"的书信散文，发表于 1977 年 5 月 25 日《文汇报》上，巴老以反击"四人帮"法西斯专政的大无畏精神，像山洪暴发一样倾泻了对"四人帮"的愤怒之情，也是对"四人帮"迫害他的血腥罪行的第一次披露。刊出后，反响之强烈，用开垒的话说，有地动山摇之感。单是由开垒经手转发给巴金的读者来信就有三百多封，有的信，长达万字以上，这还不包括许多读者直接写给巴老本人或请上海作家协会转达的。这就十分雄辩地表明了巴金在社会上影响之大和广大读者对他的关心之深。

1978年春天，徐开垒又采写了《二访巴金》。

1979年秋天，《文汇报》为庆祝建国三十周年，拟请徐开垒写一篇《三访巴金》，巴金却推辞说："作为作家，没有什么新作，老是在报纸的新闻版上见到名字，发表谈话，是没什么意义的。"后来巴金和柯灵一起，为开垒写了一封私人介绍信，建议开垒去采访刚发表过新作《王昭君》的曹禺。

总之，在三十多年的交往中，徐开垒一次次地叩开巴老家的那扇绿铁门，在楼下的客厅里或在楼上的书房内，他和巴金有过许多难忘的交谈。因为"文革"前的巴老身体很好，也很健谈，他是四川人嘛，爱摆龙门阵。

祝他登上新的高度

最近，徐开垒在修订《巴金传》上卷的同时，也开始着手下卷的工作。他深感棘手的是，解放后头十七年巴金走过的道路很难写。不久前，他曾特地请教巴老说："在解放后的十七年中，我们许多作家，特别是解放前就成名并取得了很高成就的作家如茅盾、叶圣陶、冰心、沈从文、曹禺、夏衍、老舍，也包括你自己，为什么在创作上进入了一个低潮？不但许多人搁笔不写了，就是继续从事创作的，从数量到质量，都大不如前，这是为什么？"

巴老对这个"为什么"的回答是简单而深刻的："现在看来，'你出主意我写作'这样的方式从事创作，总是失败的。解放初期，我不过四十多岁，正当壮年，总想写点东西出来，但总是写不好。可以说，我在十七年中，没有写出一篇自己满意的作品，我写不好自己不熟悉的生活。作家是靠读者养活，不是靠领导养活。这本是很浅显的道理，可是我们这么多年放弃自己熟悉的生活，勉强去写不熟悉的题材，甚至要作家的作品去解释政策，而政策有时又不免有反复。这样，要创作丰收，是很难的。"

看来，在下卷中，开垒将要把巴老的上述重要思考，化成许多具体的内容。

下卷还要涉及政策和文艺界许多复杂的人和事，而有些当事人还健在，写起来，难度很高。我对开垒说："由中共中央文献研究室编写的《周恩来传》上卷也只写到1949年。而写下卷，都会碰到共同的难题，我相信你在这方面一定有所突破。"

《巴金传》下卷，估计也要写上二十多万字。到时，上下卷五十多万字合成厚厚一册，奉献给读者，这将是这位从事四十多年新闻工作的高级记者给社会的一笔具有历史和文学双重价值的精神财富，也是这位被冰心大姐称为"很有功底的散文作家"继《雕塑家传奇》《圣者的脚印》《鲜花和美酒》及《徐开垒散文选》等作品以后，在创作上将登上一个新的高度……

（1989 年 7 月《新闻记者》）

为二十世纪良心造像

——徐开垒和他的《巴金传》

里 戈

在今天的中国文坛，论起德高望重的作家，巴金老先生无人望其项背。他在青年时代的作品《激流三部曲》(即《家》《春》《秋》)几乎影响了一代人，他在作品中所塑造的觉新、觉慧、鸣凤等人物已成为中国文学长廊之中不朽的人物。

《文汇报》资深记者、今年已七十二岁的徐开垒先生，为中国文坛的这位巨匠写出了一部五十余万字的传记。据悉，在目前已有的若干种巴老传记当中，唯有徐开垒的这部经由巴老本人校读，巴老最满意的也是这一部。

徐开垒先生偕夫人刘秀梅前来旧金山湾区探望他们的儿子徐问一家，借着这个机会，记者采访了徐先生。

年代久违的交往

中国有一个政治术语，叫"党和国家领导人"。据中共中央办公厅秘书局称，党和国家领导人的具体定义就是"四副两高"，即人大副委员长以上，国务院副总理以上，国家副主席以上，全国政协副主席以上，再加上最高人民法院院长和最高人民检察院检察长。按照这个定义，巴金老先生也是中国的"党和国家领导人"，因为他担任着全国政协的副主席。

但是，每当人们提到巴金，似乎没有谁去强调这一点，甚至没有谁去强调他是中国作家协会的主席。人们把巴金当成说真话的中国人的典范；在巴金的《随想录》出版之后，人们甚至把巴金尊为中国的脊梁。

自 1949 年起就任职于上海《文汇报》的徐开垒，一直十分敬仰巴老。其实，徐开垒也已过了古稀之年，但每当想到巴老已是九十高龄，所以总觉得徐先生还是相当年轻的。

徐开垒把巴金当成他的前辈和老师，两人在 1951 年就有通信交往。那时，刚刚三十岁的徐开垒在《文汇报》上发表一篇文章，追述作家陆蠡在抗日战争时期被日军杀害的史实。为此，陆蠡家乡的政府部门致信徐开垒，希望他能提供更多的史实，以追认陆蠡为烈士。徐开垒手边也并无更多材料，他想到了巴金。

徐开垒怀着试试看的心情给巴金去了一封信。出乎徐开垒的预料，巴金第二天就回了信，随信还附上了他早年写的有关陆蠡的文章资料。大作家之诚恳令徐开垒颇受感动。

"文革"期间，巴金封笔十年。1977 年，身为《文汇报·笔会》副刊主编的徐开垒登门拜访巴金，请他为《文汇报》赐稿。巴金应允了，这就是当年 5 月 25 日发表于《文汇报》上的《一封信》。巴金的"复出"是中国文坛上一件不小的事情，许多人给巴金去信，表达他们的欣喜之情，而请巴老"出山"的正是徐开垒。

徐开垒认为，多年来人们只强调《伤痕》《班主任》等几篇短篇小说在冲破中国文学的禁区中所起的作用，人们对巴金的《一封信》没有给予充分的注意，事实上这封信对于冲破"文革"的一些禁区同样起到了很大的作用。

历时四年的写作

大约五年前，上海文艺出版社就请与巴金有不少交往的徐开垒写一部《巴金传》。

徐开垒说，出版《巴金传》是上海文艺出版社的一个重点，出版社约他来写，这是他的荣幸。他当时放下了已经开始准备写作的《陶行知传》，转而写作《巴金传》。

对于放弃《陶行知传》，徐开垒说，巴金和陶行知都是他的前辈和老师，但他更了解巴金，更为重要的是，巴金仍健在，写作人物传记，传主的健在实在是一大有利条件。徐开垒说，巴金的许多朋友都生活在他的周围，他可以随时向他们咨询请教。当然，巴金同意由徐开垒为他作传，给了徐开垒决定性的信心。

为了写《巴金传》，徐开垒访问了巴老的出生地——成都，访问了巴金的堂弟李西龄、侄子李致，徐开垒大体上弄清了巴老大家族百年来的变迁。

徐开垒说，巴金对他的写作十分放手，巴老从不向他表示应该怎样写或者写什么。徐开垒每写完一章就把原稿交给巴老校阅。《巴金传》上、下卷一共十四章，巴金一字不易地把书稿直接交给该书的责任编辑李济生。直到正式出版前，巴老请他的女儿李小林把全书从头至尾念了一遍给他听，直到这时巴老才提出了补充修正的意见。徐开垒说，巴老对他工作的支持，实在是他的幸运。

徐开垒说，生活是作家传记的中心。他曾就此问题请教巴老。巴老回答说："作家传记是以作家在实际生活中的为人，来对照他的作品所反映的思想，看看两者是否符合。"徐开垒说，巴金的这一段话非常令人信服，他正是按照这个准则，去写巴老的一生。

去年5月，徐开垒完成了《巴金传》的写作，从某种意义上说，由徐开垒为巴老作传是一件颇合情理的事情。徐开垒比巴金年轻十八岁，他正好处在一个交替的层面上，徐开垒本人也是作家，如果把他算作老作家，也是老作家中最年轻的。如果把他算作"青年一代"，他又是最年长的。在承上启下、承前启后这个意义上，徐开垒是最为恰当的人选。特别是1949年之后，徐开垒和巴金生活在完全相同的大时代背景下，徐开垒可以很好地把握整个时代的脉搏。徐开垒本人也是一位出色的散文作家，这也保证了《巴金传》文笔的流畅优美。

巴金最后的感言

在接受记者采访时，徐开垒向记者展示了一份巴金的《最后的话》。听起来挺悲凉，一个人只有到了生命的终点，才会写下《最后的话》。

应该承认，自然规律是不可抗拒的，在九十岁的年纪上回顾自己的一生，或许也是一个不算早的行动吧。从巴金的《最后的话》中，巴金的忠实读者们可以再一次体会巴老那颗忠诚的心。

《最后的话》是巴金为他的二十卷全集所写。巴金原以为等书出齐，他已不在人世，但他毕竟一本一本地拿到了出版了的全集。巴金看到全集后深感不安，因为他认为自己的文章中百分之五十是废品。

巴金坦率地对读者说，他已经没有夸夸其谈的时间了。他说："我饶舌了六七十年，不想再浪费读者的宝贵时光了。""人老了，但是印在纸上的字抹煞不了，我要为我自己写的东西负责。"

巴金也"讴歌"过一些运动，1958年他在自己的院子里捧着铜盆敲了一下午，以响应政府"除四害打麻雀"的号召。巴金说，他当时的想法是"换一支笔写新人新事"。他"毫不犹豫地选择了新的路"。巴金毫不掩饰地说："这样才可以解释我的思想、我的文笔的改变，我甚至承认自己投降，从此我转了一个180度的大弯，发表了新的文章，这些文章被称为'歌德派'。"巴金说："我不后悔我写了它们","我的感情是真诚的"。

巴金表示,《随想录》是他最后的著作,是一本解释自己、解剖自己的书。他本来还想写《再思录》,但"来日无多",无法如愿了。巴金在《最后的话》的结尾部分写道,"我讲话吃力,写字困难,笔在我手里重如千斤,无穷无尽的感情也只好咽在肚里。不需要千言万语,让我们紧紧地握一次手无言地告别吧。"巴金相当动情地写下了最后一句话:"最后一段话是对敬爱的读者讲的,对他们我只要说:'我爱你们。'是的,我永远忘不了他们。"巴金对读者充满真挚的情感,他坦然地走在生命之旅的最后一程。

二十世纪的良心

徐开垒在《巴金传》的结束部分,称巴金为"二十世纪的良心",这是一个非常恰当的评价。

徐开垒在访问中国另一位著名作家曹禺时有这样一段经历。曹禺称巴金是他的一位"伟大的朋友"。徐开垒在文章中引用了这句话,但被巴金在校样上改成"一个好朋友"。巴金附上几句话说:"我改了几个字,希望照改。"

这不正是伟人的胸襟吗?

(1994年2月6日《星岛日报》(美国西部版))

"聆教五十年"

——巴金先生与徐开垒的书信缘

马国平

《文汇报·笔会》老主编、老作家徐开垒在长期的创作、编辑生涯中，结识了众多的作家、艺术家以及普通作者，细心积累了大量的来往书信。其中有不少重量级名人，如巴金、叶圣陶、冰心、沈尹默、丰子恺、赵朴初、艾青、曹禺、郭绍虞、钱君匋、柯灵、唐弢等诸位先生的珍贵书信。在他的晚年，曾经四次向上海图书馆中国文化名人手稿馆（以下简称为上图手稿馆）捐赠作家书信和自己的书稿，合计254件，其中书信达180余件。

徐开垒与巴金

巴金书信弥足珍贵

2009年12月，徐开垒第二次捐赠作家书信，其中就有巴金先生的十一封信。徐开垒在与文坛巨匠巴金长期的交往中，双方的关系不断变化和发展，写作、书信、采访、对话，最后凝结成近五十四万字的《巴金传》这样丰硕的果实。其中，巴金致徐开垒的书信则是一段反映双方人生轨迹的信史。

但是，这十一封信并不是巴金先生给徐开垒的全部信件。1994年2月，人民文学出版社出版了《巴金全集》二十四卷（书信卷），书中收录了巴金致徐开垒的书信十二封。书信年代自 1963 年 1 月 3 日始，止于 1988 年 3 月 10 日。笔者藏有徐开垒 2009 年 12 月捐赠上图手稿馆的作家书信清单及复印件，其中捐赠巴金书信十一封，比前述《巴金全集》少了一封信，年代起讫时间相同，但信件数量和内容互有出入。捐赠书信中有一封信（按上图手稿馆编定的日期为 1965.2.9）为《巴金全集》二十四卷所不载。两者合计，巴金致徐开垒书信共有十三封。不知何故，2009 年 12 月捐赠书信时居然少了《书信卷》中的两封信，另外多了一封信。这缺少的两封信或已散失，或已捐赠给其他文化机构。

巴金致徐开垒的书信应该还有一些，譬如 1951 年 2 月徐开垒在《文汇报》发表《日寇杀害了我们的优秀作家陆蠡》一文后，陆蠡家乡来信要求提供更多信息以便追认为烈士。徐开垒写信给巴金求助，巴金隔天即回信并提供有关文章资料，这些信和资料都转给了陆蠡故乡（这些材料如果能保存至今，也是珍贵的巴金文献资料）。相信假以时日，巴金先生致徐开垒的散佚书信还会浮出水面。

巴金与徐开垒共同生活、工作在上海这座城市，因此巴金致徐开垒的书信不算太多。目前所知最早可见实物的是 1962 年 1 月 3 日的信函，介绍温州读者王大兆的诗歌。七天后，《文汇报·笔会》副刊发表了王大兆的诗歌《寄给菲德尔的一颗心》。巴金在自己的日记中也有相关记录。

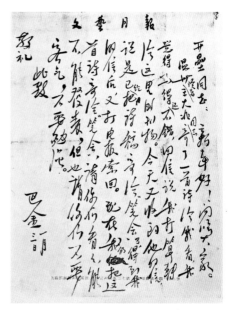

1962 年 1 月 3 日巴金致徐开垒信

王大兆早年在温州工作，上世纪 60 年代初与巴金开始书信交往后又多次见面，十年"文革"后赴香港《文汇报》工作。在他的回忆文章中，也谈到了巴金推荐帮助他发表文章的事情。

《一封信》的"一封信"

巴金先生写信给徐开垒，更多的是为在《笔会》发表文章，如 1965 年 2 月 9 日的信：

开垒同志：

　　稿子匆匆写成，奉上，请替我看看，不妥处，请代改正，谢谢。书一册奉上，请查收。

　　敬礼

　　　　　　　　　　　　　　　　　　巴　金　　九日

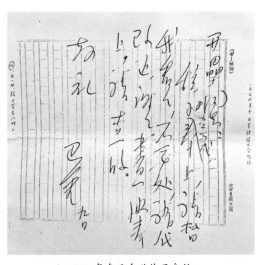

1964年冬巴金致徐开垒信

这封信件没有收录在《巴金全集》，为钢笔竖写，分列七行，未署年月。徐开垒考证巴金所说的"书一册"为巴金著《贤良桥畔》。

1977年5月25日，巴金先生在《文汇报·风雷激》副刊发表了"十年动乱"后轰动文坛的第一篇散文《一封信》，这篇具有时代标志性的散文发表至今已有四十年，它的影响更在于重大的社会意义。当年5月21日，巴金寄送这篇散文的同时写了一封信给徐开垒：

开垒同志：

　　稿子匆匆写成，请你们仔细看看，有不妥的地方，请代改正。

　　敬礼

　　　　　　　　　　　　　　　　　　巴　金　　廿一日

　　这真是《一封信》的"一封信"，具有极其重要的史料价值。徐开垒曾经在各种场合一再说起和写过巴金《一封信》发表的背景和产生的影响，社会各界也多有评述。据1989年10月出版的《巴金年谱》记载，"五月中旬，应上海《文汇报》文艺编辑一再要求，决定结束十年的沉默，拟为纪念毛泽东《在延安文艺座谈会上的讲话》发表三十五周年写篇文章"。从时间上推算，巴金写作长达五千言的《一封信》不会超过一周时间，而以书信形式发表文章，正是徐开垒提议的。从5月中旬徐开垒与《文汇报》副总编辑刘火子两人登门拜访，巴金18

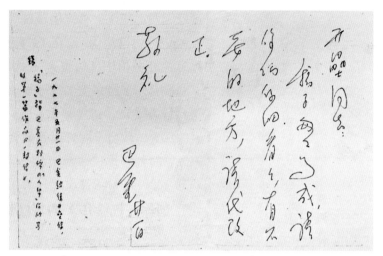

1977 年 5 月 21 日巴金致徐开垒信。"稿子"指巴金在粉碎"四人帮"
后所写的第一篇作品《一封信》

日写作《一封信》并于 21 日寄出,《文汇报·笔会》副刊 25 日迅速发表来看,
某些历史拐点的产生自有它的必然性。按徐开垒的说法,在"左"的思想路线指
引下长期形成的文学冰河,由此出现了第一个裂痕。

新时期开始,徐开垒就此与巴金先生保持了密切的联系,撰写了多篇有关巴
金的散文和报道。1978 年 1 月 15 日,徐开垒以"立羽"笔名在《文汇报·笔会》
副刊发表散文《春回人间——访巴金》。巴金先生对这篇文章进行了仔细的修改,
他在 1977 年 12 月 26 日信中写道:

> 开垒同志:
> 　　文章看完,做了一些改动,是否妥当,请您斟酌,千万不要客气。我在
> 政协开会,每天见到刘火子同志,准备明天打电话同您联系,否则就托火子
> 把校样转给您。
> 　　祝好!
>
> 　　　　　　　　　　　　　　　　　　　　　　　　巴　金　廿六夜

1977 年 12 月 25 日至 29 日,政协上海在"文革"之后召开五届一次会议。
巴金在此次会议被选为政协副主席,刘火子为政协委员。徐开垒这篇散文打印
后交巴金审读修改,题目初定为"七七年十二月二十四日　新年访巴金"(原件
改动较大,已由徐开垒 1991 年 1 月捐赠给中国现代文学馆)。这篇散文其实经

《春回大地》小样图

过巴金两次修改，第二稿题目改为《春回人间——访巴金》，他在 1977 年 12 月 30 日致徐开垒信中又写道："文章我又看了一遍，有几个错字改了，还改动了一些字句，是否妥当，请您斟酌。"这篇散文发表的那天，政协上海五届委员会公布了政协领导的名单。

创作《巴金传》的真实记录

巴金先生致信徐开垒，还有很大的部分是围绕《巴金传》展开的。徐开垒从 1986 年开始到 2005 年的二十年时间，完成了被称为"为二十世纪的良心塑像"的《巴金传》。写作《巴金传》期间，徐开垒多次拜访巴金，采访并记录了有关史料。

巴金致徐开垒书信中谈到写作《巴金传》有四封之多，他在 1986 年 6 月 10 日的信中为徐开垒写作做了周详的安排："写传记的事，最好拖延，您如下了决心，那就先积点材料也好。下半年我可能空一点，您不妨每月来谈一两次。我也会考虑慢慢地给您准备一些材料。"1988 年 3 月 10 日，巴金在看到上海文艺出版社主办的《小说界》连载的《巴金传》后，又写信给徐开垒：

开垒同志：

九日来信收到。我最近身体不好，精神差，需要休息。我们见面的时间推迟到本月底或下月初吧。第一章我还不曾读到一半，有些事情需要查对，有些事情显然弄错了，例如，去广元是坐轿，不可能步行，过河时轿子也给抬上了渡船。又如，我也是吃奶妈的奶长大的，并未受到特殊待遇。

到时我会通知您。关于三十年代我手边并无什么资料。

祝好！

巴　金　三月十日

后来《巴金传》结集出版时，徐开垒按照巴金的意思修改了有关内容。可以说，《巴金传》是在巴金先生的关注下完成的，因而更具有权威性和完整性。这当中，还得提到巴金的弟弟李济生先生，他陪同徐开垒拜访巴金，赴北京、成都等地采访参观，掌握了许多第一手材料。他也与徐开垒互通了许多信函，在信中订正事实，补充材料。因此，徐开垒在《巴金传》出版时，曾经在后记中谦虚地写

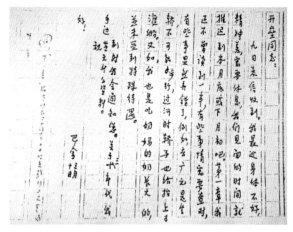

1988 年 3 月 10 日巴金致徐开垒信

道："李济生同志既是我的责任编辑，也是我的顾问，按理说应该与作者共同署名的。"

徐开垒在与巴金先生征询传记有关章节材料的同时，一起探讨当时的文艺现象。进而在 1989 年 1 月，在沪港两地的《文汇报》及《文汇月刊》发表了巴金与徐开垒共同署名的《作家靠读者养活——关于传记及某些文艺现象的对话》一文。巴金有感而发："现在看来，'你出主意，我写作'，这样的方式从事写作，总是要失败的。"该文发表前，巴金亲笔增删了不少文字。

后来，巴金将此文作为附录编入《巴金全集》十四卷，可见对这篇文章的重视程度。这篇"对话"文章对徐开垒也极具重要意义，既是他记者生涯的收官之作，又是对巴金的意义深远的"访问记"。

巴金先生致徐开垒的书信是一个时代的剪影，又是珍贵的文学史料。因此，徐开垒在他生前最后几年无法握管写作的情况下，几番翻箱倒柜，把他认为重要的作家书信挑选整理后，从 1999 年 4 月到 2011 年 9 月，分四批慷慨地捐献给上海图书馆中国文化名人手稿馆。其实，在徐开垒的晚年，他还把相关的书信、手稿、著作等珍贵资料相继捐赠给中国现代文学馆、图书馆、报社等文化单位。也许，这是徐开垒竭力所能做的最后的善行。

2005 年 10 月 17 日，巴金先生以 101 岁高龄离开人世，在社会上产生了很大的影响，徐开垒在巴金逝世后六天迅速写下了纪念长文《聆教五十年——忆念巴金先生》，全面回顾了与巴金交往过程。他又满怀悲痛地参加了巴金先生的追悼会，《新民晚报》在显著位置刊登了徐开垒参加追悼会时怆然涕下的照片。后来他这样解释当时近乎失控的神态：对于巴金的逝世，虽然早有预感，但是却无

法一下子直接面对，因为，他的离世，标志着一个时代的结束。徐开垒曾经与巴金先生亲密接触交流，长时期撰写过有关巴金的文章和传记，同时经历了相同的时代风云。徐开垒逝世已经五年有余，他对巴金充满感情的话语，迄今言犹在耳。

2017 年 1 月写在徐开垒先生逝世五周年之际

（转自新浪博客）

徐开垒：他的存在是一种力量

陈　瑜

主持人：《解放日报》记者陈瑜

嘉宾：徐开垒（《巴金传》作者、高级编辑）

主持人：华东医院南楼的病房里张挂着无数只千纸鹤，今天，我们祝福一个老人——一代"文学泰斗"巴金，整整走过了一个世纪。

为这位世纪老人书写真正意义上的传记，您是经巴老首肯的第一人，这给了您有机会阅读巴金的一生。

徐开垒：我第一次看巴金的著作《家》，是在 1937 年，三年后又在《申报》上发表了有关《秋》的读后感。那时，我还在上中学，和当时许许多多年轻人一样，受到巴金作品的深刻影响，无论是创作还是人格塑造上。

主持人：可让您意想不到的是，巴老后来的写作和生活，和您发生了关系。

1987 年 9 月 10 日徐开垒陪同《文汇报》总编辑马达（右一）、张煦棠（右三）拜访巴金

徐开垒: 是啊。在《文汇报》当记者时,我曾三次专访巴金,其间的时间跨度有三十多年。"四人帮"倒台后,我们的副刊重新恢复,我上门请巴金写他停笔十多年后的第一篇作品,好振作一下当时死气沉沉的文艺界。

巴老起先不愿意写,一时也想不出用什么方式写才好。我提醒他说,那么多年不见你的消息,读者那么想念你,你就用书信的形式写一篇吧。巴老同意了,这就是发表在 1977 年 5 月 25 日《文汇报》副刊的《一封信》。

文章发表后的半个多月内,我们收到了国内外几百封读者来信,其中包括他的老朋友何其芳、胡愈之等,前辈叶圣陶还特地寄来一首词"挥洒雄健犹往昔,蜂趸于君何有焉",沙汀更是兴奋地从成都直接赶到上海与他共叙旧情。

几天后,巴金的第二篇文章《第二次解放》又发表在《文汇报》上,"把心交给读者"的巴金又回到了读者的身边。之后,有学者评论说:《一封信》标志着一个作家的沉默岁月的结束。

主持人: 这些积累无疑都成为你撰写《巴金传》最好的第一手资料。

徐开垒: 的确。在我动笔前,巴老还专门送我一本有关他写作生活的书,然后很亲和地说:"用我的材料去写你自己的文章。"我历时数年,最终完成了五十余万字的《巴金传》,出版之前,老人听他女儿李小林一字一句地念过。

特别巧的是,我半个多世纪新闻工作中写的最后一篇访问记,就是和巴金做的对话录,题目叫《作家靠读者养活》,这是巴老的原话。文章刊登后海内外纷纷转载。巴金在事后也曾对我说"这篇文章比较解决问题",他不但把它收进了《巴金全集》,还在他所写的《最后的话》一文中说:"我为什么坚持在十四卷末作为附录插进与徐开垒同志的对谈呢? 我想让读者明白一件事情:我不能离开人民……"

记录巴金,是我一生的幸运。如今,这个百岁老者也把我带进了八旬的行列。现在,我越来越感到,他的存在,就是一种力量,不仅于我,更是对整个社会。有人评说巴金用了一句话:"你还在,灯亮着。"大概他那里真的有一种温暖。

主持人: 您提到人们可以从巴老那里获取温暖,这让我想起了他早年在《旅途随笔》中的一句话:"就让我做一块木柴吧! 我愿意把自己烧得粉身碎骨给人间添一点温暖。"他用一生践行着他的理想,以血当墨。

徐开垒: 巴金是现实主义作家,他的作品几乎没有一篇不打有 20 世纪的烙印。无论是《家》《春》《秋》,还是《寒夜》和《火》,我们在巴金的作品中见识了他的苦难、孤独和他圣徒般的悲悯。他的经历不断构成他作品中的话题。

巴金与他那些挚友间的关系，以及这些人本身的经历，无不与 20 世纪的艰难同其艰难，与 20 世纪的悲欢同其悲欢。如果把巴金与他同时代人之间的故事串联起来，即使不能直截了当把它称作 20 世纪中国知识分子的一部史书，也总该是一本中国知识分子的艰难历程录。

主持人：舒乙将巴金晚年成就的三件大事比喻为一座塔：创建的中国现代文学馆是塔身，编辑的《巴金全集》是塔牌，而啼血而作的《随想录》是当之无愧的塔尖。"巴金敢于在那种时代进行一些反思，并勇敢地叩问自己的过错，代表了一个知识分子的良心。"这是大众对《随想录》最一致的评判。

徐开垒：《随想录》的创作始于 1978 年 12 月 1 日，在这个特殊的年份，巴金拿起了"破冰"之笔。在之后的七年零九个月时间里，老人在他的创作生涯中又矗立起一座令世人仰视的高峰。

巴金通过《随想录》留下了一个作家对于生命的关切，对于社会的重新思考，他不惜解剖自己来唤起民众，在当代中国树立起一个面对苦难、抵抗遗忘的榜样。"探索"的结果是说出了"真话"，表现了一个知识分子的坚勇和责任，这使他穿越历史，奠定了大师的地位。

可以这么说，《随想录》的存在，以它的思想性、社会性、历史性远远超出了文学本身的意义。之所以说巴老的晚年是金色的，正是因为《随想录》，他完成了他的人生追求，一个丰富而独特的人格最后以这种方式得以定格。

1986 年 4 月 12 日徐开垒在巴金家中。（右起）姜惠龙（《江西日报》总编辑）、巴金、徐开垒、陆谷苇合影

徐开垒

主持人：人格的力量决定了作品的力量，所以，我们又能从他的作品中读到力量。柯灵曾经评价巴金，说他的"本色就是一个'真'字"，由此，我们可以这样总结：历经曲折，没能使巴金成为一个"完人"，但他的的确确是一个"真人"。

徐开垒：可在我看来，巴金最终称得上是一个"完人"，并非完美，但十分完整。尽管对于他的文学技巧，很多人还持有不同的观点，尽管在特殊年代，他也生产过一些"废品"，但是他的百年岁月贯穿于中国近现代的两次社会转型中，每个时期他都不是最典型的，但从整个过程看就是代表，代表了在风口浪尖的时刻知识分子的表现。

现在的巴金是一种生命象征，历经风雨能活到 100 岁，这本身就是一种力量，而巴金的精神存在更有一种绵延的力量。

(2003 年 11 月 25 日《解放日报》)

1982 年 2 月在北京艾青家。（左起）徐开垒、艾青、吴泰昌

1982 年 7 月徐开垒与董鼎山（右二）等在上海文艺出版社合影

1986 年 10 月徐开垒与（右起）杨幼生、裘柱常、何为在宁波天一阁合影

1987 年 12 月徐开垒偕同吴亮（左二）、王安忆（左三）、谢冕（左四）游览香港

1990 年在朱雯家中。（右起）徐开垒、徐迟、朱雯合影（罗洪摄）

1991 年 4 月 12 日徐开垒在杭州西湖与徐中玉合影

搬家

徐开垒

我活了五十多岁，生平共搬了十次家。每次搬家景况都不相同，其间还有不少可歌可泣之事，可供记述；但若细说来，第一次搬家，和最近一次（也许也是最后一次吧）对我说来，更有特殊的意义。

第三辑　徐开垒和文化名人

第一次搬家，那还是我十五岁那年，当时抗战刚刚开始，敌人的飞机就整日整夜向宁波一带投掷炸弹，不少房屋时有炸毁，居民也很惊慌。宁波城内十室九空，市区笼罩着一种恐怖的气氛。当时我父亲就从上海回来，把我们全都接上海去。

临离宁波的时候，我们没有向什么人告别，也不曾有什么人向我们送行。因为当时事出仓促，又正是假期内，霎感之后，因为高兴能远走上海……

访曹禺

夜晚，在北京的灯市口，首都剧场的舞台上，灯火辉煌，一出戏正在演出；台下肃静，台上一个演员正在全神贯注地念着台词：

（独白）这半天，
我忍不下心在发抖。
寂寞、白发的孙美人，
还在我的心头。
可眼前，忽然管弦笙歌，金碧辉煌，
一霎时，人间天上。
歌台舞榭，复道回廊。
一路上，站满了文臣武将，九州的侯王……
可六宫都羡慕我，一天便见到了
一位单于，一位皇上！
管它是什么！
我淡淡妆，天然样，
就是这样一个汉家姑娘。
我款款地行，我从容地走，
把定前程，我一人敢承当。
怕什么！
难道皇帝不也是要百姓们供养。
……

这是话剧《王昭君》的第二幕。王昭君仪态万千，顾盼神飞，正在庄肃沉静的一朝文武的目光下，出场朝见皇帝。整个戏光彩照人，它所塑造的艺术形象，是一个有才干，有抱负，有胆识的，勇于为民族团结作出贡献的汉代姑娘。剧情紧凑，语言生动，舞台上洋溢着诗情画意，观众屏息静气地看着演出。

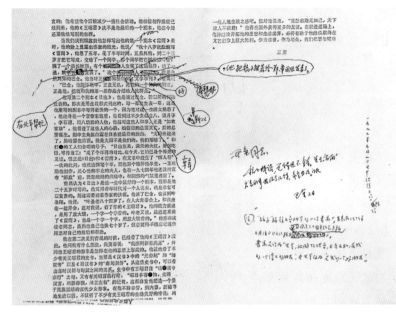

　　1979 年 9 月 7 日巴金看了《访曹禺》一文清样后致信徐开垒："稿子拜读，觉得还不错，关于雷雨发表的事，我改了几个字，希望照改。谢谢！""稿子"指徐开垒所写的《访曹禺》。曹禺原话为"巴金，他胸怀坦率，正直无私，是我的一个伟大的朋友"，巴金改为"是我的一个好朋友"。

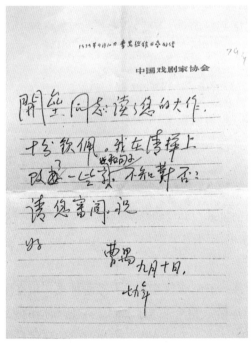

1979 年 9 月 10 日曹禺致徐开垒信，信中指的"大作"即《访曹禺》

这时，一位六十九岁的老人，正在台下细心地注视着每一个演员的动作，细听每一个演员的台词，他还留意着观众的情绪，从他们的脸上和偶然的相互对话里，找寻群众对这出戏的反应。这就是《王昭君》的编剧人、北京人民艺术剧院院长、我国著名的戏剧家曹禺。他从1960年起就酝酿写这个剧本，并且在当时已开始动笔，为此曾两次去内蒙古，一次去新疆。但由于有人提出什么"大写十三年"，再加上后来"左"的干扰，把历史剧创作一律划入"禁区"，使这个戏的写作搁了下来，到去年才把它写成。这是曹禺在欢庆粉碎"四人帮"之后，响应党中央的号召，解脱思想上的束缚，奋发有为，为迎接建国三十周年而写成的一部献礼作品。

像母亲关怀孩子一样，曹禺十分关心着《王昭君》的演出效果。他不顾自己年迈，又有心脏病，经常在晚上到剧场前台和后台倾听观众对这出戏的意见。他从中学读书时代开始，就养成这个习惯：每演一次戏，就要听听观众的意见。至今，已有半个世纪了。他觉得观众的意见，是对自己创作成果的最好评价。

我从上海到北京访问曹禺，在第一次交谈时就听到他这样的意见。他说："剧本与小说不一样，除了供给阅读之外，它还要供给演出，而演出是它的生命。因此，观众意见特别重要。我从前看郭沫若的历史剧，总觉得他用的台词都是白话体，不大像古人说话；后来，我写《胆剑篇》，人物对话用了些文言，演出后，观众说听不懂；我才明白历史剧人物对话还是用白话好。仔细想想，文言也不见得全能代替古代人当时的讲话。所以这次写《王昭君》，台词就一律改用白话体了。"

他住在北京东郊两间像上海工房那样的房子里，一间是卧室和书房，一间是会客室，看来每间还不到十二平方。曹禺正是在这样一个环境里，写了这个新的历史剧《王昭君》。

跳出历代戏剧家、小说家、诗人创作王昭君这个人物形象的思想窠臼，把一个凄凄惨惨、含着无限哀怨、哭别祖国的少女，还原归真，改写成为一个神采清明、勇敢坚强的姑娘，作者本人显然也需要巨大的气魄。周恩来在十七年以前，对在京的话剧、歌剧、儿童剧作家的讲话中曾说，"曹禺同志是有勇气的作家，是有自信心的作家"，这些话在这里得到了证实。曹禺认为写历史剧要忠于历史事实，忠于历史唯物主义，但历史剧究竟不是历史，它和其他文学作品一样，总是通过作家的头脑写成的，因此它总是需要体现时代精神。元代关汉卿写《关大王独赴单刀会》，通过写三国时代的关云长，写出了关汉卿自己的抱负。同样，关汉卿写《包待制智斩鲁斋郎》，也是通过歌颂包拯，寄托自己的悲愤的。郭沫若更是如此，许多人都说他写屈原，写的正是他自己。曹禺虽然没有说《王昭君》里的王昭君有他自己的影子，但他承认《王昭君》作为历史剧，是体现了时代精神的。

他对国外有些人把历史剧《王昭君》称作"填词文学"，表示愤慨。他认为这是很不公平的。他说，他写《王昭君》，确是曾经周恩来的建议。但那并不是行政上的命令。因为周恩来在文艺工作上一向比较尊重作家的自由劳动，从来不给人规定写什么题材，当时他完全是用商量的口吻，给曹禺提供一些线索，提些建议，写不写完全由曹禺自己决定。据曹禺回忆，在当时，他也曾考虑写对资本家改造的题材，曾到上海看了许多资料，开了许多座谈会，但这些材料并没有激起他的创作欲望，结果没有动笔。后来他又考虑写商业方面的先进人物，也花了一些年月，最后还是觉得不了解这方面的情况，人物在他的思想上站不起来，也就没有写。对王昭君，他在搜集材料的过程中，包括阅读史料和深入到少数民族地区了解生活，他都是从不熟悉到逐步熟悉；从没有感情，到逐步有感情。这才酝酿写出一个历史剧来。

"我们要写熟悉的生活，这话并没有错。"他说，"但有些不熟悉的生活，作家可以根据自己的兴趣去熟悉它，了解它。当然不能勉强人家去什么地方，写些什么题材。"

他认为，解放以来，我们文艺界出现了不少好作品，成绩是主要的。但按理说来，我们有社会主义制度的优越性，我们的成绩应该远比解放前为大，但事实并非如此。在"文革"期间，是"四人帮"在文艺战线上搞法西斯统治，使我们十年一片空白；而"文化大革命"前十七年，也由于有"左"的干扰，特别是"十七年"中的后九年，"左"的干扰占了主要地位，致使文艺园地禁区遍布，有的作家歉收。"四人帮"正是利用了我们这些缺点和错误，在"文革"中打开缺口，搞篡党夺权。联系曹禺本人情况，他在解放前十多年中，写了《雷雨》《日出》《原野》《蜕变》《北京人》《家》等剧本，这些作品所反映的生活，正如周总理提到《雷雨》时所说，是"合乎那个时代，这作品保留下来了。这样的戏，现在站得住，将来也站得住"。它们在艺术上都有巨大成就。由于这些剧本的发表，中国话剧界进入了一个新的时代。而在解放后，他只写了《明朗的天》和《胆剑篇》，直到"四人帮"被粉碎后才又写成《王昭君》，这是什么原因呢？正如周总理在 1962 年讲话中所说："过去和曹禺同志在重庆谈问题的时候，他拘束少，现在好像拘束多了。生怕这个错，那个错，没有主见，没有把握。这样就写不出好东西来。"看来正是"左"的干扰使我们的作家顾虑重重吧。事实上，以后"四人帮"逼他搁笔十多年。

曹禺谦虚地把主观原因首先归结为自己这三十年来"没有很好抓紧时间，浪费了许多年月"，叹息"一晃三十年就过去了"。同时，他认为作为一个作家，行政上兼职太多，是不适宜的；他希望今后能减少一些社会活动。他相信创作盛世已经到来，《王昭君》决不是他最后一个剧本，他还要继续写别的东西。

当我们谈到他怎样写第一个剧本《雷雨》时，他显露出激动的眼光，说："我十八岁就酝酿写《雷雨》，构思了五年，花了半年时间，五易其稿，到二十三岁才把它写成，交给了一个同学，那个同学把它搁在抽屉里，搁了一个时期，有个人发现了这篇稿件，读了一遍，就拿去发表了。"这个人就是众所周知的巴金。当时他

清代金石学家、书法家张廷济寿联。徐开垒家传

正在北平帮郑振铎、章靳以编辑《文学季刊》。他把作品推荐给郑、章两位。曹禺说："巴金是个宽厚长者，他胸怀坦荡，貌如其心，是我的一个好朋友。正是他，把我和我的第一部作品介绍给人民群众。"

他写的第二个剧本《日出》，也是通过巴金、靳以编的刊物发表的。那次是用连载形式刊出，写一幕就发表一幕，这是他所写的剧本中写得最快的一个，因为他对这类生活太熟悉了。他出身在一个官僚家庭里，看到过不少类似金八、潘月亭、李石清、顾八奶奶的人物，他描写这些人和事，真是"如数家珍"，他看透了这些人的心肠，相信旧的总要灭亡，新的总要诞生。剧中主角陈白露在自杀前最后的独白："太阳升起来了，黑暗留在后面。但是太阳不是我们的，我们要睡了。"和打夯的工人们合唱的号子："日出东来，满天的大红！要想吃饭，可得做工！"成了个鲜明的对比。在今天，它们已是历史的见证。但正是《日出》《雷雨》，在"文化大革命"中遭受了"四人帮"一伙的批判，他被迫搁笔十年，而他那个陪伴他半生、一直鼓励他创作、关心他的事业的夫人方瑞，也于1974年

他还没被宣布"解放"前，在缠绵的病痛和阴郁的气氛里去世了。

　　曹禺认为《日出》是他一生中比较满意的一个剧本，而那是他二十五岁时写的。他觉得青年时代对一个人说来，确是非常宝贵的。而这需要前辈作家的扶植。他谈了巴金，也谈到叶圣陶。他说："叶圣老八十四岁了，在人大常委会上，和我坐在一起开会，还对我说，看了你的《王昭君》。他的眼力衰退，是用了放大镜，一个字一个字看的。叶老又说，最近还重读了《雷雨》和《日出》，也是一个字一个字，用放大镜看的。"他感谢这些老人，虽然他自己也快七十岁了，但总觉得不能忘记这些老人对自己的鼓励和帮助。

　　我在第二次见到曹禺的时候，已经看过了他的《王昭君》演出。他问我有什么看法，我笑着说，"我感到满意"，并问他有关王昭君的形象是怎样在他的思想上形成的。他说他看了不少有关王昭君的史书，主要是《汉书·元帝纪》和《汉书·匈奴传》以及《后汉书·南匈奴传》。从这些史书中，可以看出当时汉朝与匈奴之间的关系。史书中有王昭君自"请掖庭令求行"之句，又有王昭君临行时，"昭君丰容靓饰，光明汉宫，顾影徘徊，竦动左右"的记载，这都启发他塑造一个勇于民族团结的古代少女形象。他在不辞劳苦，到内蒙古、新疆等地生活以后，不仅听了不少有关王昭君的生动美好的传说；同时还看到一些汉族姑娘在那边落户，她们学骑射，睡帐篷，吃马奶，饮羊乳，与少数民族如同一家；他就想当年王昭君嫁单于，在生活习惯上，也许有某种程度的类似，但所遇到的困难一定比现代这些汉族姑娘更多。而史书上记载着王昭君是"良家子"，传说她经常在河边浣衣，那么可以肯定，她显然不是贵族出身，至多也只是小康人家的女儿，而且她父亲死在边寨，从这些因缘看来，她"自愿请行"是有可能的。他在研究汉代历史时，了解到当时汉朝已走向下坡路，内部阶级压迫深重，经济困窘；实际上已无力打仗，最好的政策只有"和亲"。王昭君完全有可能是一个在汉宫中受到冷遇，热情于民族团结，勇于到少数民族地区生活的姑娘；而不是像杜甫诗句中所说的那样："一去紫台连朔漠，独留青冢向黄昏"；也不像过去的一些戏曲如《汉宫秋》《昭君怨》《昭君出塞》《昭君和番》等所描写的那样，是流着眼泪出宫被逼远嫁的。而且，这些在正史中都没有根据。

　　曹禺以饱满的热情，和敢于向旧的思想作斗争的创新精神，塑造王昭君形象，是为了提倡民族团结和民族文化交流。这也是周总理运用历史唯物主义的观点，在充分肯定王昭君的历史功绩后，向曹禺作出的建议。由于"四人帮"一伙的干扰，周恩来当时没有能够看到曹禺把这个戏写出来，现在周总理已经看不到它的演出了。曹禺感到非常难过。在他的房间里，挂着周总理接见他时的照片。

十多年前，周总理说他写作上"好像受了某种束缚"，现在，他觉得他不该在写作上再有什么"束缚"了，特别是在粉碎"四人帮"以后，更要破除迷信，解放思想，写出比《王昭君》更好的作品来。作为读者，作为观众，我们祝愿他健康。

曹禺对粉碎"四人帮"后的文艺界一片繁荣景象，特别感到自豪。他不仅注意到《王昭君》的演出，还跑到其他剧院看参加纪念建国三十周年会演的其他剧团的演出。他向我推荐歌剧《星光啊星光》，我看了，啧啧称赞；他也非常高兴，说："这三年来新人新作不少啊！前一时期，还有《丹心谱》《于无声处》《未来在召唤》……相信我们的创作盛世就要来到了，只要按照三中全会精神，真正贯彻'双百方针'，实现艺术民主，按照艺术规律，不要太多清规戒律，那我们的文艺界一定会像开元、天宝年间盛世诗人一样，开一代文风。而我们呢，30 年代的一些老人，不过是一些铺路的石子罢了，主要是迎接新生力量的到来。"当然，他也称赞了陈白尘的《大风歌》，这是老将新作，同样使人感到鼓舞。

曹禺已于 9 月 12 日去瑞士，然后到英国，最后还要到他阔别三十年的美国讲学去。这在一般人说来，远离祖国，该有一些人地生疏之感吧，但对他说来，"莫愁前路无知己，天下谁人不识君！"他将在国外获得更多的友谊。在前进道路上，他将继续开拓他的思想和生活境界，必将有助于他在文艺创作上继续取得巨大的胜利。

(1979 年 9 月 18 日《文汇报》)

长者叶圣陶

1979 年第四次文代会前夕，我去看了叶圣陶先生。这位今年（1983 年）已有八十九岁高龄的前辈作家，他的家在北京东城的一个清净的胡同里。那是一所北方典型的四合院，乌漆的大门上贴着一张红色小纸条，写着"最清洁户"四个字；推开虚掩的门，一眼望过去，果然，院子里绿树成荫，内外整洁。

叶老住在朝南的一排屋子里，中间是会客室，右边屋子里住着他的家属；左边屋子则是他的卧室，也是他的书房。房里靠窗有一张写字台，台子旁边的一排书架，放着许多线装书，也有一些现代书刊。

主人就经常在这里读书，看报，写信，写稿。

大家知道叶圣陶先生在六十多年前就开始当教师，后来又在商务印书馆做编辑，从事文艺创作活动已有六十五年历史。他是"五四"新文化运动时期文学研究会的主要成员，写过不少优秀的小说、散文和童话，先后出版了《隔膜》《火灾》《城中》等短篇小说集，散文集《未厌居习作》，以及长篇小说《倪焕之》。他还从事了几十年的文学编辑工作，编过《小说月报》《妇女杂志》《中学生》和《新少年》半月刊。解放后，他担任了教育部副部长，但仍主持人民教育出版社，领导教材的编辑工作。

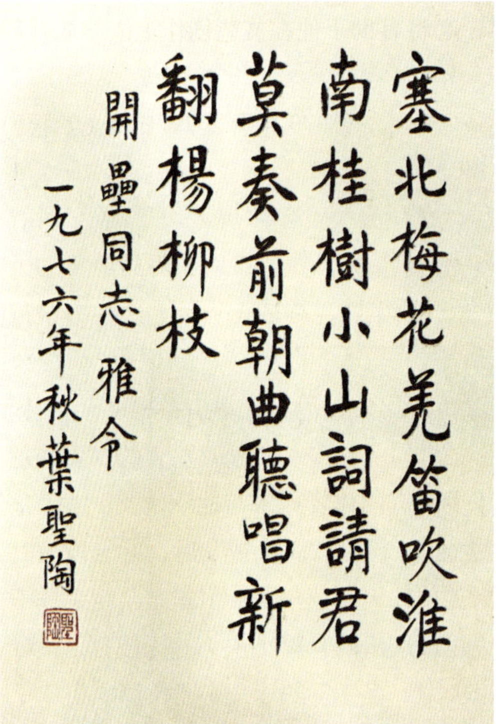

叶老近七十年的勤奋劳动，为我们祖国培植了不少人才。如果你细细揣摩他的一生经历，你会深深感觉到他确是一个一刻也不停止战

塞北梅花羌笛吹淮
南桂树小山词请君
莫奏前朝曲聽唱新
翻楊柳枝

开垒同志雅令

一九七六年秋葉聖陶

1976 年秋文化名人叶圣陶书赠徐开垒

96

斗的人。到了晚年,不可能天天出门到工作岗位上去,但他仍还是天天阅读书报,而且读得非常广,非常杂,关心着各方面的问题。

1959年四川《峨眉》文艺月刊登载了一篇作品,题目叫《红色的南江》,作者是中共四川南江县委书记。叶老连读了两遍,说这篇热情的散文,不啻是一部崭新的县志,使自己增长了许多知识。他说:"虽然住过四川,除了知道县名以外,我对南江一无所知。现在读了这篇文章,我向往于大巴山腹心地带的这个县了。在全国范围内,像南江一样欣欣向荣的县,到处都是。我希望各地的朋友,像这一篇文章的作者一样,举起健笔各自述写最熟悉的县,使这些县在人们心里不仅是地图上的一个圈儿,而且是跟优秀电影相仿的生动景象,过去的,现在的,未来的,都仿佛身临其境似的。这是很有益于人们的工作的。"他把这个看法,写成一篇书评,登在第二年的《文艺报》上。

1961年夏天,叶老在一本书名叫《新生活的光辉》的兄弟民族作家短篇小说合集中,读到一篇民族作者写的《没有织完的筒裙》,觉得那篇作品情节挺简单,可是写对话,叙心情,描景色,融合一气,相互衬映,有一般好诗具备的优点。他与作者从未见过面,但他读了后感到很高兴,也就写成一篇专评,在报刊上推荐,说这篇作品的语言,几乎全部形象化,句句入耳,它的组织是诗的构思,要大家都来读一读。

叶老是我国第一个童话作家,晚年虽然不写童话了,但对童话创作仍旧非常关心。有一年,出版社出版了一部九万多字的长篇童话《小布头奇遇记》,作者是个文坛新人。叶老读完这部作品,也写了一篇文章,细细分析了它的优缺点。他认为这部童话容纳现实生活的题材,在写法上很有特点,写的"物"各有活动,各有思想感情,给孩子们展示了一个想象的世界,有助于驰骋想象的天地。他还指出这部作品也有一些段落写得不是很好,有的比较拖沓,情节进展不多……

多年来,叶老一直关心新一代文艺队伍的成长,他看了不少新的文学作品,也写了为数不少的书评和读后感。"文革"前,光在《文艺报》发表的,就将近十篇;在《中国青年》等刊物发表的也不少。有的作者原来与他不认识,由于他的评论,后来就成为经常向他请教的"学徒"。粉碎"四人帮"后,叶老以极其兴奋的心情,迎接了祖国文艺事业的春天。他每天阅读书报,但是眼睛越来越不管用,读书报戴了老花眼镜还得加个放大镜,新出的长篇小说一时无法看,只好收听电台广播。1978年,他每天花半小时,听了三个多月,才把长篇小说《第一个回合》听完,听完后他觉得这部小说写的是国民经济恢复时期,题目叫《第

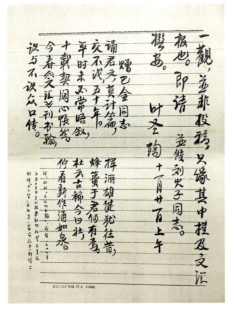

此处"文汇刊书翰"即指1977年5月25日《文汇报·笔会》副刊所登粉碎"四人帮"后巴金的第一篇作品《一封信》

1977年11月21日叶圣陶致徐开垒信

一个回合》，很有意思。"现在咱们正面临着一个前所未有的更大的回合，这就是实现'四个现代化'，把咱们中国建设成为伟大的社会主义强国。在这个时候回顾一下解放后的'第一个回合'，回顾一下'第一个回合'的胜利是怎么得来的，将会鼓舞咱们的斗志，坚定咱们的信心。"因此，叶老几乎逢人就介绍这部小说，还写书评发表在去年第三期的《文艺报》上。

当然，叶老作为作家、教育家和人民代表，他关心的还不只是文学创作，他还是我们教育事业和新闻出版事业的良师益友。当我这次在北京第二回与他会面的时候，正碰上中央教育科学研究所《教育研究》编辑委员会的两位同志到他的家里来。这些同志正在编辑叶圣陶关于语文教育的论文集，并征集一部分书信，这些书信绝大部分没有发表过，都是叶老平时与教育工作者的私人通信，里边有不少有关语文教育的长篇大论。从这里，又可以看到叶老在另一方面的贡献。

对新闻出版工作，叶老也付出了很多的心血。不论"十年动乱"前，还是粉碎"四人帮"后，新华社都经常请叶老去记者业务培训班上作报告，不但谈端正文风，谈语法、修辞、逻辑，还谈应该怎样做记者、编辑。他一直主张新闻工作者要做杂家，而且要做跟上时代的杂家。他说："现在这个时代，和咱们小时候不同，和40年代、50年代也不同。你不能说，时代变不变我不管，我还是搞30

年代、20年代的。这是不行的。所以记者和编辑没有比较广泛的知识，无论到工厂农村，都无法发现问题，挑重要的值得报道的东西来报道。没有常识，怎么能写出言之有物、准确鲜明的新闻！咱们要争取做个杂家，唯其杂，才能在各方面运用咱们的知识，做好报道，写好文章。"

写到这里，就使我想起1979年3月至8月间，叶老给我们报社写的几封信。在这些信里，我深深地感觉到他对人民事业的关心与热爱。的确，从事编辑工作，有很多看人阅世的机会。在与作者、读者用各种形式来往时，可以洞幽察微，识别贤愚。即使远在千里，只要留意一下，往往几封信或几篇稿子，合起来一看，就可以约略看出这个人的性格、素养，与对人民事业的态度。重读叶圣陶先生在1979年3月至8月间给我的几封信，他那纯朴谨严、耿直无私的长者风仪，又在我的脑海中映现。

那时他在北京刚好割治胆结石从医院回家不久，据他自己来信说："现在虽可谓恢复，心思气力尚大不如前，不出门，集会均不参加，在寓闲坐时多。"后来我在上海熟人处抄到一首他未曾发表过的七律，是怀念丰子恺的。就在这年3月寄他，问他是不是可以发表。原诗是这样的：

> 故交又复一人逝，潇洒风神永忆渠，
> 漫画初探招共酌，新篇细校得先娱。
> 深杯剪烛沙坪坝，野店投诗遵义庐。
> 十载所希归怅恨，再谋一面愿终虚。

他在复信时说："抄来的诗确是我所做，如须刊载，即照奉还之稿纸付排，敬希仔细校对。"并谈到了有关我在那年3月在报上发表的《关于〈红楼梦〉研究的题外话》一文的读后感，表达了他对《红楼梦》研究现状的一种可贵的意见。所附回来的怀念子恺之诗，他添加了详细注释，说明诗的第三句"漫画初探招共酌"，是指"子恺最初作漫画时，曾邀友到其江湾寓所共同斟酌"，第四句"新篇细校得先娱"，是说子恺早期作品，大多经由叶老编发校对付印；第五句"深杯剪烛沙坪坝"是指战时子恺寓重庆沙坪坝，叶曾与贺昌群往访，饮酒至深夜，今贺、丰两人已去世；第六句"野店投诗遵义庐"，是指1942年，叶从四川经贵州赴桂林时，曾在途中访丰于遵义未遇，结果寄赠了一首诗给他。

怀念子恺的诗，既经叶老的同意，并承添加了新注，终于发表了。但不久即接到他的来信，说"拙诗已登载，末句原为'一面'，今是'一见'，我记得前

1979 年 4 月 19 日叶圣陶致徐开垒信

次钞示之稿不错。难道是错了而我不曾看出？盼望不要错而终不免错，为之怅然。"我只好把原件寄还给他看，因为我抄来的诗确是'一见'，并不是'一面'，他在审校时未看出。信寄出后，他当日即复一函，说"确知当时我并未看出，殊觉愧恧"。从这些地方，既可以看出他对工作的极端谨严的态度，又可以看出他勇于自责的精神。

当年 5 月初，我又接到他一信，托我代转给"报社负责同志"一函，那是因为同月 3 日报纸的第三版上发现刊登上海曙光化工厂有关六氯乙烷的广告，化学符号上有错误，他把报纸附了来，他说这样的错误，"是初中学生应该知道的。现在把错误的写法，登在报上，实为遗憾。不知道是厂家写错，还是广告公司写错的。我以为无论谁写错，报社也有责任，因为报社负责发行的。我写这封信，意见是：不仅新闻报道和各类文章要注意，连广告也要留心，才能把报纸办好"。

哪知我刚收到信，把它转给有关同志，只隔四天功夫，叶老又给了我一信，原信是这样写的：

开垒同志：

前寄一书，言贵报广告之错误。今日看昨日之报，又发现广告有误，而且也是科技常识的错误。这事看似平常，细想想问题严重。在号召大搞"四化"的今天，报上却有这样不够常识的广告，岂不是极大的自我讽刺。我想请足下代为向贵报领导同志建议，与登广告的厂家和广告公司郑重商量，凡属此类广告，务必认真校核，正确书写，报社在付印之前，必须有负责人员看过，这样才不至于重复此类错误。贵报同志对此看法如何，甚盼告知。

即颂

近安

叶圣陶　五月九日

我终于又把他附来的登有天津市玻璃厂无碱玻璃棉广告的报纸交给报社管理部负责人，请他们检查。他们查了后，说是广告公司制了锌版给我们的，并没有经过我们报社排字车间和校对组排校，但我们还是要负责，除了把信转给广告公司提请他们注意外，还由管理部有关负责同志写专函致叶圣老道谢，我也把经过情况写信告诉了他。他在 6 月 25 日给我复信，说信已收到，并讲了几句很有意思的话："我有意见总要说，无非希望大家把事情办得好些，大家都好些，才能成为中国的新气象。"

"大家都好些，才能成为中国的新气象。"这话讲得多么实实在在！通过这件事，我终于更进一步体会到为什么连巴金先生都称叶圣陶"是我的老师"。叶圣陶的确不仅发现、培养了不少作家，而且还时时刻刻教育着我们长期从事文学编辑工作的人。他严格要求自己，也严格要求别人。他一丝不苟的工作态度，是我们学习的榜样。就在 1979 年 8 月，我接到此信后不久，从上海到北京，去他的东四八条寓所看他。走进他住的四合院，墙门上"最清洁户"四个字，先引起我的深思。见到他，但见他的须、眉、发俱白，与 50 年代和 60 年代我在上海见到他时的样子完全不同了，这才警觉到他已八十五岁了！当然这还是在 1979 年。今年他已是八十九岁，明年就要进入九十高龄，这该是一件多么值得我们庆幸的大事啊！

叶老六十多年的劳动业绩，是不分昼夜，一步一个脚印做起来的。他的工作成果，犹如积沙成塔，滴水成海，起初并不引起人们注意，最后，就不免使人惊叹。

1979 年春天，巴金先生去法国巴黎访问。人们都知道他五十二年前曾在那边写成他的第一部小说《灭亡》。而在巴金这次出国访问以前，一到北京，他就先去看了叶圣陶。因为正是叶老，他在当时编《小说月报》时，经手编发了巴金这一部处女作。叶圣陶永远是巴金感谢的对象，正如曹禺永远感谢巴金一样。

同年夏天，丁玲女士获得平反，她的问题得到改正。在听到这个消息以后，丁玲一家迫不及待地赶到叶老家里去，告诉他有关她的喜讯。因为叶老也是丁玲从事文学创作的带路人。

同年秋天，我们又在《收获》第五期上读到柯灵先生的文章《叶圣陶同志的一封信》，了解到在 1946 年 7 月，当《文汇报》因为登载了两封读者来信，触及国民党政府，被勒令停刊一星期的时候，正是叶圣陶先生写信给柯灵，建议"出一特刊，至少两版，专载读者投函，表明读者需要此报纸，与此报纸有片刻不能分离之情感。亦使反动派知所警惧，报纸后面原来有如此大力为之支持"。结果促进了上海人民反"警管区"的斗争。

第四次文代会召开了，会上有许多人们所熟悉的作家和艺术家，他们都各有自己的成就，但在欢聚一堂的时候，使我们特别想起的是叶圣陶先生这样一类的老人：他们本身平易谦和，质朴无华，而工作则是光彩照人；他们为人民服务的埋头苦干作风，永远是人们的师表。叶老的长篇小说《倪焕之》最近重新出版，这部小说的主人翁倪焕之，是个年轻、纯真、积极向上的小学教师，但在旧社会，他始终找不到真理，找不到知识分子的出路。现在，叶老以自己的亲身经历，回答了这个问题。

(1983 年 9 月 20 日《当代文坛报》)

访问子恺先生

最近日本作家内山完造到上海来，许多作家到飞机场去迎接他，子恺先生也去了。内山完造一见到丰先生，立刻跑过去和他紧紧地握手；第二天，丰先生在功德林设筵招待他，谈起这些年来的生活，内山先生泫然良久，然后说："你是幸福的！"

丰先生和内山完造是好朋友。抗战前，内山完造在上海北四川路开内山书店，丰先生常常去买书，因此来往较密。大家知道鲁迅先生和内山完造也是好朋友，也是常常去这个书店的，所以丰先生又与鲁迅先生常常见面。

丰先生与鲁迅先生的关系怎样呢？丰先生给我讲过一个故事。三十年前，丰先生翻译一本厨川白村的《苦闷的象征》，在交商务印书馆排印时，忽然听说鲁迅先生也把这本书翻译好了，而且已交北新书局，将要出版。丰先生连忙跑到鲁迅先生家里，对他说："早知道你在译，我就不会译了！"鲁迅先生就说："早知道你在译，我也不会译了！"两人于是大笑。因此以后两人翻译日文书，事先总要问一问。

现在，三十年已经过去了。今年正是鲁迅先生逝世二十周年，内山完造特地从东京赶来参加纪念会，纪念这个二十年前朝夕相处的老友；顺便还来看看另外一个老友丰子恺，问问他的生活近况。等到丰先生近况被全部了解，内山先生就说："你是幸福的！"这句话该值得人们怎样深思呢？

丰先生的生活怎样呢？为什么内山先生会羡慕呢？我想这是有缘故的。

首先是丰先生在新中国成立后进修俄文，得到过许多人的颂扬和鼓励。他

1956 年画家丰子恺画作《满山红叶女郎樵》，赠予徐开垒

103

丰子恺画作《鲁迅小说人物印象》之一，赠予徐开垒

丰子恺画作《鲁迅小说人物印象》之二，赠予徐开垒

丰子恺画作《鲁迅小说人物印象》之三，赠予徐开垒

的俄文进步很快，进修两年后就能译书了。人民文学出版社、人民教育出版社、人民美术出版社都出版过他的译书。这以后他一共出了译书将近十部。

他的翻译工作同时也得到了群众的感谢。这里让我们再谈一个故事吧！新中国成立时，有些学校强调教学结合政治，美术教师教学生画花瓶、苹果等静物写生，都挨了批评。叶圣陶先生就鼓励丰先生把国外包括苏联图画教学经验介绍过来。丰先生把一本《中小学图画教学法》译出来了，许多学校的美术教师就写信给他："原来苏联教师教图画，也是从静物写生开始的。读了你的译书后，我们再也不必硬找政治漫画来给孩子们做教材了，我们代表孩子们感谢你的辛勤劳动！"

　　丰先生现在每天译日本作家夏目漱石的《草枕》，下午又和他的女儿丰一吟合译俄国古典作家柯罗连科的《我的同时代人的故事》。《草枕》共八万多字，即将译完，然后再译石川啄木的《啄木选集》。《我的同时代人的故事》共四卷，有一百二十万字，现在已在译第二卷。这些书都是人民文学出版社特约他翻译的。

其次，丰先生过去的工作，最近也得到了正确的评价。《子恺漫画选》去年已由人民美术出版社整理出版，今年又由外文出版社出了英、德、印度尼西亚文版。

谈起"子恺漫画"，这是家喻户晓的。三十年前，丰先生从日本回国不久，和夏丏尊先生等一同在浙东白马湖春晖中学教书。有一次，郑振铎、叶圣陶、胡愈之等先生从上海去看他们，看见教师宿舍墙壁上张贴着一张别致生动的画，一问原来是丰先生画的，就把它带去他们所编的《文学周报》发表。这样，以后就开始有了"子恺漫画"。

这些漫画创作，全是丰先生从生活中探幽发微，深刻洞照出来的。据丰先生说，他过去经常坐在杭州茶楼上凭窗观察过往的行人。那些挑担、推车、喊卖的人，他们在劳动中各种形象，全是他创作的对象。在丰先生以前，中国美术界是极少数有人画劳动人民的。后来在上海，他也还时常到日升楼、同羽春等茶楼去看南京路上的人世百相。抗战后，他颠沛流离，毁家纾难，深入广西、贵州、四川等省的农村和城市，也有过很大收获。艺术与生活不能脱离，丰先生是有深刻体会的。他的不息的耕耘和所获得的成就，现在已经得到很大的重视，他不但担任着美术家协会上海分会副主席之职，而且因为"子恺漫画"的整理出版，使他有了回顾的光荣。

最后，让我们谈谈他的家常吧。丰先生的家是在一条清净的里弄里。他住的是一幢精致清洁的三层洋房，它的形式与他从前在桐乡石门湾的"缘缘堂"当然很不相像。他的书房布置也极朴素，藏书也不多，因为他的藏书、藏画都在抗战时期和他的"缘缘堂"同毁于炮火了。

虽然过去遭到如此不幸，但他现在的生活还是很安定和愉快的。朋友们去看他，总觉得丰先生虽然年已

丰子恺女儿、画家丰一吟画赠徐开垒

五十八岁，蓄着长须，但是鹤发童颜，看起来还是比较年轻。而他待人接物，又有古君子之风，和他接近，听他娓娓而谈，使人觉得异常亲切。

他是不大写诗的，但从他的漫画题句中，可以看出他是一个爱好诗词的人。在他楼上的卧室中，挂着一幅四川秀竹做成的对联，上面题着他自己书写的两句唐诗："珠帘绣户迟迟日，柳絮梨花寂寂春。"在他的门窗上，和钢窗门缝中，也贴着不少字句，仔细看时，原来是唐诗宋词断片；另外还有李叔同的诗。

谈起李叔同，这就不能不想起有人曾说过丰先生是一个佛教徒。有一次，和丰先生闲谈，谈起这回事，他老人家连忙摇着手笑道："因为我吃素，所以有人以为我信佛了。其实我是不信的。因为身体不好，医师说可能与营养有关，因此就开了荤，在吃鸡汤牛奶了。"

子恺老人的近况大致如此。

（1956 年 12 月 3 日《文汇报·笔会》副刊）

追怀沈尹默老人

我认识的作家、艺术家不少，年事最高的要算沈尹默老人。他与鲁迅是同时代人，要是今天他还活着，该已近一百岁了。

尽管我们的年龄相差悬殊，他称得起我的前辈的前辈，但我每次到他屋子里，总是像到了自己的家中一样，感到自由。我们的谈话从来不出现冷场；听他热情的、爽直的、滔滔不绝的谈话，我从不感到时间已经迟暮。

他的家在上海海伦路儿童公园对面的一幢沿马路的小洋房里。记得1956年秋天，鲁迅逝世二十周年的时候，我到他家，他给我谈他以前所接触到的鲁迅，真是谈得有声有色。大家知道他在辛亥革命后就在杭州与鲁迅认识，其后又在北京与鲁迅过从甚密。当时鲁迅在教育部任社会司科长，住在北半截胡同绍兴会馆；沈老在北京大学预科任文史教员，住在殷家坑海昌会馆，两处都在宣武门外，路比较近，所以时有往还。鲁迅在这一时期的日记中，也经常有类似"晚季市宴于玉楼春，为之作陪，同席者有沈尹默"等字句。沈老回忆这个时期的鲁迅，说他"话说得不多，但是每句话都有力量"，又说"鲁迅为人爱憎分明，因此有些正人君子不大喜欢他；但对青年，鲁迅反而能真诚相处"。

尹默老人在50年代对鲁迅还是十分怀念，那天他给我当场挥毫，送我一个直幅，至今还挂在我家里。那是一首七律，题称"追怀鲁迅先生"，原句是这样的：

> 雅人不喜俗人嫌，世路悠悠几顾瞻，
> 万里仍归一掌上，千夫莫敌两眉尖。
> 窗余壁虎乾香饭，座隐神龙冷紫髯，
> 四十余年成一瞑，明明初月上风帘。

这首诗既描写了鲁迅的战斗风格，也抒发了沈老对这位革命作家的怀念，并在怀念中带有一些苍凉的追思故人的感觉。沈老在放下笔后，对我解释诗中的典故，说第五、六句里边有个故事，那就是：有一天，他到鲁迅绍兴会馆住处，看到鲁迅书桌旁的纸糊窗子，有一个吃得很肥的壁虎，看见人也不逃避。他很奇

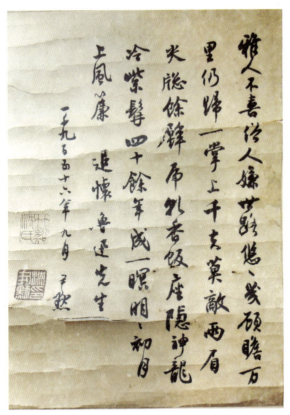

1956 年 9 月书法家沈尹默书法《追怀鲁迅先生》。徐开垒收藏

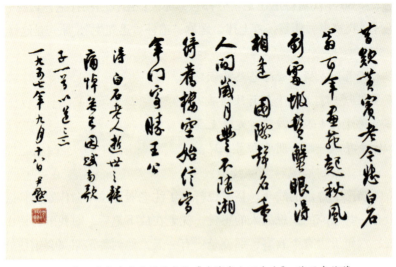

1957 年 9 月书法家沈尹默书法《痛悼齐白石先生》。徐开垒收藏

怪，问鲁迅，鲁迅笑着回答说："那是我喂养的，每天还给它吃稀饭呢。"后来，沈尹默坐了下来，看到墙上挂着一只弹弓，沈又很奇怪，问："文人还学武功吗？"鲁迅告诉他，那是他用以射那些在院子门边小便的人，因为"禁止随地小便"之类的标语对这些人没有用，这样，"只好动武了"。

"从这两件小事，可以看出鲁迅的两种态度，他啊，真是爱憎分明。"沈老哈哈大笑起来。

沈尹默是诗人，也是书法家。他的新诗在"五四"时期的文学革命中，起过先锋带头作用；而他的旧诗功力则比新诗更大。它们意境深邃，技巧纯熟。他的书法则更是在全国范围内，有着长期的巨大影响。许多来自全国各地的年轻书法爱好者，纷纷来他家登门求教。一个时期，差不多每个星期日，他家都是高足满堂，他总是高高兴兴地为大家义务开讲。

我则曾多次单独听沈老讲他自己学习书法的过程。

他的字原来写得很差。他是经过一段发愤图强的阶段，才把书法学好的。他常说，他的祖父是浙江湖州人，为了在北方考功名，才报称宛平籍。他的父亲从十九岁起就在陕西安康做知县。因为年轻，人家叫他"娃娃官"。沈尹默是他父亲做"娃娃官"时期出生的。他五岁时，父亲就请七十岁的老秀才来做他的老师。但是小孩子家什么都不懂，书背不好，对联也对不准，到了十四岁，反因读书过累吐了血。他父亲不得不辞退老师，让少年时代的沈尹默休息。一休息就有了自由，他可以按照自己的兴趣翻书，这样，就有机会读到《红楼梦》，袁子才诗文，白香山诗及宋人词。过了一个时期，他父亲忽然发觉孩子能做诗，而且做得不错。这样，"娃娃官"就下了决心：让尹默的哥哥学批公文，去继承做父亲的"大业"；让尹默学诗词，学书法，并给他买来三十几把白折扇，叫他做诗写字，可是由于执笔的方法不对头，写出来的字总是很不成体。

沈尹默到了二十一岁，他的父亲去世。沈就离开陕西到日本留学，在那边住了七八个月，因为没有钱，生活维持不了，就回故乡湖州。到了二十五岁，沈尹默来到杭州。当时南社诗人刘三正在陆军小学教书，他经常与一些人作诗会友。有一次，沈也被邀去参加。到了那边，沈见众人都喝得酩酊大醉，就独个儿醒着回家，第二天即就席间情况写了一首古风去。隔了几天，沈尹默在家中楼上看书，忽然听见楼下有人喊他，便答应着站起来，那人却已匆匆地上楼来了。这个人穿着一件竹布长衫，剪着短发，样子十分朴素，尹默还不及与他打招呼，他就自我介绍起来："我是刘三的同事，在陆军小学教国文、历史，我叫陈仲甫。"原来他就是陈独秀。

1960年8月书法家沈尹默亲书刘梦得五言绝句并序赠徐开垒

陈独秀比沈尹默大十多岁，那时沈二十多岁，陈该已三十多岁了。他一坐下来，就谈起尹默的那首古风，他说他是在刘三家看到的，"诗写得很好，"他称赞了一句，接着却摇头说，"你的字可不行。说真话，你这字简直其俗在骨！"……

沈尹默老人在回忆当时的情况时，禁不住感慨万分。他说："陈独秀在杭州这句直率的不客气的话，给我的印象太深刻了！虽然相隔几十年，回想起来，当时的情形好像还是在昨天一样。当时我听了他的话，先还觉得刺耳，只觉得满面一阵热；等把他送走，我就下决心学书法。第二天一早，我就上街买纸。那时我很穷，身上经常只有一两角钱。这次我倾囊而出，买了一大卷纸回家。这卷纸的质量比毛边纸还差，那时叫'尺八纸'。每刀九十六张，有些还是破的。我拿回家就开始按日临摹。我临的是汉碑，写西瓜样大的字，每张纸先用淡墨写，等它干了，再用浓墨写一次，这样可以节省纸张。我临摹时，总是把临好的往地上摊，一张又一张，等它们干了，再拿上桌来用浓墨写。另外我又买了一本包世臣的《艺舟双楫》来读，有些地方看不懂便罢，看得懂的就按着它做。为了要求做到掌竖腕平，我写字时，每次在手腕背上放了一面小镜子，如果没有做到掌竖腕平，那小镜子便掉下来了。"

沈老还记得当时钱玄同也在杭州一个师范学校教书，他比沈小四岁，经常在一起说笑。当时钱玄同看到尹默学书法勤学苦练到这个地步，就说："你何苦来！"沈说："我是一个天分平常的人，做学问只好用笨办法。"沈郑重其事，不怕他笑，这样坚持了许多年。后来，尹默学书有了成就，并在多方面发展；钱玄同仍只能写楷书，不能写行书、草书，就无法再笑尹默了。

听沈老说，他生平感到最遗憾的是他的眼疾，它给他带来学习上的障碍。他在十五岁时，就患沙眼，二十九岁后，眼病变本加厉，因北京气候干燥，增加了他的病情，每年总要痛上两三个月，以致后来不得不把两眼内皮软骨割去。平

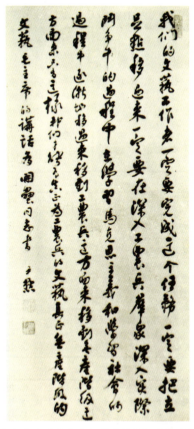

书法家沈尹默书毛主席《讲话》赠徐开垒

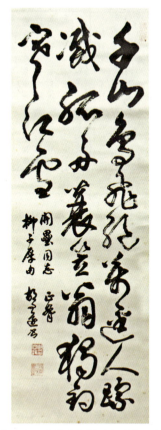

沈尹默入室弟子胡问遂书赠徐开垒

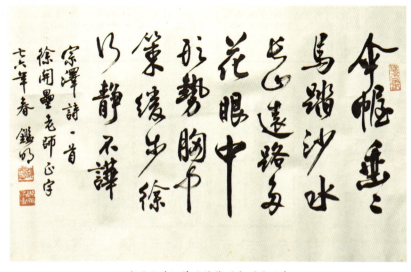

沈尹默关门弟子楼鉴明书赠徐开垒

书法教学提纲

书法与文字的关系

文字是人类社会中不能缺少的交通工具，书法是文字的一种特殊的技巧，把每一个字，即有助于文字在艺术中增加传播的效力，有它固有的美化，即这样就能引起人们的爱玩，故书法与文字的关系，文字是实在的。

书法诚如书法家的事，与一般人无关，其实在社会中，无论那一阶层的人士都和它接触，因为每一个人都要识字写字的缘故。

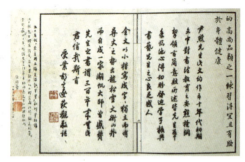

沈尹默《书法教学提纲》册页。共七幅。"五十年代余主持上海《文汇报·笔会》副刊，常约请沈尹默先生撰写诗文，先生曾亲自以小楷写成此稿，弥足珍贵，余珍藏近四十年，特请先生入室弟子胡问遂先生加批按语如上。"徐开垒，1994 年 11 月 18 日

时，医师不许他看书，只准他看字帖，但也必须到有阳光的地方去看，才看得清。他说，他总是一边看帖，一边把一点一撇一捺一划记在心里，然后按着记忆临摹；写好后再拿到光亮处去对照，看是不是临摹得好。

"沈老学字，曾不曾拜过老师呢？"有一次，我问他。

他仰起头，笑着说："我没有拜过老师，但我并不是无师自通的。我的老师多着呢。"

听了他的话，我觉得有点费解，他就解释说："你不是读过杜工部'转益多师是吾师'的那句诗吗？我学书法正是这个意思，看来并没有拜过老师，但在实际上，还是请教了汉魏六朝唐碑帖，以至宋元明的字帖。在当时学书法的人很少，许多人对这方面学问不感兴趣，我每每感到四周无人可谈，非常寂寞。我学写字不但没有老师，连同学也没有，但是我能在无师中找师。我是在古籍中，在现实生活中，从正面和反面中，去找无形中的先生。有一次，我听见两个老人在谈论汪洵（渊若），其中一人说：'汪渊若教我写字，教了我两句口诀，那就是：笔不离纸，纸不离笔。'我听了后，想起汪渊若的字来：汪字笨不可言，横拖着很不好看，像摊在地上的一只死猪。但他的那两句口诀对不对呢？我想还是对的。'纸不离笔，笔不离纸'的意思是'一笔书'，即一个整体之意；这里的'不离纸'，实际上还是有按有提。而汪渊若把它误解了，用平拖的办法，这就成了'死猪体'。"

沈尹默老人向我讲了这件事后，过了一个时期，又和我谈起这个问题，他说："我学书法没有拜老师，学写诗，也没有拜过老师。我学写诗，也是从'转益多师是吾师'这个办法来找老师的。"原来，他在日本的时候，就有人问过他："你写诗，老师是哪一位？"他说："我写诗不曾拜过老师，如果有，那就是曹雪芹。"曹雪芹怎么会是沈尹默的老师呢？那个日本人被说得莫名其妙。沈尹默就问他："你怎么看《红楼梦》的？"那个日本人回答："我是挑选章节看的，你呢？"尹默说："我从头看到底，一个章节也不漏。爱看的，看；不爱看的，也看。碰到书中什么人作诗，我就用手指随便遮住诗句中一个字，考考自己：要是我是他（她），我该用什么字？这样就等于请教了曹雪芹，拜曹雪芹做老师了。"

沈老的诗很有功力，这是有公论的。有一天，他和我谈诗，我问他过去怎样教学生写诗，他说："这个问题，使我想起几十年前在北京大学任教时，有一个晚上，在馆子里吃饭，在座上碰到一个七十多岁的老头子，那就是后来在伪满做总理的郑孝胥。他问我怎样教书，我说我教书不背教条，只给学生多举实例，多给他们启发。比如前人有'蝉噪林愈静，鸟鸣山更幽'之句，诗虽好，总觉得差一些什么，为什么呢？因为'噪''鸣'似乎还不够形象化。杜工部的'伐木铮铮山更幽'，其中'铮铮'两字就好多了。又比如李商隐为想念他死了的妻子所写的诗：'树绕池宽月影多，村砧坞笛隔风筝，西亭翠被余香薄，一夜将愁向败荷。'都值得细细推敲、咀嚼。我举这些例子，主要是让学生自己去推此及彼，举一反三。杜工部不是有'新诗改罢自长吟'吗？看来他也是从无师中找老师的。"

他对杜甫诗很推崇，对陆游、刘禹锡诗也很欣赏，有一次谈到这两个人作品后，特地为我书写了这两个大家所作诗的扇面和直幅各一。现在仍为我家庭所珍藏。1957年，画家齐白石逝世，他很有感叹，曾作词一首，交给我发表，有"昔叹黄宾老，今悲白石翁，百年画苑起秋风；到处虾须蟹眼得相逢。国际声名重，人间岁月丰，不随湘绮旧楼空；始信当年门客胜王公"之句，当时全国艺术家以沈尹老与黄宾虹、齐白石三位并称，此作有惺惺相惜之意。1958年2月，沈尹老又写《书法丛话》在我们的《笔会》上连载，受到知识界和青年群众的欢迎。

沈尹默是全国人大代表，又是中央文史馆副馆长，兼上海市人大常委会委员及上海书法篆刻会主席，所以虽然当时已七十多岁，还经常参加一些社会活动。但他的眼力差，身体也不很好，外出需要有人扶持，幸而他的夫人褚保权是沈在北大的学生，比他年轻二十岁，所以沈有外出，一般总由褚陪同，不论去北京开会，还是参加上海社会活动，都是如此。保权女士热情健谈，与尹默老人是一致的。每次到他家里，褚一般陪同在侧，因为她也是书法家，常常由于她的参加，使我们谈得更热烈。有时也谈及艺术圈里的人，记得沈老很推崇画家谢稚柳，他说："我看青年中最有希望的是稚柳。"其实当时谢稚柳先生也已经有四五十岁，已有盛名，但是沈老仍以长者的口气这么讲，也是可以理解的。他还称赞过他的入室弟子胡问遂，说他已深入书法三昧。60年代以后，沈老体力渐衰，眼力更差，为人写字时，不但磨墨需要褚保权代劳，而且经常需要褚在旁"监视"，因为一不小心，字就要写到纸的偏旁去，但尽管这样，他还是每天早上练字不辍。这个时期，上海的极左思潮已经露头，"一言堂"对他已经不是十分敬重，报上发表他的书法，有时难免遭到非议，这样，我到他家只好清谈，不再约他写什么了。

"史无前例"的动乱开始，我自顾不暇。一年以后就被逐出报社，到上港三区集中，在四边没有窗子的大仓库中过黑洞洞的"大班子"生活。1971年回到报社，听说当年2月间周总理曾在北京一次会上问起上海的沈尹默情况，但上海"四人帮"余党却把消息隐瞒着，并不传达，等到半年后我从北京来人处依稀听到这件事，急忙悄悄地去海伦路沈尹默先生家，想把消息"通"给他，跑上楼见到褚保权女士，她却告诉我沈老早在同年4月呕血去世了。那时他八十九岁。

保权夫人告诉我一些沈老在动乱中受迫害的情况，她说家里遭多次抄家，连生活都发生困难。周总理的讲话如果传达得及时一些，也许沈老在临死前还可以得到一些安慰。但是他终于在极度痛苦中与世长辞了。他在生前原保留一些自己认为写得最好的字迹，但是怕抄家时被认为是"四旧"而挨斗，因此想把它们毁掉，但又怕火烧引人注意，所以就在一个深夜里，把这些珍贵的艺术杰作，放在盛满水的铅桶里浸湿，扯烂，然后又把它们冲到抽水马桶里去了。保权告诉我时，泪流满面，并把国务院办公厅给她的信交给我看。信里说总理知道沈老逝世表示哀悼，特拨三百元治丧费给她，并向她致慰问。

我面对拿着这封信的褚保权女士，看到她忧伤的脸，想起昔日我一进这屋子，和蔼、乐观、健谈的尹默老人夫妇总是笑脸相迎的情景，禁不住黯然。爱，真理，艺术，一切美好的东西，是谁把你们一下子都毁灭了啊？隔了几天，夫人托他们最年轻的学生楼鉴明给我送来她自己写的一个直幅，上面是鲁迅的诗《亥年残秋偶作》，有"老归大泽菰蒲尽，梦坠空云齿发寒"之句。

粉碎"四人帮"后，我带着女儿又去看褚保权女士。只见茶几上放着放大的沈老的照片，我又想起往日我和他就是坐在这茶几的旁边谈话的。他现在哪里？一切都没有了。但是也已上了七十岁的褚保权，还是热情地向我女儿谈学字应该怎样运腕，笔势应该怎样掌握。这使我感到艺术即使遭受到摧残，但艺术家为艺术的生命常在而作的努力，则是永远不会停止的！

（《随笔》1982年总第19期）

1973年1月沈尹默夫人、书法家褚保权书赠徐开垒

和冰心前辈一席谈

中国作家与世界作家一样，有各种各样不同的类型。有的作家，如过眼烟云，一瞬即逝；有的作家在文坛犹如旅途中的过客，只在冷庙茶亭中匆匆留宿一宵，就飘然离去，不再见他的影踪。只有极少数令人心折的艺术创造者，如曹雪芹这样的作家，他们以惊人的才华，像传说中送宝的女神一样，从天上掉落一座宝塔给人间，让芸芸众生永远仰头欣赏它的不朽的杰作。当然，最使人感谢的，还是一些在文学界长期工作的老人，他们是孜孜不倦的耕耘者，在文艺大地上日出而作，日没而歇，年年月月，朝朝暮暮，都在经受着风霜雨雪的威胁，承担着寒冬与炎暑的摧残。但是他们仍不知疲倦地劳作着，五年，十年，二十年，三十年，四十年，甚至五十年，六十年……

应该说，冰心就是这样一个作家。"五四"以来，恐怕没有一个作家，比她在文坛逗留的时间更长了。她在1919年就开始在《北京晨报》上发表作品，以后六十年，几乎每年都有她的新作发表。她从一个《寄小读者》的年轻姑娘，到一个在岁尾年头写《我们的新春献礼》的垂垂八十岁的老人，一直在我们这块文艺土地上操劳着。她的著作，从诗集《繁星》《春水》，小说集《超人》《往事》，到解放后的散文集《樱花赞》《小桔灯》等，说来何止二三十本！每个从学校里出来的少年、青年、中年甚至老年人，几乎都能回忆起自己读冰心作品时的心情。连我们的有极其崇高威望的著名作家巴金，也说过他自己青年时代开始从事写作，受过冰心作品的影响。

但冰心却谦和地笑着，对我说："巴金这个人真厚道！"她由此回忆起抗战时期的重庆，她用男士笔名写《关于女人》，说这本书是她感到写得最洒脱自如的作品。她感谢由于巴金的帮助，使她有机会在40年代初期有三部冰心著作集的出版。巴金在这三部著作集的后记中写着："十几年前我是冰心的作品的爱读者。我从成都搭船去渝，经过泸县，我还上岸去买了一册《繁星》；我的哥哥比我更爱她的著作。过去我们都是孤寂的孩子，从她的作品里，我们都得到了不少的温暖和安慰。我们知道了爱星，爱海，而且我们从那些亲切而美丽的词句里，重温了我们永久失去了的母爱。……我抑制不住我的感激的心情。"

巴金指出的冰心在作品中所显示的对星、对海、对母亲的爱，确是一切读者对一个作家的要求的最基本的东西，这就是真挚的感情。如果一个作家缺乏真情实感，这个作家就离人民远了。而冰心正和巴金一样，恰恰在这点上，闪着强烈的光和热，而且终他们一生，不论为人，为文，都是这样。因此，他们受到读者群众的拥戴，是很自然的。

1951 年秋天，冰心从日本回国。当时在文艺界，在读者中，就流传着关于她回归祖国的佳话。在这件事上，确有一段曲折的斗争过程。她是在抗日战争胜利后去日本的。新中国成立后，她仍留在日本东方大学教"中国新文学"。但她和她的丈夫——社会人类学教授吴文藻博士，很想回到祖国来参加社会主义建设，但当时无法实现。直到 1951 年秋天，一个机会来了，美国耶鲁大学请他俩去担任教职，他们终于获得了护照，一离开日本，他们就得到周总理的支持，不去美国，回到祖国来了。这是冰心一生中的一次胜利，也是我国文艺界的一件大事，不仅全国作家协会（当时称文协）开会欢迎她，全国各文艺报刊也以最大的热情，争取发表冰心的新作。冰心以她对祖国社会主义建设的巨大热情，写出了《归来以后》等作品。

这就使人想起 1934 年 8 月，茅盾在一篇文章中谈到冰心的小说《分》和《冬儿姑娘》时曾说："我们至少应该说，这位富有强烈的正义感的作家，不但悲哀着'花房里的一朵小花'，不但赞美着刚决勇毅的'小草'，她也知道这两者'精神上，物质上的一切，都永远分开了！'"经过八年的抗日战争和四年的解放战争，冰心回国后的作品，在迎接祖国的社会主义革命和建设的高潮中，抒发的感情就更加广泛，更加深入。1953 年以后，她写出了比过去更多更热情的散文，她说："我们同心协力地在田野上，在河滩上，在工地上，

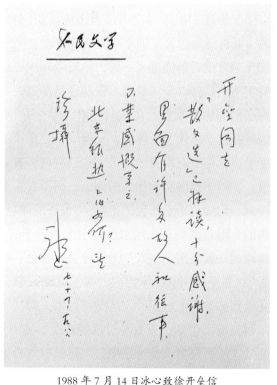

1988 年 7 月 14 日冰心致徐开垒信

在……把春天往前拉了三个月，人民心里光明温暖的春天，把严冬给吞没了。从此冬天失去了它传统的意义，它变成了春天的前奏！"她欢呼人们在矿山里发掘春天，在高炉边锤炼春天，在盐场上晒出春天，在纺机旁织出春天，在鲜红的嘴唇上歌唱春天，终于她说："我们把春天吵醒了！"她走进人民大会堂，说不出话，却感到"欢喜的热泉，在你血液里汹涌奔流，在你眼眶边盈盈欲坠！"她定神仰望，看到高高的圆穹上，饱满圆大的葵花蕊中，一颗伟大的红星，发射着条条灿烂的金光。她说："试想十年以后，百年以后，人民的力量和智慧更有无限量的发扬光大的时候，我们的祖国，该是怎样的一个美丽庄严的世界！"

到了 60 年代初期，她依然热情不倦地歌唱祖国。她仰望天安门，她说："古老的天安门和'不愿做奴隶'的中国人民，是共过患难的！在它破旧荒凉的时代，它看见过蜂拥入城的帝国主义强盗，它听见过敌军的车马碾过踏过的声音。它也看见过万千热血的青年，举起如林的手臂，挥舞着白浪似的纸旗，它也听见他们发出的震天的怒吼。这巨大的声音从天安门前迅速的荡漾开去，激起了滔天的怒潮，洗出来了一个光辉灿烂的新中国！中国人民永远崇敬珍爱着庄严古老的天安门，它们把它修缮得金碧辉煌，把它描画在国徽上。"她再一次到青龙桥去，热烈赞扬那边农村的新景象；她又风尘仆仆到燕山，歌颂这里的古战场变成了大果园。她还多次作为出国代表团成员访问日本，在日本人民面前争取美好的友谊，并诉述中国人民的幸福生活和社会主义建设的成就。

千万读者仍像过去一样，热烈爱好冰心这些用优美字句写出来的、充满着真情实感的新作。全国报刊编辑部也仍像过去一样，满腔热情地争取冰心的作品在自己的刊物上发表。在这个时期，冰心还不断地接待过各地作者、读者和记者，谈她在文学写作上的体会，记得她曾这样谈过有关运用语汇的问题。她认为各国文学语言都有它本身的特点，我们应该多方面借鉴，特别要学习我们自己的民族语言，对于外国文学作品的词汇，则不要生搬硬套。她说她翻译印度童话时，曾读到一句描写王子肤色的比喻："黄昏的颜色"，这与印度中部人的皮肤颜色是相称的；但是假使有人用来形容中国美男子的皮肤，那就不对了。她说："中国古典诗词一般是用'玉人'来形容美女肤色，如'由来国色玉光寒，昼视犹疑月下看'；甚至还用油脂来比喻，如《诗经》中有'肤如凝脂'之句。当然中国古典文学作品的语汇也不一定能全部照搬，时代不同了，生活有变迁，古代或外国的东西只能是借鉴，只有经过选择改造，才有用处。"她认为"落花无言，人淡如菊"，"乱石穿空，惊涛拍岸"，"排云驭气奔如电"等语句，在今天如能运用得恰当，显然还是有它们的生命力。冰心十分关心文学领域里年轻一代的成长，她在

1960年曾连续写了几篇专文，谈当时还是比较年轻的作家作品。她说："我很注意看郭风的文章，最近看到他的散文集《山溪和海岛》，给我以很大的兴奋和喜悦。"又说："在年轻作家队伍里，出了一个茹志鹃，作为一个女读者，我心里的喜欢和感激是很大的。"字里行间表达了她对这些年轻一代作家的热情关注。但是史无前例的"十年动乱"，并没有漏掉对这样一个从海外回归祖国来热情歌颂党和社会主义祖国的诗人和作家的迫害。他们抄她的家，对她日夜审查，进行人身侮辱，还让她站在高凳上"示众"……

1979年8月，国庆三十周年前夕，北京正处在蝉鸣树丛，炎阳当空的盛夏季节里。一个中午，我从颐和园搭车到中央民族学院，在经过一段长长的林荫大道之后，终于在学院宿舍冰心家中，再一次见到了劫后的冰心。那年她七十九岁，还没有达到八十高龄。使我奇怪并感到高兴的是冰心前辈还是那么健朗、安详，并未有一点老态。她的耳朵也很灵敏，讲话也仍像过去那样，不快又不慢地讲得非常从容，也非常清晰动听。她家三间房，家具塞得满满的，但收拾得非常整洁，她的丈夫吴文藻教授是社会学和人类学专家，1957年不幸被打成"右派"，现在已经改正，在中央民族学院带研究生，业余时间还与冰心一起翻译韦尔斯的《世界史纲》。我走进他们的房间里，吴文藻先生正埋在书堆里工作，我打扰了他，有点不安，他们则毫不介意，热情地接待着我，于是我们谈开了。

当然，我们的话题一开头，总离不开"十年动乱"中的遭遇。冰心与许多作家一样，她所受到的审查，批斗，最后又被迫从事苦役，是完全可以想象到的。特别是因为她从国外归来，而她的丈夫又在1957年反右运动中受过劫难，因此她受审时就比别人更多了两种"把柄"。但是她终于熬了过来。她说，在这中间，周恩来总理对她十分关心，他们夫妇在50年代初期回国，曾获得周总理的帮助，周总理在"文革"中为他们作了证明。

经受了"十年动乱"，冰心对写"十年动乱"的作品特别注意，这是很自然的。粉碎"四人帮"以后，全国各地文艺刊物如雨后春笋，大量出版。她家里每天都能收到许多寄自各地的赠刊，她年近八十，但仍一本一本地看着。她家里还订阅了《人民日报》《光明日报》《北京日报》和《文汇报》，她更不放松阅读这四家报纸副刊上所登的文艺作品。她谈了许多发表在这些报刊上的小说，说这些小说中哪些人物是可爱的，哪些人物是不可爱的。她说："《伤痕》这篇小说在冲破禁区，揭露'唯成分论'的罪恶这一点上，确是起了很大作用。但在这篇作品中那个女孩子，并不可爱，我不喜欢。我喜欢的倒是任大霖在《东海》中所写的一篇小说里的那个女孩，这才可爱。"她不喜欢《伤痕》中的那个女孩子，因为

1976 年国画家吴长邺（吴昌硕长孙）画作，赠予徐开垒

那个女孩在她妈妈困难的时候离开了妈妈，并与家庭断绝。冰心这一看法与她自己过去作品中所一再描写到的真挚的母亲之爱与亲子之情，是完全一致的。她的坦率的谈话，出于真情流露的交心，感动了我，我也直率地发表了我的意见，我说："《伤痕》在揭露'四人帮'极左路线的残酷性上，有一定意义。但说真话，我也不大喜欢这样一个女孩子。要是我的孩子在这样一个情况下，与我断绝，那么我希望她永远也不要回来。"

于是我们谈到了她自己的作品，和她作品所显示的爱。她说她曾在解放前开明书店出的一本小说集子的自序中谈到过她自己。这段"自序"的大意是：她从小是个孤寂的孩子，住在芝罘东山的海边上。三四岁刚懂事的时候，整年整月所看到的，只是青郁的山，无边的海，蓝衣的水兵，灰白的军舰。所听见的，只是山风，海涛，嘹亮的口号，清晨深夜的喇叭。她经常在海边玩，而母亲则要她关在屋子里认字。刮风下雨，不出去的时候，她便缠着母亲与奶娘讲故事。舅舅在她每晚功课做完之后，给她讲《三国演义》。后来她舅舅工作忙，来不及为她讲了。她就开始自己拿书来看。而这时她才七岁。有时她由她父亲抱去在兵船上，向水兵们讲《三国》，而水兵们帮她搜集更多的国内外小说。到了十一岁，她已能看完全部《说部丛书》，以及《西游记》《水浒传》《天雨花》《再生缘》《儿女英雄传》《精忠岳传》《东周列国志》等。辛亥革命后，她全家到了福州，她在她祖父满是藏书的书房里读了很多书。1913 年，她又跟着她父亲到北京，看了《妇女杂志》《小说月报》等杂志，还为她的弟弟们讲了许多自己改编的故事，写了几篇文言长篇小说。1914年，她进北京贝满女中读了四年书，在英文书中学到一些知识。据冰心自己说，是受这些知识的某些影响，潜隐地形成了她自己的爱的哲学。

冰心开始写作，大概在"五四"运动以后。那时她在燕大女校读书，运动高潮时，她被选为参加女学界联合会的宣传股，需要写些宣传的文字，不但在会刊上发表，还需要争取到报纸上刊登。恰巧她的一个表兄是《晨报》编辑，见她能够写，就鼓励她写小说。她怕别人笑话，就用了"冰心"这个笔名，写了一篇题目叫《两个家庭》的小说给他，不料三天后就发表了。其后她就几乎每个星期都要写一篇，冰心早期作品《斯人独憔悴》《去国》《庄鸿的姐妹》等，就是在这时产生的。而这些作品当时都属于"问题小说"，即在作品中提出一些新的问题。

冰心和我谈到这里，说："那时情况与现在不同。那时我写作品，什么顾虑都没有。报纸评论，也是只有鼓励，很少有什么条条、框框。我的文章一发表，就受到大家鼓励。这样作者写作品就更积极了。"

冰心回忆说，当时教育界领袖、北大校长蔡元培非常开明，一直主张"兼容并蓄"，新旧知识界各抒己见。代表旧学的林琴南等人，虽然反对白话文，非常猛烈，但大家都并不因为他是"权威"而胆怯，相反，大家感到并没有什么压力，仍是他讲他的，我们写我们的。

"现在框框还是有，"冰心说，"有些人称揭批'四人帮'的作品叫'伤痕文学'，他们把它与写'四个现代化'的作品对立起来，这有什么必要呢？各种题材都可以写的，问题在于我们怎样写，写得好不好。"她认为我们在"十年动乱"中，所经历的生活太残酷，太复杂，太丰富了，只要我们努力，就一定能写出好作品来，几年以后一定能看出巨大的成果。

冰心的家庭是十分幸福的。她在几十年前颂扬仰慕母亲的爱、祖母和外祖母的爱，现在她自己也成了和蔼的母亲、慈祥的祖母和外祖母。她有两个女儿和一个儿子。两个女儿都是外国语学院的教师，其中小女儿还在电视台教英语。儿子则在从事建筑设计工作。当然，她还有不少外孙和外孙女。一到星期例假，冰心家的三间房就挤得满满的。阳光透过明亮的窗子照得屋子红堂堂的。而冰心自己却正在这样一个时机中，计划写一部自传性的长篇。

在冰心家里与她谈了一个半天之后，隔了两个月，这年冬天，第四次全国文代会在北京开幕，按理我们应该又有一次比较好的谈话的机会，但上海代表团与北京代表团的住处不在一处，而开大会的时候，又不可能互相交谈，因此只在一次休息时，与她打了个招呼，以后就没有再见到过她。1980年新年，在《人民

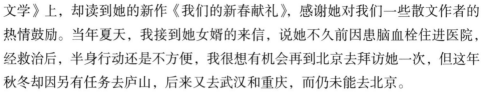

文学》上，却读到她的新作《我们的新春献礼》，感谢她对我们一些散文作者的热情鼓励。当年夏天，我接到她女婿的来信，说她不久前因患脑血栓住进医院，经救治后，半身行动还是不方便，我很想有机会再到北京去拜访她一次，但这年秋冬却因另有任务去庐山，后来又去武汉和重庆，而仍未能去北京。

现在已是 1981 年新年了，我以一个后学的文艺工作者对前辈作家的尊敬的心，向冰心前辈致以恳切的问候！

（《花城》1981 年总第 11 期）

柯灵先生

梅朵同志对我说："你能否写一篇关于柯灵的文章？"我说："我已在北京一家刊物上写过一篇。"他说："看来还得再写。现在有许多青年很少了解过去的情况。"他的话，使我很快想起几件不曾对人讲过的事来。

1979年11月，全国文代会在北京召开，各地代表多住在国务院第一招待所里，柯灵先生和我们住在一个楼面上。有一天，我看到有个出版社的人来找他，说外地有个姓秦的新闻工作者，曾到上海去看过柯灵，因为柯灵去西山农村写稿，没有遇到就回去了，临行前请出版社同志转给柯灵一封信，信上称柯灵为"敬爱的长辈"，说他是他们家的大恩人，"我八十六岁的老母，几十年里一直在默祝着您的平安健康"。

柯灵先生却再也记不起这件三四十年前的公案来，当时我在一旁把信拿来看了，觉得这是一封很感人的信，曾摘要抄了几句在大会发给各代表的蓝色笔记本里，现转录如下：

"……一九四六年春天，我原来读书的一所高中关了门，我以优秀成绩

1991年11月徐开垒和柯灵在浙江杭州西湖合影

123

考取了无锡县中，但是妈妈是丝厂工人（她八岁就进丝厂做工）又失业在家，无力为我缴付学费，而学校已开学半个多月，我失学在家，贫病交迫在床，在忧忿中，化名韩寿雄投书《文汇报·读者的话》，你把此信发表了，并无限同情地亲自撰写了短评《请听一个失学青年对社会的控诉》之后，报上连续刊登了《一位言午子先生寄给报社一万元》《一位无名字先生捐助二万元》消息，是你亲自把三万元钱汇给了我，还接连给了我两封感情真挚、鼓励我敢于斗争、顽强生活、好好学习的来信。是《文汇报》，是您，是社会的正义力量，使我得以重返学校。我又给报社写了封感谢信，记得灯下执笔时，满眶热泪把信纸滴湿了。此信又是您老以《感激之泪》题目，全文发表于一九四六年四月一日《文汇报·读者的话》版面上。当年四月以后，我开始写一些向国民党反动派投枪的短文、小诗，九月里就因此差些丢了性命，逼上梁山，同地下党联系上了。之后在学生运动中，参加了党。敬爱的长辈，你当年给我的两封信，是我一生中永远难忘的珍贵纪念品，每当我在生活的困厄中，就读一遍，再读一遍，从中汲取力量。在地下斗争中，我把信件存放在一位交通员的家里，保存了下来。想不到，十年动乱，在我遭尽残酷迫害中，挖地三尺，连同我当年日记及剪报悉数被抄没了！……"

1979 年 1 月 24 日柯灵致徐开垒信

我把这封信摘抄后曾打算写篇短文，由于工作忙碌，搁了下来。不料隔了个时期，无独有偶，又有一封读者来信，不知怎么七转八转，转到我的手里，那是因为《解放日报》登出了一篇报道柯灵近况的通讯，有个上海永新雨衣染织厂退休干部程海麟就顺着这篇报道线索，辗转找上门来，要我转给柯灵一封信，信的内容如此：

"……知道您老因病住院疗养仍然奋笔工作着，今晚辈又敬又佩。看了报道，使我想起一件往事。那是一九四六年十二月初，上海发生'摊贩事件'，当时您老在《文汇报》编副刊，我在金陵东路磨坊街口的仁余棉织厂发行所当文书，因目睹惨案发生始末，故于十二月一日下午急就《金陵东路惨案目睹记》一文，当天寄《文汇报》副刊，但却于次日《新民报》晚刊登出来了。不过一二天，突然有一位报社记者，直接到我发行所找我，这位同志自我介绍姓柯，告诉我：黄埔分局认为该文'报道失实'，只有'伤'人，并无'死'人，故来一问当时情况。我立即告知警察开枪时，有一位外国记者冒枪林弹雨现场拍照，可供查证。这位柯同志很高兴，立即同我一起去《密勒氏评论报》与《字林西报》查询，但查询结果很气人，原来这两家报纸都发中央社新闻，一律登的是'伤'人若干云云。当时我是个缺乏社会经验的青年，对国民党反动派的欺骗手段缺乏认识，故当时十分着急，但柯灵同志临别时再三抚慰我，说：'请放心，报社既发了稿，责任由报社负，我们会保护撰稿人的。'后来果然得到保护，再也没人来找我查询此事。一直到解放后，在《毛泽东选集》第四卷的注释中，才了解'摊贩事件'中被反动警察杀害的达十七人，伤百余人，何止我报道的'二三人'？此事虽已过去三十多年，但每当我想起此事，总要惦记着这位'柯'先生……"

这位读者不了解他写的《金陵东路惨案目睹记》为何投寄《文汇报》副刊却在《新民报》晚刊发表出来，这是因为当时柯灵除主编《文汇报·读者的话》之外，还兼编《新民报晚刊》副刊《十字街头》。为了使这篇文章赶上时机发表，

1987年，（右起）杨幼生、徐开垒、晓歌、何为、柯灵、陈国容、刘秀梅、晓歌夫人、徐音、徐问在上海市政协厅合影

1988 年 2 月，上海作协祝贺柯灵 80 诞辰。（右起）哈华、赵长天、师陀、茹志鹃、赵家璧、于建明、徐开垒、王辛笛、张军、王西彦、杜宣、李楚城、柯灵、艾明之、于伶、蒋孔阳、吴强、王元化、菡子、肖岱、辛未艾、梅朵、唐铁海、王瑛合影

也就不管两个报社的分家了。

　　这两封读者来信，使人想起当年柯灵先生深入群众，投入实际斗争的作家风貌。特别使人感动的是在"摊贩事件"中，他为揭露事件真相，广采博纳，与读者打成一片，而又不让读者承受灾祸，任何风险、困难一肩挑，这是一种什么样的精神！当然，这两封信还只是一般的例证。前年秋天，我在遥远的西北旅行，在乌鲁木齐，有一天晚上，我到《新疆日报》姚慈同志家中做客，在饭桌上，主人向我介绍了她的爱人白雁，这是个年已七十的当地老干部，他是在解放战争中奔赴延安参加革命的，后来被派到苏联学习，新疆解放时由莫斯科直接经西伯利亚到乌鲁木齐参加接管工作。因为在十年动乱中受到迫害，他已经半身瘫痪，离休在家。但是他听到《文汇报》编辑部来人，还是禁不住从床上起身，陪我进餐，而且在饭前还喝上几杯。这种意外热情的接待，使我意识到这位纯朴善良的老人，决不仅仅是出于对我这个千里来客的一般礼节，而是存在着一种比一般礼节更为深厚的感情。果然，当我们开怀畅饮，互剖心腹，无话不谈的时候，他告诉我：他本是无锡城内一个照相店店员，1938 年起就读《文汇报》，后来，正是在这家报纸的影响下，他走上革命的道路，他特别念念不忘的一个编辑，不是别人，正是我们的师友柯灵。他说柯灵在 1938 年编的《世纪风》副刊，和 1946 年编的《读者的话》对他说来是记忆犹新。他正是在这个时候离开繁华的东南大城

市，奔向遥远的艰苦的革命圣地。老人讲这些话时，两眼闪着晶莹的泪光，使我当时也禁不住觉得自己正过着一个不平凡的夜晚。这个老人当年受报纸的影响找革命，而我们今天作为新闻工作的一员，当然更应该经常考虑人民群众对我们的要求了。这个老人不是正在教育我吗？

我回到上海，把这一讯息带给柯灵。柯灵先生衷心感谢这位远在西北的老人，但是他沉吟了半响说："当然，我过去做过一些工作。不过这些工作如果没有一些客观因素存在，那么主观上再好的愿望也无法达到。"应该说，这是柯灵一贯的观点。他常说他年轻时到上海，正值左翼文化运动蓬勃发展，后来又遇上党的电影小组成立，正因为受到党的革命思想的影响，使他在云横雾塞中逐渐看到对岸的青山。而当他投身到具体的斗争时，支持他的还有一些"外柔内刚，方正耿直，眼角里容不得沙子，遇到需要行动的时候，决不落在任何人后面"的前辈和专家。他们在报社发动群众抵制国民党警察局长宣铁吾企图实行"警管区制"和报社在被勒令停刊一个星期时，都曾向柯灵伸出温暖的手。而当编辑部给当时一些处于压迫中的青年以热情的支援时，更是得到社会广泛的同情。去年我在一家刊物上，看到一篇韦芜同志回忆他在解放前因写稿被学校开除，他用一封读者来信向报社叩门的文章，他说："可能是由于《文汇报》和柯灵先生的威望，也可能是由于我那封信的内容比较恳切动人，我那封信刊出后，引起了强烈的反响。当天报社就收到许多从精神上、物质上积极援助我的来信。有些读者还专程来看我，倾囊相助。我怎么也抑制不住内心的激动，哽咽了好长一段时间。晚上，我和柯灵先生分手时，他对我说：'你看，支持正义的善良人有多少啊！'特别使我感动的是航海界的一位名叫金月石的忠厚长者热情地来信，邀请我到他家暂住。我问柯灵先生：'我能去吗？'他回答：'我看可以。'说着，他给我写了一封介绍信，还告诉我坐几路电车，到哪里下车。送我走出了报馆的大门……"

不畏强暴，同情弱者，是柯灵为人的特点。如果用"横眉冷对千夫指，俯首甘为孺子牛"两句话来概括他当年的精神面貌，那是十分恰当的。了解柯灵身世的人，都知道柯灵本人在旧社会就是个被损害与被侮辱者。他出生在绍兴农村，父亲是清朝地方政府的一个幕僚，后来做过岑春煊的"师爷"。这个"师爷"多次续弦，子女众多，人口复杂。柯灵正是这个大家庭中的一个孤儿，在他刚出生时，就由他父亲把他送给柯灵的婶母了。这个婶母的身世十分悲惨，她因为跟柯灵的叔叔从小订过婚约，在她二十几岁时，就被夫家接去为她正在重病中的丈夫"冲喜"，不到一个月，她丈夫就死了。这样，就在这个封建大家庭中，依靠大伯守寡几十年，成为柯灵的养母。这一对孤儿寡妇在众多的叔伯兄弟里，经常成为家庭错综复杂的纠纷中仇视与蔑视的对象，其处境是完全可以想象的。柯灵是经常在母亲的泪眼里，认识世道的心酸，弱者的不幸，人间的冷酷。他五岁时，父亲就死了。在大家庭中，接班的是比他年长十多岁的大哥。当他小学毕业，那个大哥就拒绝了他上县城读中学的要求，他只好留在小学当"小先生"。幸而他有一个同学，家中藏书丰富，使他有机会在少年时代就能接触鲁迅的作品，在《晨报》合订本中读到鲁迅锋利如匕首的杂文，由此看到了一颗崇高的战斗的心灵，开始懂得人生的爱与憎。这一点是经常听到柯灵先生对人谈起的。

他给我的第一个印象，还是在 1938 年春天。那时上海刚刚沦为"孤岛"，抗战的军队西撤，闸北四行仓库的战旗消失，剩下的是人民群众的暂时沉默和敌伪势力的嚣张气焰。就在这时，挂着"洋商"招牌的报纸出现了。由于英美等国还没有和日本军国主义宣战，中国的战斗者还可以借赖这个关系，与敌人继续周旋。敌伪无法明目张胆在租界里随便逮捕爱国人民，就用恐怖手段来对付中国的"抗日分子"。柯灵是《文汇报》的早期从业人之一，当敌人向福州路 436 号《文汇报》社门口投掷手榴弹，把在楼下工作的三个职工伤害以后，他所主编的报纸副刊隔天就发表了他自己写的杂文《暴力的背后》，宣称"暴力政策的背面，正是侵略者的虚弱"。当《大美晚报》副刊编辑朱惺公先生被敌人刺杀时，柯灵又发表文章《我要控诉》，说"假如正义在世间尚可托足，人性还不至沦于末劫，那么即使被杀害者的血汇成洪流，也无从冲淡人民的憎恨——那永久的憎恨！"柯灵正是以这种在暴力面前无所畏惧的精神，感召了大批青年，坚定抗日意志。当时报社门口铁丝网密布，每天如临大敌，连收发室柜台也张罗起铁丝网，只开着一扇半尺见方的窗口，让人们在这里交流信件。我们这批青年投稿者（那时我还是个初中生）正是通过这样的窗口，以自己的习作去呼应主编先生的为祖国独立自由和民族解放而发出来的喊声。柯灵就是这样冒着生命危险长期蛰居在这样一个境地中，不与人们来往，却与人民同其呼吸。当然，他也由此招来敌伪对他的迫害，终于在上海完全沦陷后，把他两次逮捕。在日本宪兵队，他被严刑拷打，向鼻子灌水，并坐老虎凳，抽筋剥指甲。一个叫做水岛的敌宪，左手拿着柯灵写的那本《市楼独唱》，右手则左右开弓，像暴雨一样地打着柯灵的双颊，歇斯底里地高叫："操那娘个皮！侬坏来兮，写文章骂阿拉东洋人！"而柯灵却在心里想着，只要我活着，我就要控诉！

终于，抗战胜利了！那时柯灵主编的《万象》已经停刊，我因患肺病咯血辍学在家，病恹恹，和朋友们久不来往，也已好久没有与柯灵先生联系了，人家说："天亮了，天亮了！"我心里高兴，却还不曾从困惑中醒过来，还来不及出去看朋友，出乎意料，柯灵却从流亡途中听到胜利消息折返上海，来我愚园路家中看我了！我的惊喜真是不可言喻。恐怕包括柯灵在内，那时我们确曾有过雨过天晴的感觉。但是，不幸事与愿违，局势从国民党劫收大员给人民带来灾难这一点上开始，很快转化为被压迫人民蓬勃进展的民主运动。柯灵编报办刊物，在地下党的领导和影响下，很快成为这场运动的急先锋。难怪在解放后查到的1946年底国民党上海市社会局档案《本市各报调查及分析》"内幕与背境（景）"专栏中有这样一段文字："该报（指《文汇报》）言论左倾，偏向于中共，而以本党（指国民党）为攻击对象，对本局（指社会局）施政多有不利之批评。该报专辟有'读者的话'一栏，由左倾作家柯灵主编，常有挑拨群众攻击政府之言论，及赤化宣传。"的确，柯灵当时正以抗战时期与敌伪斗争的劲头，与国民党反动派进行斗争，甚至比以前更尖锐，更激烈。特别难能可贵的是，在这场斗争中，他又以最大的热情面对广大读者群众，扶植新生，拯救幼弱，关心他们的生活，为他们亲自奔波，尽可能减少他们身受的痛苦。最后杂志被查禁，报社被封闭，他又被作为追捕的对象。有一天早上，他刚到静安寺路上海出版公司门口，就碰上特务进门查人，由于他的机警，总算躲避及时，没有遭殃。其后几个月，不是今天住这家，就是明天迁那家，后来只好化装逃离上海，奔赴香港。许多青年读者都怀念他，想和他通信。可是他们哪里知道柯灵备尝敌伪铁窗之苦后，又在"胜利"后经历了这样一场艰难逃亡的生活呢？而当拨开云雾见青天，敲响人民解放的锣鼓以后，人们以为像他这样的人，总该有一段风和日丽的锦绣前程，或者至少有个安稳的晚年吧？哪里知道一场更大的风暴在等待着他。

1966年严冬，"十年动乱"开始不久，我先在吴若安家里听到柯灵夫人说，运动一开始柯灵就被"请"去隔离审查。不久有个外调人员通过组织来看我，问我柯灵在抗战胜利后是否接受过国民党政府的胜利勋章，我想柯灵的电影剧本《不夜城》正在受无端批判，看来人们还要在他的历史上找什么根据，我应该按照党的"干部如实反映情况"的原则，来回答这个问题。我就说："我记得抗战胜利时，国民党政府颁发胜利勋章的名单中，确有柯灵的名字，但看来这一问题不大，因为全国报纸都登了这个名单，而且不止登一天，还是连日刊登的，原因是人数多，不但各报头头如王芸生，无党派人士如郭沫若等人在内，各党派人士也都在内的。"他说："各党派人士都在内吗？"我说："是的。我记得名单上有张澜、沈钧儒等民主人士。"他说："那么共产党员呢？"我说："也有。如朱德、董必武、陈毅，还有周总理和林……"他说："林什么？"我说："林彪。我记得好像还有伟大领袖毛主席。"外调同志听了，就叫我在他笔录的纸上签了个名，走了。不料1968年夏天，另外换了两个年轻的外调人员来，还是问柯灵获得胜利勋章的事情。我仍旧那么回答他们，但在说了林彪以后，就停止不说。因为经过两年"文革"洗礼，我已"觉悟"到与其多说一句，还不如少说一句，就此打住。不料事情已经来不及了，当我刚说完"林彪"两字，坐在我对面的那个外调人员突然面孔变色，猛拍了一下台子，向我厉声喝道："这个你说什么？"我心犹不甘，说："不是要如实反映情况吗？"这就争吵起来，后来组织科来人，才把我阻住。当然，这位外调人员向我拍桌子，可能仅仅出于年轻无知，我并不想永记胸怀，但是他不知道第二天我就因此被宣布靠边，放下实际上早已不存在的"工作"，在小组的批斗会上，被勒令读《敦促杜聿明投降书》，有个患口吃的造反派唾沫四溅，手拿我的交代材料，高喊某某某"包庇柯灵"，说我就是那个"不齿于人类的狗屎堆"。不到两个星期，我就被撵出报社，去上港三区和报社"牛鬼蛇神"一起过"大班子"生活。后来我才知道这个时期柯灵正被全市游斗，在人民广场十万人的《不夜城》批斗会上充当活靶子。

好不容易党给人民带来了真正的晴朗的春天。我看见柯灵时，他不但形容憔悴，老态可掬，而且已满头如雪，连耳朵都失聪了。虽然往昔潇洒风度依稀犹在，但和他讲话，我要放大嗓音，他要使用耳机，总不免使人回想起过去在他办公室相互谈笑，随意倾吐衷肠时的情景。而今已恍如隔世。但是我们究竟迎来了美好的春天。我以为党的十一届三中全会给人民、给干部和知识分子送来清风凉意，现在柯灵先生总该有个闲逸安适的日子了，我想给人幸福的人理应可以享享福了。谁知这几年来，他的生活节奏，还是和过去一样，并不见得有什么缓慢。我每次到他家里，尽管他家三个房间静悄悄，但总觉得气氛紧张，看到柯灵不是埋头写作，欲罢不能，就是遨游书海，不知所止。他家客厅里挂着清代书法家张廷济写的一幅隶书对联："读书心细丝如茧，炼句功深石补天。"恰好为这里主人的工作，做了十分贴切的注脚。

柯灵先生从事几十年文字写作，都在业余；真正作为专业来搞，还是最近几年才开始的。1978年以后的最初几年，他为谋求有个专心致志写作的安静环境，曾去洞庭西山，连春节也在农民家里过，但毕竟进入高龄了，一离开旧居，总不免为风寒所侵，有一时期不得不进华东医院治疗，医师反映：像柯灵这样的病人真是少见，只要他不发烧，总坐在桌旁，静如处子，不是看报读书，便是铺纸写稿。这使我想起有一次他住在医院里，为《李健吾剧作选》写序，原作几十万字，他竟一个字一个字地在看，我觉得他太苦了，就说："李健吾剧本原来你都看过，总有个印象的，还没有足够的资料写篇序？"他没有接受我的意见，仍坚持阅读原作，直到把它全部看完，才写了一篇很有独到见解的序文。他以为李健吾为人天真热情，有人说他走白专道路，其实恰恰相反，李太热衷政治了，因而有时不免上人家的当。这篇序文曾得到我们共同钦敬的一位前辈作家赞赏，他说："这样的文章只有他（柯灵）才写得出。"

柯灵曾要求他自己的文章走向"以真为骨，以美为神，以宇宙万物为友，以人间哀乐为怀，以崇高阔远的未来为理想"的美妙境地。这几年来，他朝这个方向前进的努力，是完全可以体会出来的。特别是在"以真为骨"这一点上，他的热烈追求，无所畏惧地坚持讲真话，讲心里话，是灼然可见的。他曾经在一篇文章中说："党宁取光明磊落的鲁男子，也不要看风使舵的聪明汉，半阴半阳的两面人。"他作为一个几十年的共产党员，觉得经过十年动乱，自己纵然"已经老态可掬，耳朵聋了，眼睛生了白内障，但这没有使我颓唐，'四人帮'那样的法西斯暴政也没有把我压垮，因为我心里青春的火焰还在燃烧"。他以为"现在民主法制，载在宪章，境况已大不相同，但'左风'不灭，民主就很难发扬。"其实，柯灵反"左"由来已久。抗战时期，丰子恺在国破家亡之后，积极参加救亡运动，曾作文作诗又作画，来宣传抗日。在颠沛流离逃到桂林时，写信给上海的朋友，说："桂林山水甲天下，环城风景绝胜，为战争所迫，得率全家遨游名川大山，亦可谓因祸得福。"此信一经报纸刊载，"孤岛"上海竟有人破口大骂，说："国难如此，怎么还可以这样悠闲呢？"并由此上纲到"不抵抗主义"。柯灵为此写了一篇《抗战中的丰子恺先生》，加以反击，说："勇于战斗是好的，但必须能洞察是非，明辨敌我，要不然，弄得天下嚣嚣，而真正的敌人，却躲在暗中冷笑，倘不是有意的胡扯，那才是无知的昏蛋！"

他从自己身受的灾祸，意识到"左"旋风的危害决不仅在几个知识分子的吃苦受难上。他回忆1956年全国政协的一次会议期间，他在接受中央统战部和文化部请他写一个反映和平改造资本主义工商业的电影剧本以后，有机会在中南海宴会上坐第一桌，与毛主席、周总理同进晚餐。席上另外七个人是一些科学家、社会学家、工程师、工商界代表和民主人士。当时毛主席精力饱满，同桌八个人面临这样一位站在威望和荣誉顶峰的世界巨人，无不感到莫大幸运。但是就在一年后，猛烈的"左"旋风起来了，局势起了九十度陡坡式的大转折，一路翻滚，直到"文化大革命"的悲剧性结局。当年在宴会上的几个人，除了钱学森，很多人都遭到了不幸的灾难，有的且已作古。柯灵自己也因《不夜城》的"美化资本家"罪名而从怀仁堂的座上客，贬为上海思南路看守所的阶下囚。柯灵以为造成这种悲剧，有多种复杂的因素，但有一点无可否认，那就是紫禁城里的老祖宗还

131

在向我们含笑，向我们招手，封建主义的幽灵远还没有在中国消失。

柯灵今年已七十七岁，他当然无法像过去从事文学编辑工作时那样经常和青年朋友一起谈笑，甚至经常到家中走动了。但他的心还在群众当中，他的工作还和人民的事业紧紧连在一起。上面谈到的那篇表达他反对"左"旋风的文章，题目就叫《人民的心》。

他在上海的几十年，为上海文学艺术事业流血流汗，尝尽甜酸苦辣，了解上海文学艺术工作前进过程中的每一块路面街石，但他很少在上海的名利场上露面，也从不为一个头衔、一种地位奔走豪门。有人说他的文章写得好，思想深邃，文字精练，却不知道正是由于他把党和人民的利益放在第一位，才有勇气说真心话，才有精力、时间锤字炼句，使文章既闪烁着真理之光，又富有皎洁似明月的气质。三联书店最近出版《柯灵杂文集》，篇幅浩瀚，厚如金砖，全书四十六万字，从 1933 年到 1983 年，整整半个世纪，综观内容，没有一篇不渗透着作者艰辛历程中的血汗，但柯灵从不自称战士。他总是十分谦虚，平易近人，他曾说一个革命者与人相交，不在于头顶的光轮，而在于灵魂深处穿透表里的亮光。他这样说，也这样做。他对个人名声从不寄予奢望，而对别人的劳动成果，从来就十分珍惜和尊重。我们有一个共同的朋友林莽（王殊），1946 年春天离开上海去解放区参加革命，临行前他把一叠散文剪报交给柯灵，托他代为保管，不久柯灵即因国民党反动派对他的追捕而离沪去港，解放后他回沪，林莽却因任新中国驻国外记者，一直行踪不定，未有机会取还。这样，柯灵一直把这叠剪报保存着，虽然自己生活也是跌宕多变，但仍未散失。直至"文革"中被造反派抄去，等到雨过天晴，此件发还，已经三十年过去。林莽驻节国外，在故物复归原主之后，禁不住悲喜交集，写信给我，表示对柯灵的感谢。不料风和日暖，百花重开，《上海抗战时期文学丛书》征集战时文稿，柯灵犹未忘怀林莽旧作，终于再次征得原件，建议由杨幼生编在"丛书"第四辑中，并亲自作序。看柯灵怎样珍惜别人的劳绩，对朋友又如何交而有信！类似例子，真是不胜枚举。《爱俪园梦影录》作者李恩绩，人已作古，柯灵还千方百计为他的书稿找出路，一有机会就给他推荐出版，并将作者家属从风尘碌碌，一个偏僻的角落里找到，把稿酬送去。可以说，柯灵从事文学工作几十年，是为社会发现人才，为人才开路的几十年。在他当文学编辑时，他所编的每个刊物里总有新人成才。我记得解放前，唐弢曾对我说："柯灵的衣袋里，小朋友特别多。"这是千真万确的。我从事文学工作也有几十年了，但我很少发现有一个编辑像柯灵那样始终不渝地重视群众来稿，孜孜不倦地在来稿中发现人才，发现作品。可以说，投寄给他的稿件，不大可能有沧海遗珠。去年黄秋耘在他的新著《风雨年华》中，谈他怎样在病中寄一篇文章给柯灵编的刊物，柯灵并不计较文章作者是个陌生的名字而把它发表，使他终于在青年时代改变个人所走的路，而投入文学生涯，我至今还在为他这段文字而多所思索。我想，作为一个编辑，能广泛团结业已成名的作家，乐为自己的刊物不倦地写稿，应该说，这是一种很大的本领；但更大的本领，还在于从广大群众中发现名不见经传的新手。因为这更需要编辑本人的能耐，宽广的胸襟，充分的自信和一定的业务水平。柯灵在这两种本领上，可以说兼而有之。而当年他用后面的一种本领发掘起来的一些陌生作者，现在已为具有前面一种本领的当代文学编辑所角逐的对象。除了黄秋耘之外，就我所知，还有何为等许多人。解放以后，柯灵离开了编辑岗位，长期从事电影专业，但许多读者、作者仍怀念他，因为他是封建统治者的千夫指，也是被压迫的人民大众的牛。他理应受到群众的爱戴。这篇文章开头提到的几封读者来信，不过是几个例子；但是已完全可以看到一个作家和编辑的不平凡生涯和他的高尚品德了。

（《文汇月刊》1986 年第 2 期）

郭绍虞先生的德行

爱国终身，忠党一世。　　　　多艺多才，能文能史。
噩耗忽报斯人逝。　　　　　　何其反受帮徒忌。
风流顿尽惜今时，　　　　　　因知撼树出蚍蜉，
似公通识谁能比。　　　　　　且看四海齐哀诔。

这首《踏莎行》词，是郭绍虞先生在 1978 年 6 月为哀悼郭沫若逝世而写的。今天从郭绍虞先生遗体告别仪式回来，禁不住想起这首词。我以为它的每一词句都适合用在郭绍虞先生自己身上。因为他不但"多艺多才，能文能史"；而且既通达，又有见识，真是所谓"似公通识谁能比"。

郭绍虞是"五四"文学革命先驱，文学研究会主要发起人之一，当年在北京他先认识郑振铎，两人住在北京大学附近的春台公寓里，一到晚上就经常在沙滩上散步漫谈，两人都是嗜书如命，爱好文学，总有谈不尽的话题。对当时胡适所倡导的"文学革命"，只限于提倡白话文来代替文言，觉得还不够，主张还要以新文学来代替旧文学。接着他又经郑振铎介绍，结识了耿济之、许地山和王统照，大家志同道合，并由郭绍虞联系，把在上海的叶圣陶、沈雁冰等介绍给郑振铎，由此发起成立文学研究会。

庚申秋画家西泠石伽画作《雨倦风娇》，赠予徐开垒

134

后来郑振铎与郭绍虞都来上海，这一批作家也就迁移到沪，使新文学运动更加蓬蓬勃勃。郭绍虞后来又致力于古典文学、文学批评史、汉语语法修辞等学科的理论研究，卓有成就；在书法艺术上也有很高的造诣。所以赞他"多艺多才，能文能史"，可说毫不夸饰。但称他既通达，又有见识，则又从何说起呢？

就我个人接触，就觉得有几件事足资证明。我认为对一个学者，对一个知识分子，看他是否真有德行，首先应看他对他自己所从事的工作，在遭遇困难时，他的态度怎样。有人从事几十年文史哲研究，似乎真是学有专长，声名卓著。但一旦政治形势变化，他立刻就可以把自己的科学研究成果全部出卖，以求功名利禄，他们可以自打耳光，彻底否定自己一生研究所得结论，去应声附和显赫一时的张春桥、江青、姚文元之流的政治恶棍。"四人帮"的"批林批孔"，对全国学者来说，真可说是个大考验。有的文学史和哲学史作者不惜把自己用几十年心血写的书进行重写，以此去讨好"四人帮"。而作为从事古典文学研究的著名学者郭绍虞，在"文革"期间，特别是"批林批孔"中，在上海这样一个"四人帮"所全面统治的环境里，他的处境是十分困难的，但他宁可放下某些工作不干，也决不发违心之论。他曾对我说："什么武则天也是法家，我是想不通的。"后来他在1978年6月，交给我一篇朱自清逝世三十周年的文章《有猬者变为斗士》，也说："假如他（指朱自清）还活着，……他决不会像某些人那样推波助澜，为了吹捧武则天而歪曲历史。"事实上，他自己就是一个有胆识的能够坚持真理的人。

郭老又是上海书法家协会名誉主席。但书法界经十年动乱，也被"四人帮"搞得十分混乱，人员很不团结。他在这种处境中，也十分为难。他看不惯一些搞极左的人，所以在1980年6月，上海召开沈尹默先生书法展

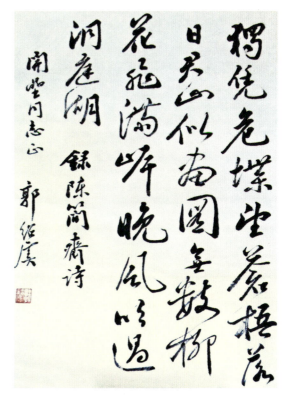

文化名人郭绍虞书赠徐开垒

135

览会时，他写了一篇文章，盛赞沈尹默先生"不矜己长，不攻人短"，他以为同人之间，"可以互相批评，但不应作人身攻击。"唯有这样，才能使书法园地永葆青春，出现百花齐放的景象。这种见解，显然是十分通情达理的。他埋头工作，从不与人争一日之短长，但还是不免有人把污水泼到他的身上。可是他对流言蜚语和含沙射影攻击他的一些谰言，向不理睬。他在临死前十二天所写的短文《宿愿五十载》中，还表示对这种邪恶的鄙视态度："近闻有人传言，谓我编选此书只需要二天功夫即克竣事，是亦不值一哂矣。"

去年春天，我得知丰子恺先生在"文革"中白天接受批斗，每天清早却坚持写作《缘缘堂随笔》，在丰一吟女士处读到他的遗作原稿十七篇，读后我到郭绍虞先生家里，把这件事告诉他。当时他的耳朵已有些重听，幸有他的夫人张方行女士在座，经她帮忙传话，郭老听了十分高兴，说："子恺真不容易。"我想郭老自己的道德文章也是十分不容易的，一如他称颂朱自清的话那样：他将永生在他的学问文章上，也将永生在他的德行上面。

(1984 年 7 月 15 日《上海政协报》)

晶莹洁白的白玉兰

——访周轻鼎

世界上有许多事情是天衣无缝，自然玉成的。山明水秀的杭州，美景如画，既出艺术，又出人才；它之拥有大批优秀的画家、雕塑家、金石家，这好像理该如此，相得益彰；犹如西湖之有柳浪闻莺、平湖秋月，是极其自然的事情。

八十四岁的动物雕塑家周轻鼎，在绚丽多彩的杭州艺术界，是个不可或缺的人物。所谓"地灵人杰"，西子湖与周轻鼎似乎也不可分割。早在几十年前，在周轻鼎跑遍三十多个国家的艺术生涯中，人们对他就有过定评。在60年代初期，在我国的出版物中，如在《美术》杂志，在《人民画报》，在各种文艺期刊上，也曾对他有过热情的赞扬。最近，当周轻鼎从景色宜人的西子湖畔，被邀请到龙盘虎踞的南京城讲学，南京艺术学院刘海粟院长又特地写了个横幅赠他，说他的作品"造型结构，生动绝伦，不落寻常，有国际水平"，称道他"是'以气为主'来创造艺术的"。

在巴黎的艺术博物馆内，在伦敦著名作家的书桌上，在东京的工艺美术陈列室中，在纽约和开罗有素养的鉴赏家手里，都有过周轻鼎的杰作。这些作品，有的是奔腾向前的骏马，有的是窃窃私语的熊猫，有的是正在低头吃草的绵羊；有的呢，是怒发冲冠、昂首阔步的雄鸡。

属于全世界的周轻鼎，是浙江美术学院的教授，但是在浙江美术学院里，却并没有周轻鼎的工作室。他原来在学院中的工作室，早在十年动乱中，被无情取消了。现在他的工作室是在杭州

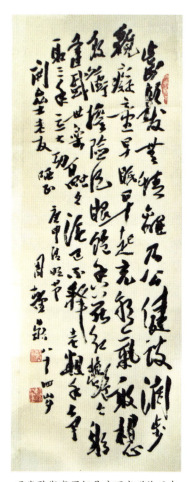

现代雕塑家周轻鼎庚甲书赠徐开垒

137

的动物园里，那是一间极为简陋的只有十二平方米的房间，里面不过是两张工作台子，和周轻鼎的一张用长凳搁起来的床铺，此外，就是一堆泥巴，和一堆用泥巴捏起来的，已经成形或尚未成形的动物雕塑。

尽管他的生活是这样简陋，但是他所看到的动物世界却是这样丰富。他的工作室是在动物园的鸣禽区里，周围听到的是黄莺鸣春，金鸡报晓，鹦鹉学舌，百灵歌唱；见到的是鸳鸯戏水，孔雀开屏，五彩的相思鸟双飞，神仙般的天鹅展翅起舞。更远处则有狮吼，虎啸，狼嗥，马嘶和猿啼……

当人们从遥远的上海来拜访周轻鼎，坐过几个钟头的火车，又乘过半个小时的公共汽车，沿着美丽的西子湖畔。进入杭州市的南山区，来到这大慈山的白鹤峰下，就会发现这个动物园所处的地势，比全国任何一个地方的动物园都更富有山水特色，和诗情画意。它处在四面高山的环抱中，清流激湍，绿树成荫，鸟鸣枝头，曲径通幽。鸣禽馆更是处处亭榭楼阁，而在鸳鸯池边，桃花与樱花齐放，树丛中一株高高的白玉兰，洁白晶莹，一尘不染，使人很自然地意识到：穿过树丛，我们要找到的主人，就住在这里。

于是，我推开篱笆门，来到天井，在窗外，向他的工作室望进去，我看见他正在埋着头，聚精会神地捏着泥巴，他那神奇的双手，多少头跳跃的梅花鹿曾经在这里奔出来，多少头调皮、爱玩的熊猫曾经在这里诞生，多少头任劳任怨的水牛曾经在这里低着头逡巡而出。现在他又在塑造哪一种动物呢？是一头奔驰山野的烈马，还是一只在沙漠中苦行的骆驼？

啊，使我感叹的是他的头发已经全白，而且有一半脱落了！还有，他的一双沉郁的眼睛在说着什么呢？十八年前，当他还不过六十多岁，曾经在上海西郊公园，在一个静静的黄昏，他曾经流露着多么感人的神色，为我们讲过一个动人的故事。现在这个故事的另一个主人公，他那曾经久别重逢的夫人，青年时代曾经是一个非凡美丽的姑娘，现在怎样了？她过得还好吗？她仍像从前那样关心他的工作，关心他的健康吗？

我们还来不及想得更多，他却已经发觉我的突然来到，禁不住站了起来，并迎了上来，发出一声欢呼：

"啊！——你好啊！"

他把我紧紧抱住。显然，噙着的老泪在他的眼中闪光。

"十八年了！你怎样？你吃了很多苦吗？"我禁不住问。

"哈哈哈——"出乎意料，他忽然仰天大笑起来。然后又忧郁地说："你叫我怎样回答呢？一部二十四史啊！"

　　真的，是一部二十四史，叫人怎样开头呢？让我们重叙一下这个艺术家早年的经历吗？让我们重新描写一下在遥远的昔日，在他的中、青年时代，因为九一八、一·二八中日战争的开始，在兵荒马乱的日本仙台，怎样哭别在日本成长的新婚的妻子，离开日本到欧洲流浪的情景吗？还是让我们回顾一下他在抗战胜利后回国的一段苦难经历呢？当时他是怎样急于重逢二十年不见的亲人，而终于无法重新会见啊！当时他是怎样祈求着能在祖国找到一个工作，可以发展从国外学到的技术，为抗战胜利后的祖国艺术事业服务，而终于没有得到这样的机会啊！一个和他一起回国的同学，因为受不住经济压迫而悬梁自尽了！他自己的雕塑艺术，虽然经过各国艺术家严峻的眼光检验，曾经得到高度评价，并在巴黎、里昂等地的艺术单位得到奖状，而一回到祖国，却成为全然无用的东西了！

　　使人不能忘怀的是解放初期的生活。那时真理得到肯定，艺术有了归宿，动物雕塑在美术学院开了课，学有专长的周轻鼎在祖国受到赏识。他的作品远销国外，他的专业开始有人继承。他长期在动物园深入生活，珍兽奇禽为他平添了满园春色。一切都十分美满啊，就是心灵上存在一道创伤，在记忆的王国里缺乏完整的欢乐。每当雪飘千里，午夜梦回，他就感觉到他所在的动物园原来是这样的寂寞，因为他想起了二十年前在烽火连天中失散的妻子，想起她在异国轮埠上向他哭别的情景。这是多么难以弥补的缺憾啊，这好像是一件艺术的珍宝缺少了一角，一本名贵的画册被人撕掉了几页。可是就在这个时期，有一天早上，美术学院的一个工人跑来喊他："周老师，门口有人要见你，你去看看吧，是个女同志。"他出去了，在门口传达室，有十几个人坐在那里，可是他看不到熟人，再朝四周望一望，他问："谁？谁找我？"没有人回答，他又回到他的美术工场。隔了一会，那个工人又来找他："周老师，你怎么还不出去？人家等你多少时候了！"他迟疑了一阵，想，不是出去过了吗？于是又来到门口，还是那么十几个人，他只好再问："谁？谁找我？"忽然，一个完全出乎意料的情景出现了：一个完全不相识的妇女从石凳上站起来，轻微而又迟缓地问道："是……你……吗？"他愣了一阵，还来不及回答，她又接上一句："我……是……明佳！"啊！明佳，曾在日本仙台侨居多年的明佳，这眼前的妇女就是她啊！二十年风霜使她变样了，几乎不认识了！只是从她一双明亮的眼睛中，还能依稀地追寻到她那消逝了的青春的影子。现在，是什么样的明灯把她照回到自己的身边？又是什么样的美妙歌声引领她回到他的怀里？抗战胜利时，不是传说她已从日本回国来找他吗？她怎么到现在才找到他？请想想在旧社会一个在异国侨居多年的妇女，当她回到陌生的祖国，她所遭遇的困难是怎样巨大吧，当她找了两年丈夫而终于得不到结果时，她只好回到自己的故乡去投靠远房的乡亲。现在，她终于找到他了！

当他由于激动，几乎是颤颤巍巍地引领着她来到自己的工作室，她以一切妇女所特有的细心，周详地观察了这个房间的周围：墙上没有画像，桌上没有照片，床边没有妇女的鞋子，她才放心下来，知道他虽然和她阔别二十年，而心仍然和她在一起……

缺了角的艺术珍宝得到补正，名贵的画册找回了被撕去的扉页。生活呵，你真是美好，你和这公园里的百灵鸟唱起和谐的歌。周轻鼎开始有了家庭，开始有了孩子，而他在艺术上的理想也开始长起了翅膀，他经常参加动物园饲养员的喂食工作，经常站在各种动物旁边观察它们，为它们捏着泥巴写生。他发觉动物世界与人类社会一样，有着复杂的相互关系，也有着丰富多样的感情生活。他在它们那里发掘了不少动人的故事。他为它们塑造了各种喜怒哀乐的形象。他觉得它们真美啊，他不仅要把动物世界最美的形象搬到鉴赏家的案头上去，搬到艺术家的"沙龙"中去，而且还要在全国公园中，在群众的娱乐场所，在马路环绕的街心花园内，都安上动物雕塑。让我们亲爱的祖国人民都能看到动物世界所表现出来的美的形象吧！

在周轻鼎的工作室里，积累了无数的雕塑创作素材，那里有发怒的狮子、悲哀的猿猴、顽皮的熊猫、疑虑重重的狐狸、警惕性特别高的梅花鹿……这些都是他以非凡迅速的记录速度把它们塑造出来的。周轻鼎从事过金石篆刻，也从事过绘画写生，他觉得这些艺术各有千秋，但动物雕塑，则比任何其他艺术更需要高速度写生。因为山水一般总在静止状态里；人物写生时，对象可以让画家指挥；只有动物总是在不断活动中，而且不听你使唤。这就需要人们捕捉时间，要快，要在刹那间抓住美的形象，追求艺术的生命。他很怀念法国动物雕塑家达鲁达，他长期在非洲做动物雕塑，有时整日整夜在大森林中猎取动物形象，当年他的作品每次在"沙龙"里展出，周轻鼎都要跑去看。他说它们的特点是：简练，生动，真实，有力，艺术感染力强。周轻鼎在这个法国雕塑家身上学习到一种锲而不舍的精神。

他在上海西郊公园生活了九年，他仔细地记录了各种动物的习性。这些记录当然不是用文字写的，而是以雕塑素材形式（主要是头像，但也有一部分是脚蹄、腿部，甚至只是一根尾巴）表达的。他了解到鸡、鸭、鹿、象、猴、鸿雁和天鹅都习惯于合群，它们相互之间的关系特别密切，如果仔细观察，在它们中间有许多生动的故事，所以在塑造这些动物的时候，以群像形式表现，更能抓住情趣。而老虎、狮子、狼，则总是独来独往，很少成群结队，所以表现它们，一般总是以单像为主。动物种类不同，性格不一，狐多疑，羊老实，鹿机灵，狼大胆，虎凶猛，猴油滑，在周轻鼎的工作室里，都有这些动物的头像，表达了它们鲜明的性格。周轻鼎还研究了各种动物的动作。他发觉同一类动物，由于性（公的或母的）和年龄的不同，动作时的形象也不同。以马为例：小马脚长身短，蹄尖落地；中年的马体壮力强，脚蹄平踏；老年的马就皮皱骨露，蹄尖向上翘起，不同于青年时代了。在周轻鼎的工作室里，也有这样的形象记录。

周轻鼎认为在工作室里，积累这类素材越多，搞创作就越方便。在他的几十年艺术实践中，他积累了创作素材三千件，和自己创作的陶瓷成品八百件，还有一些是用泥巴捏成的作品构图，如有一组《猪马牛羊满山冈》反映社会主义农村的丰收景象，是他在农村体验生活时速写的；还有一批鹿群、马群和象群。这些全是他几十年来，特别是解放后十七年日夜辛勤劳动的果实。他把这些成果最后都集中在浙江美术学院他自己的两间工作室里。每一次从上海回杭州度假，他总是小心翼翼地把这些成果包扎起来，一批批地送回去，既当作自己的作品，又是学校的教材。

他的两只手，由于长期与泥巴打交道，比谁的手都要粗糙，都要大。一般老工人到六十岁就退休了，他在六十岁后，继续与动物为友，继续把两只手伸到泥巴里。他记得在罗马画家蓝赛的纪念馆中，曾看到那个画家临死时手上拿着画笔的雕塑像，他说："我希望在临死前的一刻钟，我的手上还有一堆泥。"他觉得手上捏住一堆泥，就是一种快乐，一种幸福。因为手上有了泥，他就能创造，就能够通过这堆泥，向别人表达自己的喜怒哀乐，因为动物雕塑里寄托了他自己的思想感情。西郊公园里，许多动物都认识他。有时，牛羊鸡鸭看到他来了，就向他靠拢；孔雀看到他来到，经常开屏表示欢迎；甚至有时，猴子也向他招手，八哥还和他谈心。连老虎狮子看到他，有时也会站起来，他跑到东边，它们也跑到东边；他跑到西边，它们也跑到西边。他爱它们，它们也亲近他。

作为一个艺术家，没有一件事比在创作上完成自己多年来的心愿，更为使人高兴。几十年前，周轻鼎曾为巴黎凡尔赛宫前的动物雕塑倾倒；后来又在伦敦的一个傍晚，看到一群梅花鹿在动物园青色的山坡上漫步而过，为时不过一刹那，但其形象之美，色彩之美，恰如一幅永恒的画图，挂在他的心域中，曾使他几十年为之坐卧不安，觉得总有一天要把它塑造出来，才对得起自然对自己的款待。1962年秋天，他终于在杭州孤山上，带领一批助手，以两个月的时间，花了巨大的劳动力，把当年在伦敦动物园所见的景象塑造了出来。那是十五头梅花鹿，以十五种形状，表达了动物在自然世界中所得到的愉快的享受，从它们身上反映出一股富有朝气的青春的美。这巨大的雕塑在孤山上为游客平添了无限情趣。同样，在同一时期，在上海西郊公园，他也以两个月时间，塑造了一群熊猫的大型雕塑，曾得到群众的好评，并上了电影镜头。

如果每一个艺术家都应该有他的黄金时代，那么对周轻鼎来说，这一个时期他的确编织了不少艺术家的美梦，他想着应该怎样在南京玄武湖的左边塑造一批仙鹤，应该怎样在无锡鼋头渚雕塑几头骏马，甚至在北京的颐和园里，在昆明的滇池边，他都设想要以自己神奇的双手为它们点缀一头大象，一批熊猫，或者一群向往着美好未来的山羊……

可是，他还来不及想得更多，风暴来了，一切艺术和一切艺术家的劫难来了……

"你什么时候离开西郊公园的呢？'文化革命'以前还是以后？"我轻轻地问这位八十四岁的老人。

周轻鼎记得那还是在"文革"刚开始，他接到浙江美术学院来信，要他回去参加"文化革命"。他只好整理行装，离开住了九年的西郊公园。他带的东西并不多，主要的还是一些平时一点一滴积累起来的雕塑创作素材。

临行时，他在西郊公园的动物园里兜了一圈。他依依不舍地告别了住在象宫里的大象，蹲在山上的狮虎，和活跃在各自天地里的飞禽走兽。这些动物这些年来曾经为他提供了多少创作素材，现在他要和它们离别了，他祝它们健康，祝它们平安！

他终于回到了杭州。啊，天堂似的杭州，迷人的西湖，全国闻名的艺术之宫浙江美术学院，你们的动物雕塑家回来了，你们的老周轻鼎回来了！

艺术家回到艺术之宫，即使不算纵虎归山，也该是投鱼入海吧？但是为什么人们这样冷淡，周围气氛是这样格格不入，难道嫌我们的雕塑家的艺术实践还不够多吗？难道嫌我们的雕塑家对祖国社会主义事业还不够忠诚吗？

啊！可怕的大字报，铺天盖地而来，像洪水冲垮了堤岸。周轻鼎，我们可怜的朋友周轻鼎，全国数一数二的动物雕塑家周轻鼎，属于世界所有的"泥人"周轻鼎，就在"反动权威"的名义下，被关进去了。

艺术本来是精神文明的升华，美术学院本来应该产生为人类精神世界服务的天才，但林彪、"四人帮"的魔手伸到这里，这里就变成"魔窟"。浙江省最大的一个打砸抢分子就出在这个号称"艺术之宫"的浙江美术学院里。艺术遭劫，艺术受难。国画家潘天寿挨斗，油画家倪贻德被打，雕塑家肖传玖受刑，院里的艺术家都在这里被咒骂，被毒打，被罚跪在地上唱语录歌。

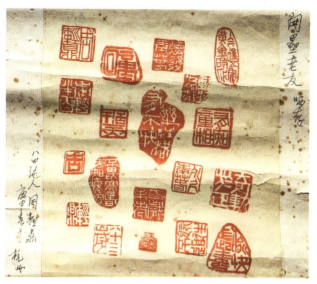

动物瓷雕奠基者周轻鼎篆刻

周轻鼎再也不能接触泥巴了，再也不能接近他所熟悉的动物世界了，他那神奇的双手无法再捏出可以供给人家美的享受的艺术品，他的大手只能每天去写无休止的检查，去捆不知为什么人服务的建筑材料，去扫永远扫不完的垃圾残渣。

世界是这样令人烦躁，又是这样寂寞。

再也回不得家了，再也想不到他和她竟会重新分离。可怕的历史重复啊！战争年代，他和新婚的妻子哭别，因为那是在特殊时期，他们不能不分散；但是现在为什么呢？是哪座大山把他们又隔离起来？是什么力量把党给他燃起的明灯扑灭，是什么力量把党为他唱起的生活的欢歌打断？

周轻鼎仰起头看天，天不语；周轻鼎低下头看地，地沉默。但听见一声吆喝：

"周轻鼎，把你工作室的钥匙拿来！"

工作室里有他三千件艺术成果，他们要钥匙做什么呢？

"你要用吗？"周轻鼎想这样问，但又不敢。

"我们要检查一下！"

从此钥匙就落入人家手里。学院里的一批"造反派"，学院附中的一批红卫兵，来自全国各地的一批批串联者，整年累月，一天到晚，在这里川流不息。

三千件艺术珍品，逐渐地少了下来，最后连一件都不剩了。孤山上的一群梅花鹿也被砸成了粉碎。一生的劳动成果都化为乌有。这对周轻鼎来说，犹如血液被人抽干，生命受到宰割。他不能忍耐。他在黑暗角落里昏过去了。醒来后，他在愤怒中写了一首七绝：

多少年来心血汗，狂风暴雨一场空。飞禽走兽今何在？何必长留追忆中！

他还给自己刻了颗印章："与动物为邻。"但是不幸被"造反派"发觉，说这是"反动权威"企图反攻倒算的明证，对他进行了残酷的批斗。他们说："与动物为邻，就是说与禽兽为邻，禽兽就是指我们造反派，他不把我们当人！"他们把他放在一条高凳上，叫他站着，低下头认"罪"思"过"。

周轻鼎低着头，想些什么呢？他想：我怎么会把这些不讲理的人当作动物呢？动物大都是很可爱的，我觉得它们很美，所以我要把它们的形象塑造出来，为我们的社会增加艺术的情趣。而这些不讲理的人呢，只能是一伙破坏社会主义大厦的蛀虫，他们怎能与一般动物相比呢？

这个老人，老泪纵横，有冤无处倾诉，人变得又老又瘦。一个早上，当他扫地扫到家属缝纫组门口，突然一个人在里边从窗口丢给他一包东西，轻轻地迸出一个字：

"糖！"

他愣了一下，才发觉是自己白发苍苍的夫人。啊，多久不见面啦，她也瘦了！这一阵她过的是什么样的日子呢？她还惦记他干什么呢？祖国不要艺术家，她要他干什么呢？早知如此，她就不该千里迢迢来找他啊！

他把纸包接了过来，偷偷地塞在衣袋里，在没人处把纸包拆开一看，才知道是一包白糖，她怕他营养不良啊！但营养好一些，又有什么用呢？祖国不需要周轻鼎啊！……

"十年动乱"由于林彪、"四人帮"的彻底垮台而告终止。被围困的艺术家得到解救。犹如荒芜了的百花园的墙角里，有一朵枯萎的小花正在垂死挣扎，恰好碰着一阵甘雨，刚刚重新苏醒过来；当人们发现八十高龄的周轻鼎还活着，还能够工作，还能经常到各地瓷厂火热的砖窑旁边烧瓷器，而且远至北京科学院为古代生物塑造恐龙形象，大家禁不住噙着眼泪，奔走相告。在青田，在兰溪，在温州，在南京，都有人办学习班，邀请周轻鼎去讲学。

在"十年动乱"中，周轻鼎虽然受到无情的掠夺，残酷的宰割，但只要他的一双手能接触到泥巴，他的生命就能苏醒过来。对他来说，泥巴就是他的甘雨，就是他的生命。周轻鼎时常设想：假使动物雕塑能从知识分子案头上扩大到全国各城市的公园里去，到街心花园中去，到火车站去，到公共娱乐场去，到人民广场去，世界一定会更美，人们对艺术的欣赏水平也一定会提高，我们社会的精神文明也一定会有所改善。可惜现在还不能有很多人理解到这一点。他到现在还没有放弃要在全国每个风景区装饰动物雕塑的理想。虽然他已八十四岁了，已经来不及亲自动手实现这样一个计划，但他想通过教学，培养接班人，把他的梅花鹿、熊猫、狮虎、绵羊、天鹅放到全国各地去，让它们去向人民提供美的享受……

青田是著名的出石刻的地方，那里有不少石刻工人和工艺美术工作者。周轻鼎一到那里，就坐下来，给大家修改雕塑作业，还和大家一起参加动物写生。在温州，也是这样。

"我不是你们的老师，它们才是你们的老师。"周轻鼎一上来，就站到动物笼边，对着大家说，"这意思就是师法自然，一定要去研究你所描写、塑造的对象。不了解你要表现的对象，你就无法进行创作。艺术应该像火焰一样燃烧。但艺术这个东西要付出很大的代价，要在创作实践中下苦功，不要怕失败。"

在南京艺术学院讲学，周轻鼎谢绝学校为他找高级招待所，他在教室旁边随便找了个屋子住了下来。他跟大家一起在食堂打饭打菜，每天早晨还亲自打扫走廊厕所。这个学院的工艺雕刻班全体师生，在两个月中，通过临摹、写生、创作三个阶段，在周老师的教导下，很快系统地掌握了动物雕塑技法。

有一次，他对一个同学说："你做的这只牛，姿势还可以。虽然站着，但有动的感觉。可是，你在牛肚子下装了一个这样大的奶头，太难看了！艺术不一定要照搬现实。你看我把你这只牛的奶头去掉，不是轻松了不少吗？"

说着，他又转过头来对大家说："没有一个有创造性的艺术家，只是四平八稳地模仿对象，而不在自己的作品中放进自己的主观的东西。我做动物雕塑四五十年了，社会上有些人，甚至有些搞雕塑的同志，还不理解我，这我从不与人声辩。因为艺术这东西，每个人都应该有他自己的东西，作品都该有自己的特点。但是这又不是乱搞一套，艺术的基本规律还是要遵守。即所谓'从心所欲，不逾矩'。总有一天，会有更多的人了解我的作品。"

于是，他陪我去看他的新作——一群丹顶鹤。那是在杭州动物园的鸣禽区里。这个动物园正如我的这篇小文开头时所描写的那样，是个富有山林特色和诗情画意的所在：四面环山，清流激湍，绿树成荫，鸟鸣枝头。周轻鼎新近塑造的一群丹顶鹤，是在一个小山坡上，而在它们的周围，则有鸳鸯、天鹅、孔雀……使人难以分辨出究竟哪些是真，哪些是假。这就使人想起一个艺术家的名言：

"雕塑的权威性就在于它的逼真。"这群丹顶鹤是多么逼真啊！

过了两天，我到了他的家里。我会见了他七十二岁的夫人，这个从小侨居在日本仙台的老太太，至今还保持着与日本妇女相似的气质，勤劳，谦逊，彬彬有礼。当我们谈起他们这些年曲折的经历，她叹息说："真好像是几场梦啊！"然后她笑起来，给我介绍他们的孩子。他三十岁了，在杭州一家仪表厂工作，前年刚结婚，因而我们还看到了周老的孙子。这个在粉碎"四人帮"后出生的孩子，他的青年时代肯定会比他的祖父和父亲好得多。我向他们全家祝贺。

接着，我进入周轻鼎的卧室，看到书架上放着不少他近两年来新创作的雕塑。这使我想起他在十年动乱中散失的三千件作品。他说："最近接到国外友人来信，说他们在香港、新加坡、巴黎和纽约，都发现有我的东西，因为这些东西都刻有我的名字。我估计已有一部分被人流传到国外去了。"

过了一会，他又说："潘天寿、倪贻德、肖传玖等艺术家，都是我们美术学院的教授，在全国艺术界都有很高的地位，但是他们都受迫害死了，这使我们活着的人更感到肩负的沉重。我今年八十四岁了，但我要在我的年龄上减去一个花甲，我要像二十四岁年轻人那样工作。只要有我工作的机会，我都要站起来干。现在我逐渐懂得：祖国还是需要我们的。不需要我们的是林彪、'四人帮'，不是党和人民。"

这使我想起他在杭州动物园住处门口的一株白玉兰，挺拔高大，洁白晶莹。我们的艺术家真是这样的啊。

（安徽人民出版社 1981 年 5 月版《孟小妹》）

徐开垒与翻译家李俍民

1992年5月徐开垒与（右起）冯英子、邹凡扬、陈念云同游山东蓬莱岛

1992 年 5 月徐开垒参加上海市政协文化委员访问团，在青
岛与团长张瑞芳合影

1993 年 1 月 12 日徐开垒参加上海市政协优秀提案和先进承办单位大会表彰会

1996年4月6日徐开垒应邀与香港明星成龙共进午餐

1996年11月，（右起）丁景唐、徐开垒与周海婴夫妇在王任叔巴人墓前合影

搬家

徐开垒

我今年五十多岁，生平共搬了十次家。每次搬家景次都不相同，其间原有不少可歌可喜事可供记述；但总的说来，第一次搬家，小近一次（也许也是最后一次吧，）对我说来，更有些的意义。

第四辑　文品与人品

第一次搬家，那还是我十五岁那年，当时抗战刚刚开始，敌人的飞机成整日整夜向宁波诸投掷炸弹，不你房屋时有炸毁，居民也很怕，宁波城内十室九空，市区笼罩着一种恐怖的气氛，当时我父亲就从上海回来，把我们全节上海去。

临离宁波的时候，我们没有向外他人告别，也不曾有他人向我们送行。因为当时事出仓促，又恰是假期内，亲戚邻舍，因羁高已月各逃...

文品与人品

——《雕塑家传奇》序

柯 灵

我曾经以为，文品总是人品的表现，因为文艺是心灵工厂的产品，不可避免地要漏泄灵魂的秘密。——不管是袒露的或潜藏的，甚至带着各种藻饰的。

徐开垒先生的《雕塑家传奇》，给这种观点提供了正面的例证。我们从这里看到了作者的爱和憎，欢乐和哀愁，美好的愿望和理想：一颗正直和质朴的心。

《雕塑家传奇》中包含的篇什，经历了绵长的岁月：沧海翻腾，大地震颤，世代更新的四十年。它不是历史，却打着鲜明的时代印记。

它是人民的心电图，想人民所想，感人民所感。

文字是流利而亲切的，有村姑式的妩媚。披阅这些散文，给读者一种感觉：仿佛在秋天宁静的午后，坐在时间的长河边，四野无人，谛听它在阳光下淙淙细

1986 年 10 月徐开垒与柯灵在宁波奉化

153

语，诉说它的沧桑变革。或者在乡村的小客店里，就着青荧的灯火，面对一位娓娓而谈的人生旅客，东山西海，叙述许多动人的见闻。或者在熙来攘往的大道边，听一位命运的歌手，用舒徐婉转的调子，演唱生活的颂歌。

为文也真如为人，冷暖甘苦，唯有自知。开垒在《散文随想》（代跋）里，总结了一个"我"字，揭橥作家不要在作品里回避自己。这可以算是一种艰辛的参悟吧。

王国维在《人间词话》里阐述，词中有"无我之境"，有"有我之境"。严格说来，这并不确切。物是客观存在，思想感情的波动是主观的，物我之间，无论是由物传人，由人状物，既出之以发自肺腑的灵感，流自腕底的笔墨，物虽同一，人有万殊，如何能不着主观色彩？"风格就是人"，还是马克思引用过的、蒲丰的话说得好。

文艺作品中不乏顾影自怜、自我吹嘘、自我膨胀，乃至"妆罢低声问夫婿，画眉深浅入时无"一类的东西，那是另一回事，它只能是某些作者卑下情操的外烁。

"四人帮"为了践踏作家，故意抹煞精神产品和工业产品的不同性质，说："写文章为什么要署名？看哪个工人在自己的产品上署过名？"这大概也算是一种高姿态，用以证明"唯我独左"。他们以为有了政治权力，也就有了胡说八道的权利，这种笑柄，不过是其中的一例。

开垒还从反面总结了两个字："拘谨。"这是他对自己部分作品的考语。我想这恐怕正是他的个性在纸上的反映，因为他原是个拘谨的老实人。

在这一点上，为人与为文应该有些区别。创作必须忠于现实，但观察要深些，表现手段要丰富些，不能太老实。——当然绝对不要扭捏作态。

人应当有品，文也应当有品。文字形成个性的过程是艰苦的，但更艰苦的是个性的突破，从统一中追求多样，从纯净中追求多采。

我和开垒，作为文字之交，也已有四十年之久。起先是我编刊物，他写稿；后来是他编刊物，我投稿。在崎岖多变的世路中，细水长流四十年，无疑是弥足珍贵的了。但真要对他的作品作一些不偏不倚、洞中肯綮的分析，我依然自愧无能。野人献芹，我这些多余的话，如果还有些许可供采择，那我就将感到喜出望外了。

1981 年 4 月 4 日，病中

（人民文学出版社版《柯灵散文选》）

一篇描写人物的好散文

王西彦

散文描写人物，在我国是有好传统的。且不说《史记》的"本纪"和"列传"里的那些名篇了，单就唐宋以后的散文大家来说，韩愈有《圬者王承福传》，柳宗元有《捕蛇者说》《种树郭橐驼传》和《梓人传》，再加上明代刘基的《卖柑者言》和袁宏道的《徐文长传》，你看这些散文佳作描写了泥水匠、木匠、商贩和文人，还描写了捕蛇人和种树人，简直可以构成一个小小的人物画廊。自然，这些作品大都在写人物时引发一番议论，有感而作。到了"五四"以后的新文学里，鲁迅在这方面就有着特异的成就，《朝花夕拾》里的《阿长与山海经》《藤野先生》和《范爱农》都是人们所推崇的杰作。有一位日本文艺理论家曾经告诉我，他访问了鲁迅的家乡绍兴，以后，又读了《阿长与山海经》，大大地帮助了他对鲁迅作品的理解。这个事例说明鲁迅这类作品内容的深刻。就我自己的情况说，正是《范爱农》最初使我领悟到中国近代知识分子命运的悲剧性。在《范爱

1991 年 11 月徐开垒在浙江富春江上与（左起）王西彦、柯灵、薛家柱合影

155

农》以后，鲁迅还写过刘和珍、韦素园、刘半农和章太炎等各种经历不同的知识分子，虽然写法和《范爱农》不完全一样，有的只是表达对某个人物的某种品质的看法，但无一不具有深广的意义，能给读者有益的启迪。这自然是因为，鲁迅不仅阅历特深，而且眼光锐利，写作时又满怀激情，使我们在面对作品时能够强烈地感受到作者的精神品质和人格力量。我觉得，在我们的散文世界里，应该特别珍视由鲁迅作品所树立起来的这种好榜样。

当代散文作家徐开垒同志不久前出版了一个散文集子《鲜花与美酒》，第一篇作品就是描写人物的，题为《坝上一家人》。二十多年前作者到新安江水电站工地采访时，曾听到一桩新闻，说是有个年轻女测量工在荒岭上掌着油灯工作，不幸从岭上滑跌下来，人摔死了，灯却挂在树枝上，那是她在千钧一发的滑跌过程中挂上去的，而且她牺牲时结婚刚一年。这桩新闻使他以后每次再去新安江看到当地灯火辉煌的景象时，眼前就不免出现那么一个景象："一盏挂在荒岭树上的摇曳的灯，它在黑暗中闪闪发亮，那是第一盏灯，一盏永不熄灭的灯。"作者没有亲眼见到那个年轻的牺牲者，但关于她牺牲时挂在荒岭树枝上的那盏灯的故事，就已经足以引起作者无穷的遐想，就能够构成一篇意味深长的好散文。可是，二十多年后作者到远离新安江的湖北当阳县探访历史遗迹，在纪念张飞当年喝退百万曹兵的"长坂坡公园"里，竟然碰到一个"浓眉，大眼，黑胡髭"，被

1988 年 7 月 9 日王西彦致徐开垒信

伙伴们称为"张翼德"的葛洲坝工地的民工和
他的妻子小胡，而这小胡竟然又和父亲一起在
葛洲坝工地上工作，并从她那里知道其父亲是
个原在新安江当过安装工的浙江人。因此，作
者一到葛洲坝工地就去寻访他，并且看到小胡
正驾驶着高架门机在高空操作，"门机上的号
志灯，像红宝石镶嵌在月亮边"……

　　说这是发生在实际生活中的巧遇吗？不
错，在我们生活中的确有偶然，有近于不可思
议的机缘。可是，就作者的描述来看，在偶然
中却又有着必然。你看，当作者询问小胡的父
亲怎么去新安江时，老胡回答说，他初中毕业
就被分配在安装公司当了几年安装工人，后来
看到报上宣传新安江工程是"自己设计，自
己制造，自己施工，自己安装"的，他就和几
个同学一起报名去参加；同学中间有一个测量
工，是他结婚才一年的妻子，生了孩子刚满月
就到新安江工地，她就是那个从山岭上滑跌下

书法家费新我书赠徐开垒

来还把一盏灯挂在树枝上的牺牲者。可是，情形即使是这样，他还是带着女儿辗
转来到葛洲坝，而且使她长大以后也和妈妈一样当一个水电站工人，从事高空作
业。这是为什么？用他自己的话说："水电站这工作我干了二十多年，手头经过
的，也不只是一个、两个，可就是一个比一个大，一个比一个强。刚才你说新安
江已从第一位排到第四位，将来这里工程完成，它就要成为老五！人们眼界越来
越开阔，我们的手艺越来越有经验，这不就是革命吗？"这位老水电工人的话，
就把偶然中的必然说得很清楚明白了。但他还说到了自己的女儿，说"这孩子，
比她妈妈还傻"，她醉心于大坝的筑成，那时"全国有多少省市要我们供电！"原
来，即使妻子和母亲已经牺牲了，作丈夫和女儿的献身水电工程的决心却毫不动
摇。这就是使作者在二十多年以后又在葛洲坝工地见到这对父女的必然性。作者
在文末满怀激情地写道："这时，我又想起当初荒岭上那盏挂在树上的幽暗惨淡
的油灯。小胡的妈妈当年正和今天的小胡一样的年龄，她一定是和小胡一样傻
的，一定有各种各样奇怪的想法，要不然，她怎么会在生命濒危的时刻，还舍不
得把手上的灯丢掉，觉得非把它挂到树上去不可呢？"正是这个推测，给了那必

然性作出了最好的解释。

在描述这坝上一家人时，作者使用的是一种朴素无华的文字。作者笔端饱含感情，却又有着一定的克制，因此显得很自然，诚恳，仿佛只是轻言细语，在那里跟读者叙谈一桩平常事，这也是作者散文的一个显著特点。在作者笔下，这坝上的一家都是些普普通通的水电工人，他们头上并没有什么特异非凡的光圈。但正因为这样，这篇散文才对我们具有强烈的吸引力，使我们读后不仅为坝上一家人的事迹所感动，而且启发我们的深思，提高我们的精神境界。如果说有什么不足之处，也许作者在描写父女两人形象时过于吝啬笔墨，以至影响到读者所得印象的鲜明性，但这对整篇作品来说，毕竟只是瑜中的微瑕而已。

（《文汇月刊》1986 年第 12 期）

心灵的咏叹

赵丽宏

徐开垒先生是我的老师，是引导帮助我走上文学之路的前辈，我和他，已有二十多年的友谊。我喜欢他的散文，也敬佩他的人品。很多年前，我的第一本散文集《生命草》出版时，就是他为我写的序。现在，他请我为他的散文自选集写序，我感到惶恐，为自己的老师和前辈作序，似乎有悖常理。然而开垒先生是认真的，他希望我的序文能为我们之间的友谊留下一点纪念。我无法违背他的一片诚挚的心意，只能从命。这样，我便有幸作为这本有分量的选集的第一个读者，并且有机会向读者谈一谈我读开垒先生散文之后的一点感想。

自"五四"新文学运动以来，中国的散文创作经历了大半个世纪的兴衰沉浮，走过了一条曲折崎岖的路。然而谁也无法否认，在这条漫长起伏的道路上，出现过无数引人入胜的美妙风景。星汉灿烂，若出其里。翻开一本现代中国文学史，我们能读到多少激动人心的散文篇章，能看到多少使人难忘的优秀散文家的

1982年徐开垒与赵丽宏在上海和平饭店留影

159

名字。对喜欢散文的读者们来说，徐开垒，是一个熟悉亲切的名字。熟悉，是因为徐开垒从事散文创作已有大半个世纪，向读者奉献了数不清的优秀散文；亲切，是因为徐开垒的文章从不虚张声势，从不故作高深激烈，他总是用他的诚恳真切，用他的平和友善走近读者。现在，读者将要读到这本《家在文缘村——徐开垒散文自选集》，是对开垒先生半个多世纪散文创作的一次较全面的检阅，展览了他在不同的历史时期留下的不同的文字，展现了他的散文创作的风格。可以说，他的生命，他的感情，他的才华，他对人生和文学的执着追求，都凝聚在这本书里。对读者而言，这是一本值得细读的优美丰富的散文选集；对文学史而言，这是一本值得研究的有价值的著作。

徐开垒的散文有自己的独特风格。读他的散文，仿佛面对一个心地善良的长者，面对一个智慧而善解人意的朋友，他以真挚平和的态度，温文尔雅的语调，为你讲述形形色色的故事，为你描绘人世的众生相，也为你铺展他的心灵之路。他总是轻声慢语，娓娓而谈，如流淌在起伏山间的一道溪流，蜿蜒曲折，晶莹清澈，却能在不经意中把人引入阔大的天地，使人感叹世界的美好和人心的辽阔。

徐开垒擅长写人。他的散文中有很多写人的篇章，不管是写景抒情还是议论时事，他总是通过人物的行为和命运来完成命题。在他写于三四十年代的早期散文中，就有不少精彩生动的人物素描，那是一些挣扎在社会底层的小人物，负米人，报贩，测字先生，渔人，老校工，乡下的村民，他把这些小人物的生存状态和情感刻画得细腻而且深刻，他对他们充满了同情，却又无力改变他们的命运。他写了一些小人物的死，如那个死在一大堆玻璃试管中的乡村医生（《卫生科长》），那个可怜而又可悲的乡村图书馆长（《下野》），他在展示了这些卑微生命被毁灭的过程的同时，也表达了他对旧时代和黑暗势力的憎恶。《下野》和《到蓝村来的坐轿人》等篇章是作者在上海解放前夕的代表作，在上海一家著名刊物上发表后曾引起人们极大注意。但由于种种原因，近五十年来这次结集还是第一次披露。新中国成立后，徐开垒散文中的人物也随着时代的变化而发生了变化。五六十年代，他的散文中有不少讴歌新生活的名篇，如《围垦区随笔》《在格朗和山区里》《第一株树》《新安江灯火》等，就是那个时期社会生活的生动写照。70年代末到80年代，他的散文中又出现了许多新的人物，经历了岁月的磨难和坎坷，他散文中人物命运更为跌宕。譬如《坝上一家人》中的建设者，《森林和森林老人》中的植物学家。值得一提的是他写了很多人在"文革"中的命运，其中有著名的文学艺术家，如巴金、柯灵、丰子恺、沈尹默，也有一些普通人。给我印象最深刻的是《幽林里的琴声》，在这篇散文中，徐开垒用平静优美的语调，叙述了一个震撼人心的故事：在人妖颠倒、是非混淆的年头，凶暴愚昧的浊流冲击着正直善良的人们，一个被诬陷为"叛徒"的老人，受尽凌辱，"绝望缠住他的心灵，死亡正在他的身边徘徊"，就在这时，他发现被抓走前女儿在他口袋里悄悄放进的一张纸条，上面只是寥寥一行字："爸爸：你怎么会是叛徒呢？别人不信任你，我信任你！"老人面对着女儿的纸条，老泪纵横，女儿的信任，使他心中重燃起生的勇气和希望的火光，使他摆脱绝望，拒绝了死神的纠缠。十多年中，他一直把女儿的这张纸条放在贴身的内衣口袋里，成为他的一种精神寄托。这样的故事，只有在"文革"这样的特定年代才可能发生，然而它折射的却是人性的光芒，这光芒，在任何时代也不会暗淡泯灭。

徐开垒的散文富有哲理。有些作家，常常会摆出一副哲人的架子，在文章中指手画脚、居高临下地发表貌似深沉的哲理，然而读者却往往无法接受。因为这类哲理犹如空中楼阁，虚无缥缈。徐开垒早期的散文中，有一些作品类似散文诗，写得很空灵，表现出丰富的想象力，使人想起泰戈尔和纪伯伦的哲理散文诗，想起《画梦录》一类的文字。然而徐开垒没有在这条空灵的路上走下去，他更多地将目光投向了日常的生活，投向了普通的人群。然而，由空灵而实在，却并没有减弱他散文中的哲理。读者可以发现，他散文中的哲理，没有吓人的大道理，也没有故作高深的玄语，而是从平常的生活中得到的感悟。情感、情节和哲理，在他的散文中如同水乳交融，无法分割。写于 50 年代的《竞赛》，是脍炙人口的名篇。文章不到一千字，也没有什么曲折的故事，只是记忆中的一些淡淡的

1987 年 4 月 23 日徐开垒在河南洛阳与赵丽宏、陈村合影

往事，只是时过境迁后对少年时代伙伴的感怀，只是昔时景象和今日心境的碰撞交错，然而无数读者曾被这篇短文感动，并引起感情上的共鸣，引出自己的回忆和相关的思索。在这篇散文中，并没有讲什么道理，然而在平静的叙述中，却蕴涵着关于人生和事业的许多哲思。散文中那些平常却富有含义的情景，人人都可能遭遇，它们能引起共鸣是很自然的。有时候，他的散文中也会出现一些极富诗意的句子，譬如"真的，有些人的一生行事，正像在海滩边的贝壳，远远望过去，亮晶晶的一堆，怪逗人喜爱；走近去却又难以一个一个地捡拾"。这些像诗一样的文字，是对人生状态的一种绝妙的总结。用这样的方式阐述哲理，读者在惊喜的同时，也会发生共鸣。《忆念中的欢聚》和《庐山风景》虽然写的是城市和大自然的风光，但也表达出独特的哲理。这本书中有两辑的内容多为谈艺说文，对很多文艺的现象和问题，开垒先生有不少独到的见解。他的学识和智慧在这些文章中表现得很充分。

徐开垒散文的文字也有他独特的个性。他的语言很朴素，不花哨，不浓艳，不张扬，但读他的作品，总是能让人感觉到一种清淡的文雅，一种盎然的诗意。他的文字，大多是质朴的白描，浑然天成，柯灵先生曾说徐开垒的文字有"村姑式的妩媚"，但读者也会发现，他也一直在求变，求发展，正如柯灵先生所言："从统一中追求多样，从纯净中追求多彩。"有时候，他的文字也会给人一种绵密的感觉，对那些他所钟情的事物，他会不厌其烦，一唱三叹，使人感觉到他的细腻。譬如《忆念中的欢聚》中的开头的那一段抒情："我说职业是一种向导，或者说甚至是一种坐骑，它时时带着你，去阅历各人所追求的世界。艺术家追求美，化学家找寻元素，作家探索人的精神世界，物理学家钻研物质的性能，天文学家窥察宇宙的奥秘，经济学家呢，他们不远千里，在数字的王国中猎奇。只有新闻记者这个职业，它犹如一头不羁的野马，日夜奔波，四海为家，他们祈求的是什么呢？"这样的文字，似乎和他接下来要写到的城市并无直接关联，然而它们却很自然地引导读者走进他即将展示的天地。在文章结束的时候，他又重复了这一段文字，使人感到回味无穷。这样的手法，使我联想起歌剧中的咏叹调，歌唱家反复咏唱着美妙的主题，却决不会让人厌烦。缺乏魅力的文字，不可能构筑感人的散文，徐开垒的散文以他优美自然的文字，赢得了众多读者。世纪老人冰心也认为徐开垒是"功力很深的散文家"。

在生活中，开垒先生是一个忠厚长者，他对朋友的真挚和厚道，在文学圈内有口皆碑。他的为文，和他的为人一样认真，文品和人品，在开垒先生身上是高度统一的。半个多世纪以来，开垒先生孜孜不倦地在散文创作的道路上追求探索，读他的那些诚恳而多彩的文字，使人由衷地产生敬意。在人心浮躁的时候，开垒先生的沉稳和执着，和文坛上那些急功近利、朝三暮四的现象形成极鲜明的对照。

读了开垒先生的散文自选集，写下了这些心里想说的话。但愿我的这些肤浅的文字，能为读者作一个简短的引导。现在的读者是挑剔的，也是有眼光的，我相信，这本书，会引起很多人的兴趣，会拨动很多人的心弦。

1999 年 8 月 18 日于四步斋

（此文为徐开垒《家在文缘村》一书的序言）

七十载笔耕写文汇

——读开垒先生文稿

吴谷平

《文汇报》七十周年报庆的前夕，徐开垒先生找到我说，他从 1938 年《文汇报》创刊时，就给《文汇报》写稿，除了"文革"十年，年年都有作品在《文汇报》上刊登。他准备编一本书，请我为之写序。我当即应承了下来，但送走了开垒先生，我却有点后悔，开垒先生是我的前辈，为之作序未免担当不起！

但既已答应，就不好反悔，我便做起功课来。要感谢曾任《文汇报》党委书记、文汇新民联合报业集团党委书记、社长的王仲伟同志，是他下决心投资六百万元将前六十年的《文汇报》全部数字化，于是我很容易地根据开垒先生给我的目录。打印出 70 年来他写的稿件。第一个元旦长假，我把这些作品认认真真读了一遍，深深感受到开垒先生对《文汇报》的热爱和忠诚。

徐开垒在报社为《在〈文汇报〉写稿 70 年》一书签名

1973 年 9 月徐开垒在上海文化五七干校轮训四个月

1975 年 3 月徐开垒与报社文艺部同事合影。后排（左一）徐伟
敏、（左三）徐开垒、（左四）刘火子、（左五）罗达成

　　《文汇报》创刊于 1938 年 1 月 25 日。开垒先生刊登在《文汇报》上的第一
篇稿件是 1938 年 6 月 14 日第 12 版上的散文《阴天》。当时开垒先生才十六岁，
正读初三，是个爱国少年，并且刚随父亲从宁波逃难到上海，而上海也已沦陷，
被日本鬼子占领，所以他控诉："天，阴沉得可怕，在这里老是看不见日光的"，
有好多人都"阴郁地死去了"。文章写成后，他"冒着风险，到当时正在不断地
被敌伪方面投掷手榴弹的《文汇报》社门口，从密布着铁丝网的柜台窗口里，把
它递了进去"。二十多天后，《文汇报》上又刊登了这位 16 岁文学青年的短诗
《告八哥》，讽刺为敌伪刊物写稿的人："八哥呵！干吗？为什么不说你自己要说
的话……赞你是聪明的，唯有你的主人哪！"第二年，他用余羽的笔名在《文汇

丙寅三月篆刻书画家钱君匋画赠徐开垒

报》"儿童园"专栏发表寓言《蚯蚓的故事》："从前有一条蚯蚓，它在黑暗的泥穴里，几层的泥土压着它"，"它有健全的身躯，它有锋利的刚毛"，"它更有百折不挠的勇气，泥土与狗粪终于渐渐地崩溃"。这寓言寄托着生活在日寇铁蹄下的中国少年的反抗精神和希望。

1939 年 5 月 19 日，因察觉到《文汇报》的英籍发行人有被日寇利诱的倾向，主笔徐铸成等人宣布报纸停刊，直到抗战胜利的 1945 年才复刊。当年 9 月，徐开垒就在柯灵先生主编的《文汇报》副刊《世纪风》上刊登了《乡长和保甲长他们》一文，讽刺那些在日寇占领时代为日本主子征收粮食的保甲长们，抗战胜利后一转身就"变脸"，"大规模发动庆祝事宜"，要村民们捐钱，而个中的奥妙全在为自己敛财。而他的《空白》（1945 年 12 月 14 日）一诗揭露的是国民党反动政权的新闻管制；《我数着钞票》，则控诉反动政权崩溃前夕货币的贬值。开垒先生的文艺作品像新闻一样，时效性强，富有战斗力。这也正是《文汇报》文艺副刊的性格。

上海解放后，徐开垒先生考入华东新闻学院讲习班，结业后正式加盟《文汇报》，当过记者、副刊编辑、文艺部副主任，服务了四十年，直到 1988 年离休。上海解放不到一个月，1949 年 6 月 23 日，他在副刊《磁力》上载文："阳光照遍街道，街道充满欢呼"，"人们站在一条大街上，为过往的行列作夹道欢呼'人民解放军万岁！'"他作为《文汇报》的记者到松江参加土改工作团，写了对新中国充满期待的通讯《江南农家翻身乐》。与以前的文章相比，解放后徐开垒的文章充满了阳光，充满了喜悦。

开垒先生是个优秀记者，他写过农村——《新苗村纪事》，反映工人下乡帮助互助组的农民抗旱；写过工厂——《花与果实》，通过摇纱女工许阿三描写全国第一次普选，写出了当家作主人的工人的自豪感；他写过青年——以保尔·柯

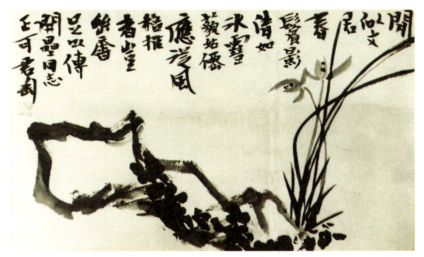

篆刻书画家钱君匋画赠徐开垒

察金为榜样的残疾女青年朱思恩、在解放浦东时牺牲的孤胆英雄小汪；他写过崇明农场用芦苇编筑成的矮房——环洞舍，一万多名农垦大军在荒滩上开出六万亩良田；他写蕃瓜弄过春节，三代人高唱《我们走在大路上》……他善于讲故事，文字简洁形象，用生动的细节刻画人物，用具体的事实记录历史，没有套话空话概念话，——新闻原本就应该这样写的啊！

正当开垒先生进入写作旺盛期时，"十年动乱"开始，他被剥夺了写作的权利，直到"文革"结束。1977年春夏，《文汇报》先后发表了巴金先生的《一封信》和《第二次解放》，震动了刚刚解冻的文坛，许多读者写信给巴金先生请《文汇报》转交，开垒先生曾送信到巴老家，由此他写了散文《春回人间——访巴金》，向读者详细介绍了巴金的近况："虽然他已有七十三岁了，头发已经花白，他的精神还是矍铄。"在短短半年时间里写了一篇2万字的小说《杨林同志》、一篇纪念周总理的散文《望着总理的遗像》、一篇纪念陈毅同志的散文，还在翻译赫尔岑的回忆录《往事与沉思》，已译出二十五万字……文末，徐开垒写道，他与巴金先生一起来到书房，"阳光透过玻璃照射到他的宽大的写字桌上，也照射到他的书架上。写字桌上的日历已经换过，那是一本刚刚开始的新日历。啊，新的一年开始了！春天回来了！"

开垒先生十分勤奋，七十年笔耕不辍。六十一岁那年，他老当益壮，沿着范长江的足迹，作大西北纪行，赴西宁采访50年代支内的上海人，去兰州上山访草看树，到柴达木盆地访茶卡盐厂。在开垒先生眼里，总有写不完的东西，可以说是走到哪里写到哪里。到江西庐山小住，写了庐山图书馆馆长——一位"眼

壬寅年篆刻书画家钱君匋书赠徐开垒

皮翻红，耳朵残缺，鼻子受损，嘴脸变色，眉毛也不全"的特等残废军人；到香港访问，写了香港的书店；到俄罗斯旅游，写了波科隆山上伟大的胜利女神雕像和记录着卫国战争重大战役的林荫大道；七十三岁高龄时还到旧金山儿子处居住，他写了访问学者们怎么过年，虽然"儿子一家待我很好"，但"春节在美国太寂寞了"，"上海，我已住了五十七年。我还是想在上海过年"。

当然，作为《文汇报》有着六十年历史的副刊《笔会》的编辑，开垒先生联系了很多作家和文化名人。他回忆"为人爽直，为文痛快"的巴人，善"把灾祸化作学问"的柯灵，博采众长的书法大家沈尹默和艺术大师丰子恺……他写得最多的还是伟大的人民作家巴金。1984年11月，巴老八十大寿前夕，他到巴老家，"巴金同志从楼上走下来，虽拿着手杖，行动却比以前迅捷多了"，正是全国作家代表大会召开前夕，"巴老认为作家应该以作品与读者见面"，"如果一个作家放弃在创作上的努力，而把力量用在争取一个头衔上，那他的结果会是怎么样呢？"五年以后，开垒先生的《巴金传》已写完上半部，于是有了与巴金"关于传记及某些文艺现象的谈话"。这是一篇研究巴金思想的重要文稿。在这次谈话里，巴老谈了对无政府主义和爱国主义的看法，更对一些文艺现象发表了十分中肯的意见："生活培养作家，不是职称培养作家；作家靠读者养活，不是靠领导养活"；"人们这么多年放弃自己熟悉的生活，勉强去写不熟悉的题材，甚至要作家的作品去解释政策，而政策有时又不免有反复，这样要创作丰收，是很难的"。这些声音在当时有着振聋发聩的作用，在今天依然令人警醒。

当然，作为作家，徐开垒在《文汇报》上发表的这些文字，不过是他全部作品中的一部分；但作为新闻工作者，他在《文汇报》上七十年来所写的文章，确实反映了20世纪30年代一个忧郁少年在"阴天"里，随着《文汇报》本身经历的引导和影响下，经过艰难曲折的道路，终于走进一个有着"团聚乐"气氛的和谐社会空间。所以，这些作品看来是在反映时代，实际也在写作者自己；更进一步说，实际上也在写引导作者前进的《文汇报》本身。

开垒先生由一个文学青年而成为记者后成为作家，这是一条让人羡慕的道路。并不是每一位想走这条路的人都能成功，开垒先生靠的是天赋，更离不开勤奋。我没有统计过，开垒先生为《文汇报》写了多少文字，或许有人比他写得更多，但像他那样为《文汇报》写了七十年的文章，恐怕绝无仅有！他对《文汇报》的热爱、对《文汇报》的忠诚，让我们这些《文汇报》的后人深受教育。

谢谢开垒先生！

（此文为徐开垒《在〈文汇报〉写稿 70 年》一书序言）

徐开垒的散文

刘孝学　崔龙弟

　　徐开垒是广大读者熟悉的散文作家，几十年来，他在编辑工作之余，在散文园地里辛勤耕耘，为我们留下了一批好作品。最近，人民文学出版社出版的《雕塑家传奇》，就是他多年来心血的结晶。由它，我们理解了作家，也感受到了散文的艺术魅力。

一

　　四十多年前，徐开垒刚开始他的文学生涯，便以散文创作引人注目了。在那没有鲜花和阳光的岁月里，年轻的作家所看到的，是像闰土一样的人们在黑暗的深渊里挣扎，所听到的，是像孔乙己一样的人在死亡线上的呻吟。这些生活在社会底层的小人物，成了徐开垒散文作品中常见的描写对象。在散文家的笔下，有"惯于低声下气"、被米袋压低了头的"负米人"，有为了缴交昂贵的学费而蹲在街头的"小报贩"，有尽给别人预测命运、但对自己出外远行、杳无音讯的儿子

2000 年 6 月 20 日徐开垒（前排左八）参加全国散文创作研讨会

吉凶未卜的"测字先生"，有"在寂寞的钟声里"，"像青烟一般地消逝"的敲了一辈子钟的老校工。作家用饱蘸感情的笔触，写他们的苦难，写他们的命运，写他们的争斗，写他们的悲剧。在这一类作品中，《三代》是有代表性的一篇。

《三代》的构思十分巧妙：它以张甫珊为中心来写三代人的命运，因为他是第一代悲剧的见证人，第二代悲剧的主角，第三代悲剧的预见者。他回首往事，痛苦；展望未来，恐怖。通过他的所见所感，把历史、现实和未来交织在一起，使作品像一小块浓缩的结晶体。作品的格调，如同它所反映的那个黑暗社会一样，是压抑的，令人不得不噙着眼泪来读完它。

《乡长和保甲长他们》一篇，对国民党反动派的伪官吏的丑恶嘴脸作了入木三分的刻画：甲长、保长和乡长将农民缴交的"派谷"层层克扣，以至于无法向日本"皇军"交代，乡长为此而恼怒；在日本投降后，"他们又想出了一个好主意"：为了"庆祝"抗战胜利，并表示欢迎"国军"返乡，每户至少纳洋五千元，作为"庆祝"经费，违者以亲日汉奸论处。这些奸佞之徒为了搜刮百姓，左右逢源！他们"天赋一种厚脸皮，尽管扮演了各种各样丑角，见了人却总还是那样安闲、从容，从不看到他们脸红"。

面对那个"富人的天堂，穷人的地狱"（《阴天》）的不合理社会，徐开垒"渴望有一声雷来自天边"，"希望它能揭开这横在上海天空的热云，鼓起一阵大风雨，给久在炎季下生活得不能透过气来的人们以清新的气息。"（《望雷篇》）这"来自天边"的"雷"，并不是一种朦胧的意识，而是有其特定的含意的。写于1948年的《老校工》一文便对此作了很好的注解。原先是蹦蹦跳跳的淘气的"小朋友"，几年之后，他们在斗争的风雨中成长，"现在已经为有枪有炮的统治者所忌，而觉得非把他们关禁、杀害不可了"。接着，"连打钟的老校工也给逮捕了"。作家在黎明前的最黑暗的时刻，身处于禁锢得比罐头还严密的国统区，敢于在作品中反映人民求解放的斗争，这是多么难能可贵啊！

二

暮去朝来，人间发生了沧桑巨变。作家以奔放的热情和由衷的喜悦，迎接并投身于新生活的激流。告别了满目疮痍的昔日，欢呼"我们永恒的春天"的到来（《阿满他们》）。这时，徐开垒的散文作品，不仅观察生活的敏锐眼光和开掘生活的深度有了突出的进展，表现生活的角度也很出色。

在《幸福》里，作家通过新旧社会市场速写的对比，抒发了向往幸福和安定的人之常情。当人的青春、时代的青春来到人间的时候，"祝福我们每个人都能把它安排得更加富裕和光彩"。《书桌》则着重感叹一张与主人相依为命的书桌，在不同的年代里历经衰亡和兴盛。作者娓娓叙说了世态炎凉在生活中的痕迹以及对于人之命运的影响。

可以说，"重在写意"是徐开垒五十年代散文创作的主要特点。

60 年代初期，我国人民经历了一场严峻的考验。在党的领导下，男女老少团结一致，艰苦奋斗，自觉地为国家分忧解愁，表现出伟大的献身精神。为了反映工农群众的斗争生活，抒写他们创造者的业绩和胸襟，徐开垒奔赴劳动建设第一线，深入体察劳动者的思想情操，捕捉他们的心灵节奏。他信笔写下了一系列充满生活气息的作品，绘形绘色地描写了人间的变迁，吟唱了人生的辛劳和欢乐。他们的格调是慷慨雄浑的，蕴含着火一般的炽情。

《围垦区随笔》是一组饶有情趣的崇明围垦区风物画。它由《家》《杂货铺》等几个独立的小篇组成。在《家》里，作者发掘了一些十分美好的生活画面：简陋的环洞舍被用作蜜月的洞房；一桶淡水代替了新婚喜酒；新婚之夜，洞房里人

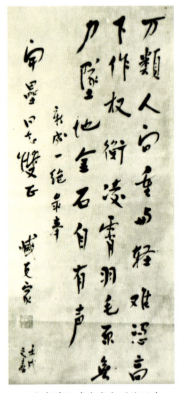

壬戌春诗人臧克家书赠徐开垒

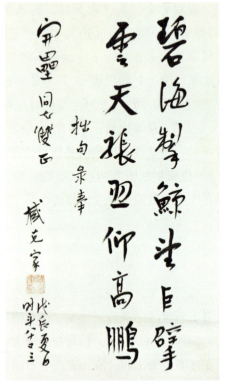

戊辰夏诗人臧克家83岁书赠徐开垒

群鼎沸，一阵阵欢歌笑语驱散了芦苇荡里浓郁的夜色……是啊，参加围垦的人们没有用响亮的口号表达自己的理想，然而，我们分明从他们开拓者的使命中看到了创业者的坦荡胸襟和充实的灵魂。《杂货铺》则巧妙地捕捉了围垦区一个商业服务点里一组生动的细节，逼真地渲染了杂货铺里紧张而有秩序的工作气氛。有意思的是，作者将旧时代故乡烟纸铺留给自己的印象与面前这个杂货铺作了鲜明的对比，前者为"冷漠的，停滞的，绝望的，掌柜度日如年，死气沉沉，一切与世界很少联系"，后者则是"活的，进展着的，充满着希望和理想，人是朝气蓬勃的，工作与整个世界都有联系；一种强大的力量正在支持着他们，而他们也正在支持着这一支强大的力量"。作者娴熟的对比技巧，使作品的主题更富于时代的色彩。

另外一种白描的手法，在《新安江灯火》中有了一种成功的运用。《新安江灯火》宛如一组优美和谐的工笔画，素雅的线条，纤巧的构图，明暗相间的底色，在作家妙笔的点拨下，组成了多晶面的艺术品。作者采用由远而近、由分散到综合的结构手法，使作品的主线"灯火——光明"得以在波推澜进的节奏中贯穿始末，从而给读者新颖的感觉。

发表于1962年6月的《雕塑家传奇》，是徐开垒的一篇力作。他以极其感人的笔触，逼真地描写了著名动物雕塑家周轻鼎教授的充满了炎凉遭逢、死别生离的传奇色彩的命运。这篇作品的重要意义在于：他深情地歌颂了一位爱国知识分子的高风亮节，生动地传达了这位在黑暗中摸索了大半辈子的老教授，一旦见到明亮的太阳时所产生的喜悦和幸福。

不过，平心而论，我们觉得作家在60年代所写的这些散文作品似乎有意回避"我"的出现，避免直接抒写"我"的内心感触，"我"的情绪波动，"我"的回肠百转的忆念。这样一来，作者与读者的关系就保持着一定的距离。文学作品，尤其是散文作品中，作者与读者的心灵应该是息息相通的，要使读者感到作者正与之促膝深谈，这却是这时期开垒作品中的不足之处。

三

最近几年来，开垒重新端起画笔，但他是面对微笑、眼含泪花向过去告别的。《幽林里的琴声》写了几种不同类型的青年妇女，在"史无前例"的岁月里，走过了不同的历程：有的像一只羽毛未丰的燕子，从母亲的怀抱里突然展翅飞到广阔的天空，经过一场风雨的搏击之后，感到力不从心，终于带着满身的疲惫回到自己的窝里；有的接受过"逍遥派"的美称，为了实现自己的理想争斗了一番，然而，十年过去了，她的理想只是一条无本之木，一潭无底之水，最后她只好老老实实地成为两个孩子的母亲；有的呢，却在斗争的激流中，由幼稚走向成熟，由脆弱变得坚强，和"叛徒"父亲相依为命，终于送走了风刀霜剑的寒冬，迎来了明媚暖和的春日，"三八"红旗手的荣誉和结婚的喜讯同时降临到她的头上。作者写了一代青年的命运，叹惜她们早逝的青春，抨击了给人们造成肉体上和精神上巨大创伤的"文化大革命"，这是值得称道的。要知道，作者写这篇散文的时间是在三中全会之前啊！经过多年的磨难之后，我们的散文家一反60年代的"拘谨"之态，开启了动人的歌喉。

读着徐开垒近几年的作品，我们可以感到，作家在自己的创作中思考和回答了读者所关心的问题，以履行与人民同命运、共呼吸的神圣责任。《山城雾》写两个不同时代的青年，都在雾色朦胧的山城遭到了相似的命运：一个在抗战的烽火中从沦陷的上海逃奔重庆，参加学生运动而遭受军警弹压，左腿致残，葬身于长江；一个十年动乱将要开始之时，随厂内迁到重庆，在武斗的烽烟中度过了九个年头，变成了一个满面愁容的老人。作家惊叹道："可怕的历史重复啊！严酷的历史，你葬送了我们多少代青年的青春呢？"作家在一番严峻的思考之后，找到了问题的症结："40年代中期上海人民因'重庆人'的到来而遭受到的'胜利'的灾难，与真正的重庆人民实在毫无关系。而从60年代中期到70年代中期重庆的动乱局面，当然实际上也不应当由重庆人民负责。"作家欣喜地看到"这

1978 年画家秦岭云画作《牧归》，赠予徐开垒

个山城已经开始苏醒，人民正在用自己的双手把困窘摆脱"；他坚信"真理不倒，人民永存，历史永远向前"。读到这里，读者的心不禁被这滚烫的语言震荡起来了。

崭新的生活一开始露出端倪，徐开垒就以饱满的热情讴歌它。《烟》和《忆念中的欢聚》是作家探索如何用散文反映"四化"的可贵收获。《烟》以以小见大的手法，从"烟"这一不引人注目的现象，透视出人间沧桑，捕捉着时代的光辉。作者巧妙地以工厂的烟囱"冒烟"和"不冒烟"的变化线索，牵引了几代人的喜怒哀乐，使读者的心情也随之起伏，一直到结尾处，和"妈妈"一道发现"没有烟的天，确比有烟的天明朗啊"，喜悦、轻松的感情油然而生，并为作家观察生活的细致和敏锐而深深折服。《忆念中的欢聚》是一篇构思上匠心独运的优秀散文。它把城市人格化，让众多的城市带着各自崭新的风貌欢聚一堂；使读者乘着想象的阵风，饱览她们在"四化"建设道路上绰约风姿。

如果说，徐开垒的散文创作，40年代的基调是压抑，50年代是明朗、催人向上，60年代是激昂、富有生活气息；那么，他的80年代的散文基调则显得深沉、含蓄，发人思考。

四

徐开垒的文字有功底，向来为老一辈文学家所称道。他不愿在作品里堆砌华丽的词藻，也不屑追求文字的诡谲怪诞。然而，他的行文总是那么楚楚动人。请读一读抒情散文《忆念中的欢聚》中的这一段吧："难忘的，特别是我的故乡宁波，我亲爱的保姆，我在你的怀抱里成长，直到我成为一个十五岁的少年。纵然你曾经给过我泪眼模糊的微笑，给我过祥林嫂一般的痛苦生活的印象，离开你四十年，你还是在我的梦里。如今，你的某些街道既狭且长，你用那石板铺成的路，一到雨天，人们穿着钉鞋走路，还是在空寥中响着叮叮的声音。"毫无刻意的雕饰，但作家对故乡强烈而真挚的感情却表达得如此得体。不妨再读一读《山城雾》中的这一段："无边无际的灯海，从山脚下，一直延伸到遥远、遥远。分不清哪是北碚；哪是嘉陵江，哪是长江。但见有些灯火，结成一团，成为一个巨大的灯球；有些灯光，联在一起，像一条狭长的灯链；有些灯光，则是若断若续，似明似暗，似有无限诗情，无限画意。"文字如此朴素无华，画面却这样瑰丽迷人。这种语言的朴素美，用柯灵同志的话说，就是"村姑式的妩媚"。这种妩媚，令人心动神移。

徐开垒的散文的意境以含蓄的美为显著特征。散文只有写得含蓄，有回味，才可望成功。因为读者在阅读和欣赏的作品时，实际上面临着一个再创造的过程。由于他们的社会地位、生活经历、素养和口味各各不同，对作品的欣赏角度和品评的眼光也有很大差异。所以，优秀的散文家都习惯在自己的作品里不把意思说透，给读者的再创造留下一定的余地。徐开垒的作品所以有魅力，也许和他深得此中三昧不无关系吧。

（《文艺报》1982 年第 7 期）

蕴含诗情诗意的散文

——读徐开垒《雕塑家传奇》集

潘旭澜

徐开垒同志虽然还不满六十岁，可是在文学的道路上，已经探索、跋涉了四十多年。他写过诗，写过中篇和短篇小说①，但他主要地还是作为一个散文家而为广大读者所了解，所熟悉。从散文集《雕塑家传奇》（人民文学出版社），读者可以看到这位作家在过去的岁月里，一长串稀疏但却锲而不舍的脚印。

当徐开垒还是一个中学生时，就在一些进步作家的影响、培植下，开始了散文写作。虽然当时他还没有自己的风格，但大多数篇章或多或少都有新意。

解放后，由于文联、作协组织的深入生活，和报社交给的采访任务，徐开垒的视野显著地开阔了，生活阅历日渐丰富。同时艺术修养和艺术技巧也不断提高。他真挚地抒写对祖国解放的巨大喜悦。描述自己命运转折的幸福感受，讴歌崇明围垦区、嵊山渔场、新安江工地以至格朗和山区的新人新事新风尚。这些作品，总的说来，有浓厚生活气息，思想感情积极向上，格调明朗欢快，并且逐渐形成自己的风格。但这只是就大体而言。如果进一步考察，就不难发现它们还是有不同的。1956年以前的作品，尽管解放初的几篇现在看来多半不免稍觉浅了点（这也反映了当时许多作家对新社会、新时代的认识水平），但都写得比较没有拘束，读来也觉得亲切。这以后的作品，虽然生活基础更厚实，技巧更熟练，但除了少数篇章外，大多写得比较拘谨，读来也不够亲切。作者说，这是因为"思想受到了一种束缚，认为散文最好不要有'我'字出现"（《散文随想——代跋》）。这当然是一个原因。不过，照我看，思想上的"束缚"还不只是有意回避"我"出现这一点。不敢接触生活中的矛盾，不敢揭示人物思想感情的复杂与丰富，也是"束缚"的表现。此外，有少数作品的文字也带有那个年代的烙印，描

---

① 收在安徽人民出版社出版的集子《孟小妹》中。

1989年2月徐开垒在珠海参加全国散文评奖，与袁鹰、王朝垠合影

写、形容有过头之处。这就使得一些本来完全可能写得更好更动人的作品，没有达到可以达到的高度。

党的十一届三中全会以后，徐开垒继续从事中断了十多年的散文创作。1979年到1980年两年里，收在这个集子里，就有九篇，数量之多是以前所不曾有的。不但数量多了，而且由于思想比较解放，题材比以前广泛，作品内容比以前丰富、深刻，写法上也较为放开手足。那个"不要有'我'字出现"的束缚解除了。不论回忆过去或者凝视现实，不论叙事写人或者绘物状景，凡是必要，每每让"我"出来娓娓而谈，像朋友一样和读者谈心，因而读来就觉得较为亲切、自然、活泼。大约也和思想解放有关，各种艺术手法运用较为自如，技巧趋于圆熟，并且基本上形成了自己的艺术风格。他的散文取得了新的成就，达到了新的高度，是几十年来最为丰收的时期。

在简单、粗疏地议论了徐开垒散文创作发展的轮廓之后，我想对《雕塑家传奇》集艺术上的基本特色和成就多说几句。

散文，虽然形式和诗歌不同，但就其本质来说，和诗是一致的。而且，在各种文学样式中，它和诗是有特别密切的血缘的近亲。徐开垒在《散文随想——代跋》反复强调"真情实感"，提出"锤炼语言，要下苦功；锻炼情操更要从根本上着手"。他所追求的，乃是真切感人，能提高人们精神境界的诗情诗意。照我看来，《雕塑家传奇》集中不少出色的篇章，从它们的选材、剪裁、结构、感情抒发到文学锤炼，都蕴含着醇厚的诗情诗意，很见功力。

诗情诗意来自生活。没有实感便没有真情，也就没有诗。写散文也应当如此。否则便只能是从技巧和语言上下功夫。虽然这也是完全必要的，但由于没有基础和前提，那是写不出有诗情诗意的好散文的。徐开垒从前辈和同辈作家的作品中，也从自身的创作实践中，充分地认识到生活对创作的决定性意义，所以他没有勉强写他没有亲历目见的重大事件，而是执着地去写他感受最深的那些事物。

徐开垒有不少散文，都能即小见大。它们有的是角度很小、画面人物很少的生活素描；有的虽有情节，也只是旧社会"小人物"的遭遇，或者是新社会普通劳动者个人的生活片段。但是，它们却能使读者由此而看到社会侧影，窥见时代风云。一个"跑单帮"的人，好不容易才背了一些大米到市区来卖，可是由于大米货源涨价了，人家都买不起。一个报贩，为了无法养家活口而发愣，他的儿子则为着学费从四元涨到八十元而难过、焦急得流泪。一个测字先生总是用一些吉利的话让那些问卜的人满意，而自己却"越来越空虚"（均见《生之寂寞》）。某一条弄堂，在保甲长之类人物的"热心"发起和募捐下，请新开办的掘井公司来挖了一口井，结果用水问题仍然没有解决，居民得照旧忍受自来水公司苛刻的罚规，而挨户按口募来的钱，却塞饱了"公益事业的指导者"的腰包。这些平凡至极的场景，经常发生的事情，却反映了旧上海以至旧中国物价飞腾，普通老百姓生活艰难以及心情的凄惶，官吏地痞无孔不入的敲诈等等这样一些重大的社会问题。写新时代的篇章也是如此。《阿满她们》写一位少女——"我"的远房侄女参加了解放上海的人民军队的行列，使"我"激动得流下了眼泪。没有全面去写解放军进入上海的威武雄壮的历史性场面，只写了一个队伍中一个少女，但却反映了妇女命运的根本变化，新的一代少女已彻底和前一代少女悲惨命运的告别，而春天永在。《最初的歌声》写"我"在不同的场合跟大家一起学唱《跟着共产党走》这支歌的情景。这种场面，现在绝大多数中年以上的人都经过或见过的，说平凡实在平凡不过。然而，却又很不平凡。因为它确确实实反映了历史翻开了崭新的一页，亿万人民首先在一些流行很广的革命歌曲中，初步接受了革命的洗礼，开始了新的生活旅程。徐开垒这些散文，虽然写的是一些不显眼的生活小景，或者是重大事件中的小插曲，但这些都是他经过认真选择、具有典型意义的现象，同时由于作家对它们有较深切的认识和感受，所以能够像飞溅的浪花，使读者了解到生活海洋的浑涵汪莽。

徐开垒有一些作品，较好地做到了散与不散的统一。散文宜散而又贵乎不散，宜散，就是取材、写法、篇幅长短各方面限制较少，适宜于自由驰骋。贵乎不散，就是要"立主脑"，要有内在凝聚点，要有合情合理的、内在或外在的线索，才能散而不乱，散而不芜。《雕塑家传奇》集固然有一些作品没有充分利用宜散这个特点，散得不够。但有一些写人物漫长经历的作品，就比较散了。而且，可贵的还在于，它们主次明确，相辅相成，井然有致，构思完整。比如《三代》，写张甫珊一家三代的遭遇，而以张甫珊为重点。他怎样从一个勤奋好学、成绩优良的学生,变成抄写员"张老骡",将他父亲对他的希望寄托在儿子张小甫身上。然而,这匹"老骡"终于也仍然无力负载他的一点毫不为奢的希望,在意识到儿子将会重蹈他的覆辙的恐怖中,悄然地倒下。作品以这个人物为中心,写他的学业、工作、生活、品性、处境,并且上溯到他父亲,下追到他儿子,很自然地写出了这一家三代人。从而反映了好学、勤奋、善良、刻苦耐劳的知识分子,在旧中国没有出路的悲惨命运。更值得注意的是《雕塑家传奇》和它的续篇《白玉兰》。这两篇都是写著名动物雕塑家邹鼎丁的①。前篇的时间跨度是十五年,邹鼎丁和他的妻子杜静淑经历了几个不同的国家,几种不同的社会,而以他们解放后在上海动物园的意外的重逢为高潮。这一切是以邹鼎丁为主线,并通过精心的布局和巧妙的穿插倒叙,将他们极为坎坷、辛酸的历程,有条不紊、错落有致地表现出来的。他的热爱艺术,他们对爱情的忠贞不渝,他们的离合悲欢,又都同祖国的命运紧密结合起来。于是这篇散文便远不止是向读者讲一个传奇式的故事,而是使人在为雕塑家夫妇赞叹之余,有所感有所思,从这里再次深切体会到祖国与个人、国家兴衰与人民休戚的关系。《白玉兰》写的是邹鼎丁"十年动乱"的经历和春回大地后的辛勤工作,自然也写到他夫人在严酷岁月的相濡以沫。人物、情节、主题都是前篇的合乎逻辑的发展。也较好地达到了散与不散的统一。这里就不详加论述。

善用"文眼",是徐开垒许多散文的一个可贵成就。历代诗话中常有"诗眼"一词,大致是指一个字(词)用得好,境界尽出,诗意大增,全首生色。"文眼"是参照"诗眼"而来的。既然诗眼为大家所承认,文眼一词我看也未始不可。在散文中,一切能作为材料凝聚点、感情触发点、主题升华点的东西,都可以称为文眼;并不是专指一二个句子,更不是像诗那样指一个字(词)。《雕塑家传奇》集中,许多或短或长的篇章,都有文眼,而且大多用得很好。《烟》是写三个不同年代工人的生活、劳动与命运的。全篇始终围绕着"烟",集中写了工厂三次不冒烟的事。第一次是 1927 年,老妈妈还是一个童工的时候,帝国主义资本家用关厂来威胁工人,工厂不冒烟,她在厂门外等了三天三夜,回家时她母亲饿死了。第二次是 1968 年,"文革"期间发生了大武斗,她的大儿子被叫作"保皇派"活活打死。第三次是 1980 年。由于前两次遭遇,她时刻关心着工厂烟囱是否冒烟。当发现小儿子做工的厂不冒烟时,紧张惊慌得身子像瘫痪了,脚都挪不开。这时,小儿子来报喜,他参加搞的消除三废自动化装置完成了。结尾写道:

① 邹鼎丁即周轻鼎教授,参见《晶莹洁白的白玉兰——访周轻鼎》。

"妈妈觉得天空出奇地晴朗，没有烟的天，确实比有烟的天明朗呵，可不，春天真是好看啊！"显然，"烟"不但连接了三个不同年代，而且以巨大的凝聚力将形形色色的生活现象集结起来，在富有戏剧性的变化中，作家与人物一起，诅咒了该诅咒的东西，歌颂了值得歌颂的年代。

上面我们已经涉及了徐开垒散文的感情，这里就接着来谈谈这个问题。感情是艺术的血液。对于诗歌与散文来说，尤其如此。徐开垒说："我写散文，是为了要抒发自己的感情。"（《散文随想——代跋》）所以，在他的散文中，不论写人、叙事、状物、绘景，也不论写自己或写别人，都或隐或现地流动着感情的血液，都使人感觉到作家的爱与恨、欢乐与痛苦。和他的散文思想倾向相一致，他所抒发的感情是

1965年书画家王个簃画作《满园雨露育新花》，赠予徐开垒

健康的、向上的。即使是解放前某些作品流露的失望和悲伤，也是对黑暗、不合理现实的不满产物，也会激发读者改变那样现实的要求，因而也是一种进步、正直知识分子的感情。解放后的作品，几乎都是以抑制不住的喜悦与幸福感来描绘新人新事，赞美劳动者们的心灵和业绩。作家的感情也总是带有个人气质的特点。熟悉徐开垒的同志说他是一位老实人。所以，他作品中表现出来的感情是真诚、质朴的。当你了解它时，就会觉得它自有感人力量。《黄昏的钟声》里，作家为那个善良、忠于职守，但却孤苦、寂寞地走完了人生旅程的老校工，发出了深沉的叹息。由于它出自内心、恰如其分，反倒能久久地扣人心弦。《望雷篇》对"窒闷欲死"的环境的憎恶，对自由天地的渴望，是那样真切，使读者感同身受。《归去》及《岁月冲淡不了我对她的怀念》，虽然写于不同时代，但却都浸透着真挚的乡情乡愁。唯其真诚，没有忸怩作态、装腔作势，更非无病呻吟，"为赋新诗强说愁"，所以能够取信于读者，在彼此心灵之间架起桥梁。

值得注意的是，徐开垒不少散文中，感情的触发点就是题材的凝聚点与主题的升华点。试以《山城雾》为例。重庆的雾是遐迩闻名的。但文中所写的雾，既是自然界的雾，更是作者心头上的雾。作家先写了早年对重庆的向往，可是抗日胜利后那些"重庆来的"接收大员和特殊人物，使"我"对它产生了失望与反感。十年内乱，"四人帮"在重庆挑起的武斗，有些工厂几乎没有一天开工，充满青春活力的青年变成愁容满面的老人，八岁的孩子一字不识却学会了猜拳，再一次引起了"我"对它的失望与迷茫。三中全会以后，"我"真正有机会来到山城重庆，"看到灯海里所呈现的兴旺景象"，联系到日间听到一个企业负责人关于落实新的经济政策情况的介绍，于是，心头上的雾开始消散。这时，作家在全文的收尾也就是"结穴"处写道：

　　……当我想起在"白公馆"院子里看到烈士手植的石榴树，已亭亭玉立，虽时届深秋，它仍红颜如火。它就更使我相信真理不倒，人民永存，历史永远向前。

　　山城的夜雾渐渐散去，它在黎明中露出巍峨的真相，人民在以期望的眼光注视它，它可不能使人民失望啊！

既是写景，又是抒情，景是情中景，情是景中情。心头的雾和自然的雾巧妙地完全结合起来，一同在渐渐消散。这里有欣慰，有赞美，有信念，也有热切的期待。从而，使全文具有深远的意境，既真切感人，又发人深思。

以上这些，我认为是《雕塑家传奇》集的特色与成就，也是它常有醇厚诗情诗意的由来。

《雕塑家传奇》集当然也有它的不足与缺点。除了本文开头在谈论作者创造发展轮廓提到的外，各个时期都有一些作品写得过直过露了些；有一些作品，使人觉得太实了些，如果能够有比较大胆、丰富的想象，当会生色不少。

总的说来，《雕塑家传奇》是一本有分量、值得重视的散文集，大多篇章具有较强的艺术生命力。并没有因沧海翻腾，时代更替而如同过眼云烟。这是徐开垒先生长期辛勤耕耘的可喜成果。

（《社会科学》1982 年第 11 期）

候鸟的歌唱

——徐开垒论

冒　炘　庄汉新

　　徐开垒同志是一位辛勤跋涉、独具风采的散文家，一位对生活的冷暖、人民的悲欢富于高度敏感的歌者。他在早年就向往着"做一只候鸟"，"冲过阴沉的天色，去听那塞外的胡笳"，企盼着"九月的晴空"，"大地的歌唱"①。在饥寒交迫的冬日，他饱含忧伤，吟出的是一首首血泪交织的悲歌；春回大地时，他满怀喜悦，唱出了一曲曲劳动创业者的颂歌。他把心泉里酿造的美酒，心房里开放的鲜花虔诚地奉献给养育自己的人民。冰心称道他是一位"功力很深的散文作家"。他在散文艺苑的耕耘、探索，取得了不同凡响的硕果，留下了自己的思想历程和艺术经验。研究这位作家，对于今天振兴散文是很有助益的。

　　徐开垒的散文创作迄今已经历了四十几个春秋。然而，对于他的散文作品的研究还是近几年的事情。作家自己也是在这几年才开始回顾以往的创作道路。一

壬戌年中国电影美术师韩尚义画赠徐开垒

---

① 引自1939年第11期《鲁迅风》。

些研究者从鉴赏的角度，从散文艺术的特点，分析、评价了徐开垒散文的思想内容与艺术成就，指出了作家在不同时期的创作基调，有过不少切中肯綮、论析精辟的评论。但是，对徐开垒其人、其文、其生活与创作道路宏观的认识与综合的剖析却较少涉猎。这是需要我们致力探讨的课题。

文学是表达感情的艺术，是作家在审美意识规定下产生的一种自觉的情感上的追求。为了完美地实现这种追求，作家要选择与自己的气质、素养、爱好相适应而又是自己较擅长的文学样式。一般说，一个作家选择自己驾轻就熟的文学样式，从一开始就不会是盲目的。而文学样式为作家开垦自己的创作园地，也不是作家可以随心所欲的。

徐开垒与散文结下不解缘的直接动因，则是我国古典优秀散文对他的熏陶，现代散文诸大家对他的影响。徐开垒这样说过："散文是我学习文学最早的一个品种"，"我在小学时就被《陈情表》《项脊轩志》《祭妹文》等文章所感动。《孟子》则是我的主课。"① 如果说，这种文言散文的熏陶只是起到发蒙的作用，使他具备了初步的知识素养，萌生了对散文的喜爱；那么，"五四"时期散文诸家作品的感染与引导，则对他立志投身散文创作事业产生了决定性的影响。鲁迅的《藤野先生》、朱自清的《背影》、冰心的《寄小读者》等名篇佳作，强烈地扣响过他的心弦。而当时适逢新文学运动进入新的发展时期，在巴金、叶圣陶等大家的积极倡导与扶持下，散文阵线异军突起。在这种情势下，徐开垒作为现代散文的一个忠实读者，怀着浓厚的兴趣，每每"让何其芳、丽尼，陆蠡、芦焚等作家引入语言艺术的王国里，走进比现实世界更其多彩的散文之家"②。进大学中文系时，又得遇名师王统照的指点，研读了《文赋》等有关散文理论的专著，为他"进一步鉴赏古今散文家的杰作，提供了一些条件"③。这说明，从早年开始，徐开垒散文的根须，就深扎在中国散文优秀传统的丰厚土壤里；也正是从早年开始，徐开垒对中国散文的历史与现实；经验与教训孕育着较强的自觉意识。所以才使他的散文追求从起步就呈现出明确的目的性，使他的散文审美观念呈现出一以贯之的稳定性。从这一认识出发，我们以为，徐开垒是思想上有准备，知识上有积累，艺术上有功底的散文作家。所谓厚积薄发，能够比较恰切地概括徐开垒散文总体上的特点。

徐开垒很早就宣称他之所以要写散文，"是为了抒发自己的感情"④，亦即

---

①②③　引自徐开垒《雕塑家传奇》第262页，人民文学出版社1981年12月第1版。
④　引自徐开垒《雕塑家传奇》第261页，人民文学出版社1981年12月第1版。

"为情而造文"。他多次明确地指出："散文是作家直接表达感情的文学形式，它比任何文学形式更需要真情实感。"①他将"真情实感"和"深邃的思想"视为散文的灵魂。因为，散文总是以自己活泼多样的形式通过个性表现共性，从小我表现大我。它要求作者不要回避表现自我。所以，表达真情实感，抒发内心对时代精神的感动，像候鸟的歌唱，就成为徐开垒散文追求的旨归。这种追求使徐开垒和他的散文显示了自己存在的价值。

在审美观念上，徐开垒一贯强调内容与形式的统一。早年他对汉赋铺陈的句式和浓艳的辞藻及由此产生的弊端有过许多思考，因而他反对散文创作中的唯美主义、形式主义倾向。在他看来，散文取胜的秘诀，不在于斑斓的外壳，而在于丰富多彩的内容和这种内容的新鲜感与概括性，在于作家对特定素材的观察、感受能力。对散文内容的重视，他的认识最终升华到这样的高度："散文作为文学的一个重要表现形式，它在揭示生活矛盾的深度和广度上，应该有与小说同样的负荷。而我们时代的散文恰恰在这方面至今还没有很多篇章能达到这样一个高度。"②究其原因，主要是作家对生活的矛盾，本质和主流缺乏应有的认识和把握。所以，他又着重指出，向这个高度攀登的必由之路是深入生活，"如果散文作家是自由的鱼，那么生活就是他们一刻离不开的水。"③这是徐开垒在建国以后逐渐认识到的生活对于创作的决定性意义，并以这个观点回顾了他早期的创作历程。因此，他认为作家必须首先具备把握生活底蕴的能力和深厚的生活积累，然后才可能充分发挥驾驭、选取和加工素材的艺术技巧。显然，这个观点的着眼点并非不讲究技巧，而是把技巧建立在把握内容的坚实基础上。正如杜牧所说："意全胜者，辞愈朴而文愈高。"相反脱离现实生活，缺乏真实的思想感情，刻意雕琢，追求藻饰，必然导致文质俱败，所谓"意不胜者，辞愈华而文愈鄙"。

从这个角度观察徐开垒，我们就会看得很清楚：从少年时代开始接触的特定生活环境，使徐开垒一直栖身于社会的底层，加上又从鲁迅以浙东生活为背景的作品得到启示，因而形成了徐开垒观察生活的独特视角，出现了徐开垒散文作品特定的描写对象，开拓了徐开垒散文作品的一贯性题材领域，那就是他以炽热的感情不倦地书写在死亡线上挣扎的旧社会"小人物"的苦难遭遇和朦胧的希望，发掘新社会平凡劳动者心灵的美质，歌颂知识分子的坚韧、平凡和崇高以及他们对人类文明的贡献。这是徐开垒用他全部的散文作品，为我们勾画的一条与其他

---

① 引自徐开垒《雕塑家传奇》第263页，人民文学出版社1981年12月第1版。
② 引自徐开垒《圣者的脚印》第200页，浙江文艺出版社1984年11月第1版。
③ 引自徐开垒《圣者的脚印》第191页，浙江文艺出版社1984年11月第1版。

作家迥然相异的清晰的轮廓线，一个不曾间断的完整连贯的发展轨迹，并且逐渐形成他的创作观念："不要忘记，散文也应当写人物"，"散文也可以塑造艺术典型"。①

徐开垒曾深有感触地回忆他少年时代的生活。在30年代的宁波市街，到处有各种各样的"苦力"：沿街叫卖的行贩，汗流涔涔的黄包车夫，满身污黑的打铁工人，修配竹器铜勺的各种师傅，以及从农村上城来的瘦骨伶仃的农民和渔人……②这一幕幕下层社会的各种人生惨剧，都在他心中留下了难以磨灭的印象，激发了他要为之控诉、呐喊的强烈愿望。即使抗战初期到了上海后，他仍念念不忘宁波城里的那些劳动者，以至日夜萦系，无法释然。于是他拿起笔，为这些可怜的"小人物"塑造了一个又一个栩栩如生的艺术形象。那敲了几十年钟、终于默默死去的老校工，善于钓鱼而最后却被日本人"钓"去死在异乡的渔民，专替人家算命而却无法探寻自己前途的测字先生……都有他身边所熟悉的人物的影子。这些人物的不幸命运，是遭受民族压迫的沦陷区人民所共同感受的，同时也与徐开垒自己家庭的命运联系在一起。这种命运相联的关系，使徐开垒始终和他笔下的人物有着一种心灵的默契，感情的共鸣。徐开垒散文最终靠这一点来赢得读者，取得其不可替代的独立存在的价值。

这样，本来是自发产生的对下层劳动人民的关切与同情，经过漫长的历史淤积和沉淀，逐渐在他心中凝聚成一种强烈而稳定的审美追求，养成以表现普通劳动者为使命的审美情趣。而记者与编辑生涯又恰好为他开拓了广阔的生活天地，使他面向社会，扩展了人生视野。这样就使他的散文以自己独有的芬芳与色彩，区别于那些描写风花雪月或身边琐事的作品而受到人们的炯炯瞩目。他的成功将作为生活对作家赐予智慧与活力的范例，永远昭示后来者。

从上面粗疏的勾勒，可以窥视徐开垒散文观的孕育与发展，反映在他的散文创作上就是呈现在字里行间的时代气息、生活气息和质朴的个性。

徐开垒的散文虽然很少直接反映重大的社会题材，但他写的故事、场面却总是透露着一定的时代风貌。从抗日战争以前直至今天，在每一个不同的历史时期，他都用自己细腻的笔触，描绘时代的侧影；用自己敏感的歌喉，唱出人民的心声。从他的散文中，我们不但看到了一位作家跟随时代而前进的生活脚印，而且也看到了中国人民从沉沦和黑暗中解脱，从屈辱和痛苦中崛起，开辟自己当家

① 引自徐开垒《圣者的脚印》第169页，浙江文艺出版社1984年11月第1版。
② 引自徐开垒《圣者的脚印》第196页，浙江文艺出版社1984年11月第1版。

作主的新世界的历程。从创作题材考察，徐开垒的散文大多充满着生活气息。他的视野，他的思索，总是朝一个方向，不断向纵深开掘。不像其他一些现代作家那样，随着世界观和思想的转变，在素材选取和作品主题上出现复杂性和矛盾性的状况。他从一开始就受到地下党和左翼作家作品的影响，思想上带有明显的进步倾向。作品的描写对象从解放前的"小人物"到解放后的普通劳动者，可以说是一脉相承，都是表现平凡劳动者不平凡的美质，雕塑普通劳动者与知识分子的形象。而他的描摹和雕刻总是渗透着自己的深邃的思想与真挚的感情，保持着生活本身的质朴、自然和优美，从不靠五光十色的羽毛来炫人眼目，最终达到邃美于淡，返璞归真的境界。纵然岁月蹉跎，道路坎坷，他的这种艺术追求始终没有间断过，形成了作家不可移易的个性，它好像没有休止符的音乐，没有曲折的河流，使他的作品前后衔接，浑然一体。下面我们再从他的创作实践作具体的考察。

徐开垒的生活与散文创作道路，可以划分为以下四个时期：

（1）新荷初绽（1922—1937）

这个时期包括童年、少年求学和最初的起步三个层次。

1922年3月，徐开垒出生于浙江宁波城内一个银行职员之家。这是一个带有开明色彩的封建家庭。饶有趣味的是，在这个家庭环境中，他一没有从经商的祖父那里学来生意经，二没有从在银行谋事的父亲那里学来尽心供职的本领。在整个童年和少年时代，他念念不忘的是那些出身苦力家庭的小伙伴。他最感兴趣的是和这些小伙伴混迹于宁波市的苦力群中，看他们劳动，听他们说话，用一双好奇的眼睛，观察他们异样的举动。似乎上苍从一开始就赋予了他热爱苦力的秉性。就是在家里，他和保姆接触的时间，也要比和父母接触的时间多得多；他从保姆那里学到的操作技能，也要比从父母那里学到的东西多得多。他似乎过早地看到了社会的不平，本能地对他所热爱的苦力倾注了真挚的同情。这对他以后从事散文创作起到了重要的生活积累的作用。在当时宁波最大的"翰香小学"毕业后，他进了当地著名的"效实中学"。1936年10月，在这所中学读初中二年级的时候，一个偶然的生活浪花，激起了他最初的写作灵感。对生活和素材异乎寻常的敏感和发现，从来都是创作的契机。当时，正值蒋介石提倡所谓"新生活运动"，不准人们在路上赤膊行走。这道禁令使那些穷得连破衣烂衫也没有的苦力怒不可遏。他从两个泥水工匠愤愤不满的牢骚中得到启示，发现了其中孕含的社会意义。于是提笔写下了一篇短文《两个泥水匠》，投寄给上海叶圣陶、丰子恺等人主编的《新少年》半月刊，因为他们正在举办题目为"小人物访问记"的征文，结果不但很快发表，而且在众多同类题材的稿件中，名列榜首。少年时代的徐开垒，从事写作的第一篇文章，竟获得了意外的成功。不久，他又以一个同学因阅读《吼声》杂志被国民党当局视为赤色分子而逮捕的事情为素材，写了第二篇作品《这是事实》，再次在《新少年》上发表。新人的两篇佳作，引起了编辑的重视和好评，在《编后记》栏目中，用热情的语言，对徐开垒的才华表示了肯定和赞赏。

这两篇作品是徐开垒自幼年开始观察"小人物"生活，思考"小人物"命运的最初成果，成了徐开垒从事文学创作的发端，也是他走向散文创作道路的起点，并且为他专事描写"小人物"的散文作品定下了基调。正如他自己所说："由于这两次鼓励，决定了我以后长期从事文学创作和新闻写作的命运。"①

（2）飘零孤岛（1937—1949）

1937年，抗日战争全面爆发后，在日本飞机"整日整夜向宁波城乡投掷炸弹"的时刻，十五岁的徐开垒随家人汇进逃难的人流，"在生存竞争的'潮水'中被冲到上海"②。这是徐开垒生活和创作道路上的第一个转折。从此他开始涉足上海文坛，在散文、诗歌、小说等文学领域中探索和尝试，并结下了第一批硕果。

"孤岛"时期，在徐开垒长达十二年之久的旧上海生涯中是一个重要阶段。他在这个阶段度过了人生中最可宝贵的青春年华，险恶的政治形势和复杂的斗争环境，促使他迅速觉醒。从一个过早对社会和人生有着观察、思考和见解的少年，逐步成长为一个有着明确而执着的追求，对社会有着使命感、责任感和正义感的青年作家。无论在思想，还是在艺术方面，徐开垒所取得的以抒情散文为代表的文学成就，都标志着他的文学创作在这时开始走向成熟期。

自从他离别自己的故乡，到上海以后，在柯灵主编的《文汇报·世纪风》副刊上发表了第一篇作品《阴天》，随后又在《万象》《宇宙风》《春秋》等刊物上接连发表了《流星》《静》《记忆》《黄昏钟声》《夏夜的风》《望雷篇》《归去》《生之寂寞》等一系列散文篇什。这些散文入木三分地揭露了"富人的天堂，穷人的地狱"，集中抒发了生活在"阴云笼罩着的""没有阳光，没有雨露"的上海孤岛中，一个"复仇的火焰在心中燃烧"的热血青年，诅咒黑暗，向往光明，"渴望有一声雷来自天边"的愤懑抑郁的爱国主义情绪。这些散文大多是抒情体，篇幅

---

① 引自《中国现代作家传略》下册第432页，四川人民出版社1983年第1版。
② 引自徐开垒《鲜花与美酒》第98页，上海文艺出版社1985年6月第1版。

短小，结构精巧，语言洗练，韵味绵长，酷似散文诗。徐开垒对散文艺术的刻意追求，从这些篇什中最早地表露出来。

这一阶段，徐开垒由初中升入高中，又由高中考入暨南大学文学院深造。在大学期间，一边读书，一边在柯灵主编的《万象》杂志担任助理编辑。除了主要从事散文创作外，他还在1939年《上海一日》大型报告文学集中发表作品《飞鸟》，在《鲁迅风》第11期上发表诗歌《笼里》，在《自修》周刊上连载过他的论文谈史的《文知集》和《史心集》，还发表过短篇小说《报应》《两城间》《三代》等。这些作品说明散文作家徐开垒的创作领域并不是单一的。在文学道路的早期，他所涉猎的体裁范围也呈现出多样和驳杂的特点。

抗战胜利后，徐开垒所从事的报纸新闻工作，一方面使他开阔了生活视野，增加了与社会各阶层接触的机会；另一方面也使他的散文笼罩着一层浓重的纪实色彩。作品多从社会生活的一隅，多从"小人物"的悲苦命运，来反映旧上海的凋敝、败落和腐朽。此时徐开垒对旧上海的黑暗现实看得更真，体会得更深，在思想感情上，由"孤岛"时期的忧郁更多地转变为愤激、憎恨，并产生了对未来的憧憬和朦胧的希望。在作品的格调上，作家长于幽默，手法上偏于白描，对所描写的"小人物"流露出一种无限的怜惜之感和挚爱之情；同时，作家也常用幽默讽刺的腔调，对旧上海官府各色人等的嘴脸进行传神的刻画和辛辣的嘲讽。我们从中看到了旧社会必然灭亡的历史趋势。这类作品，主要有《掘井前后》《乡长和保甲长他们》《卫生科长》等篇。值得注意的是，这类作品的倾向，在上海沦陷时期发表的《生之寂寞》《三代》《钓》三篇作品中已一见端倪，它们留下了徐开垒纪实性散文逐步深化的痕迹。

（3）人到中年（1949—1965）

徐开垒在经历了漫漫长夜之后，终于走出了旧上海阴暗的亭子间，看到了新时代的曙光，他的散文进入了一个全新的发展时期。他最早在党办的华东新闻学院学习。接着又以作家的身份，参加文联组织的土改工作队，来到松江专区参加土改，同时在上海《文汇报》担任记者、编辑，文艺副刊《笔会》主编。

徐开垒这一时期的散文，从题材上说，着重描写了人民改造山河，建设祖国的伟大斗争，从一个特定侧面，真实地记录和再现了江南地区人民在土改、合作化、崇明围垦，以及修建新安江水库进程中的平凡劳动。他选取素材的特点，是从大时代潮流中撷取一朵浪花；不是对新时代生活作全方位的扫描，而是选取宏伟斗争全景的一个闪光点，"见一斑略知全豹，以一目尽传精神"。从人物上说，他笔下勾勒的全是平凡劳动者，他一直在为普通劳动者塑造不朽的雕像。从主

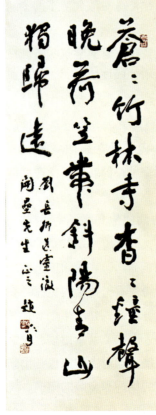

书法家赵冷月书赠徐开垒

题上说，他着力挖掘平凡生活中不平凡的底蕴，和普通劳动者潜在的美的品质。应当说，徐开垒的这种苦心孤诣，是符合当时的时代精神的。从格调上说，这一时期的散文一扫早期的抑郁，而跳荡着明朗、昂扬的旋律，催人奋发向上，富有新生活的澎湃热情和新时代的强烈气息。作者以一位与时代同步的歌手的面目出现，唱出的是对新生活、新人物的颂歌。这一切是和作者对新生活积极肯定的人生态度密切相关的。人们在这一时期对他的作品特别感到兴趣的，是在1956年9月在《人民日报》副刊发表的《竞赛》一类作品，它的篇幅不过1500字，抒发的是对一个十五年前读大学时的同学的怀念之情，发表后不仅在《文艺报》上受到推荐，而且相继被中国青年、人民文学、上海文艺等出版社出的"十年散文选"选入。这篇作品的特点在于主体意识浓厚，感情细腻，与当时流行的散文风格迥然不同。

但总的说来，徐开垒在这一时期散文的体例，基本上是纪实体，或者说都是记者式的实录。像《竞赛》这样风格的作品并不多见。纪实体的特点，是和徐开垒自抗战胜利以来就从事的新闻记者职业一脉相承的。这是徐开垒迥别于一般散文作家的地方。素材本身特有的新鲜感，作家对读者一定时期审美期待的敏感性，以及编织成篇的特定结构技巧，是构成徐开垒这类散文艺术魅力的三个要素。当然，驾驭这样的方法要有一个前提条件，那就是对生活各个侧面以及对未来发展趋向要有早于读者的感知和把握能力。不言而喻，长期从事记者编辑工作的徐开垒，自然会有这样一个得天独厚的条件。他有机会深入到社会基层的各个角落，结识、采访各种各样的人物。用形象的语言来表述，就是他像一只蜜蜂，总是最先寻觅到那植根于生活的沃野上散香滴露的鲜花，最早闻到花的芬芳，吸吮花的乳汁，然后经过加工，酿制成蜜，于是人们才始得品尝蜂蜜的香甜。

然而，这一时期的散文有一些也有明显的不足之处。那就是在当时流行的文艺的思潮影响下，徐开垒在压抑中回避了自我，淡化了作家的主观个性，以至在作品中，影响了作家主观真情的流露。尽管强调散文的客观纪实性，使徐开垒散文取得了一定的成就，但是也不可避免地给他的散文带来了局限，即过分的拘谨。和"孤岛"时期那种精美的抒情篇章相比，除了像《竞赛》《雕塑家传奇》《新安江灯火》《围垦区随笔》《第一株树》等优秀作品外，这一时期的某些作品似乎失之过实，缺乏一种生活的韵味和意境美。就这一点而言，显然违背了徐开垒散文创作"为了要抒发自己的感情"的初衷，这些作品将作为徐开垒创作道路上一度丧失自我，抑制艺术个性的教训而值得人们记取。

（4）劫后逢春（1979—1986）

在粉碎"四人帮"以后，被迫停刊的《文汇报·笔会》获得新生。徐开垒重新主持了副刊。长期被迫搁笔的巴金、艾青、于伶、柯灵、罗荪、王西彦、秦兆阳等一大批作家都在《笔会》发表他们劫后的第一篇作品。巴金的《一封信》从《笔会》上响起了我国文坛复苏的第一声春雷，短篇小说《伤痕》《枫》等作品的发表更给再一次复刊的《笔会》带来新的热潮。徐开垒及其同仁以《笔会》为阵地在文艺界发挥了拨乱反正、振聋发聩的影响。与此同时，作为散文家的徐开垒也进入了新的创作时期。

1979年4月发表的《幽林里的琴声》，是徐开垒自"文革"以来，被迫辍笔之后的第一篇作品。这篇作品成为徐开垒向新的散文创作目标迈进的起点，也是他摒弃"左"的禁锢，思想得到解放的转折，它迎来了"接待'我'字回到散文领域里"的创作新潮。继他的小说特写集《孟小妹》于1981年出版后，反映他散文创作历程的《雕塑家传奇》散文集也于80年代初期问世，接着他的新的散文集《圣者的脚印》《鲜花与美酒》以及《笼里》又相继出版。这几本散文集的出版说明一旦摆脱沉重的精神枷锁，徐开垒又表现出多么惊人的创造力！这是他长期受到压抑的能量的总喷发，是徐开垒从一开始就形成的抒情散文观念在更高水平和层次上的回归。

这一时期徐开垒散文的成就，首先表现在思想内容上的拓展。相对于五六十年代那种对生活直观、平面的描摹，这一时期散文加强了历史纵深感，在内容上实现了深度、广度和力度的开掘。比如《幽林里的琴声》，这篇作品写了三个不同职业的妇女。作者在深广的历史线索上，寻找这三个妇女形象的横向联系。她们一个是教师，一个是机关秘书，一个是纺织工人，虽然职业不同，但是经过"十年动乱"，她们都有大致相同的厄运和遭遇。"十年动乱"的悲剧，表现在这三个年轻妇女身上，是耗尽了她们最可宝贵的豆蔻年华，使她们火红的青春付之东流，使她们的人生价值受到贬抑。这样的控诉，这样的鞭挞，应当说是异常深沉、有力的。在《烟》中，作者通过一个老妈妈的眼睛，追溯前两次烟囱不冒烟给她带来的不幸，抨击了解放前资本家和"十年动乱"极"左"路线的罪恶，而在篇末引人入胜地强化了实现现代化生产管理后，烟囱不冒烟的喜剧效果。在漫长的历史线索上，反映了今昔的巨大变化。在《山城雾》中，作者随着自己连绵的思绪，给不同历史环境下的重庆雾，赋予了不同的政治色彩和历史内容，说明只有在进入社会主义新时期以后，才使"山城的夜雾渐渐散去，它在黎明中露出巍峨的真相"。主题新颖，不落窠臼，使人耳目一新。《森林和森林老人》(《当代》1986年第1期）使我们看到了迷人的森林王国，神秘的饱经沧桑的森林老人，听到了森林的平凡而深奥的语言，自然之神与森林老人的深含哲理的对话。作家对历史的淡淡的回顾，对人生的深沉的思考，给读者许多联想和启迪，这些作品无不渗透着作家主观的真情和个性。这些作品中的形象，并不简单地只是客观对象本身，同时还是作家思想观念的对应物，是经过文学主体——作家的心理折光以后，和思想、观念凝聚而成的复合形态。本来无多意义的或看起来极为平常的客观对象，一经作家思想火花的撞击，便会发出异样的光彩。如果说，文学主体性的加强是新时期文学的普遍趋势，那么，徐开垒散文则是其中突出的一例。

这一时期徐开垒观察生活的视角的调整，描写对象的变化使他的散文审美空间得到相应的延伸，题材领域得到相应的扩大。党的十一届三中全会以来，思想解放运动的突出成果，是洗刷了长期以来泼在知识分子身上的污泥浊水，重新肯定和高度评价了知识分子在劳动人民行列中的平等地位和在"四化"建设中的重要作用。徐开垒以他对时代心绪的洞察和敏感，恰到好处地把握了历史潮流转折的契机，把他的视角和描写对象集中到了知识分子形象上。以《圣者的脚印》为代表的散文，便是描写知识分子的优秀散文的集萃。在这部散文集中，作家邀游在回忆的大海里，追逐着那些使他感到欢腾振奋的思绪的浪花。他的笔，从各个不同角度，为读者留下了鲁迅、巴金、叶圣陶、冰心、王统照、丰子恺、柯灵、傅雷、周轻鼎等文化名人的片断印象，就像灿烂阳光照射下的大潮飞沫，作家捕捉了它一刹那间耀眼的闪光。时间虽然短暂，记忆却是深刻的，永存的。

至此，从旧上海时期的写"小人物"，到50、60年代的刻画普通劳动者，演变到近期创作中的知识分子，徐开垒完成了他散文创作道路上的"三级跳"。这是一个互相连贯的，非常完整的运动过程。虽然可以分解为三个互为条件的动作层次，但是动作方向和终极目的却只有一个，那就是对描写对象心灵的重视和开掘。

这一时期徐开垒的散文令人注目的地方，还在于独具匠心的构思、引人入胜的结构以及在此基础上建立起来的意境美。新奇的立意，精美的形式，这是万千散文家追求的一个目标。徐开垒对散文艺术目标的追求，没有比这一时期更自觉、更强烈、更卓有成效了。像广为人们称道的《忆念中的欢聚》，作家在那"幽静的忆念的王国"里沉思遐想，用拟人化的手法，和昆明、广州、武汉、长沙、南昌、桂林、杭州、宁波、上海、北京，这些久别的"朋友"重逢，握手言欢、亲切交谈。随着作家的笔触，读者不仅领略了这些城市的奇特风光，而且还可以深切感受到这些城市的独特性格。全篇以忆念为经，以地名为纬，纵横交错，气势贯注，笼罩着一个新闻记者对祖国大地上每一个珍珠般城市深深的恋情。同时，作家多次运用"如果赋予城市以人格"这种重迭和复沓，实现散文上下结构的衔接、转换和过渡，使文章脉络清晰，开阖自然，天衣无缝。再加上首尾呼应、卒章显志等技巧的成功运用，增加了作品感人的魅力。再如歌颂著名动物雕塑家周轻鼎的名篇《洁白晶莹的白玉兰》，从"山明水秀的杭州，美景如画；既出艺术，又出人才"的议论生发，自然引出主人公的雕塑艺术与杭州不可分割的联系；接着，通过"我"与主人公的对话，追溯了主人公像一部二十四史一样，充满传奇色彩的艺术生涯，展示了主人公磊落豁达的胸襟和对动物雕塑艺术孜孜不倦、锲而不舍的探求精神。作品两次描绘点染洁白晶莹、挺拔高大、一尘不染的白玉兰，借以赞美主人公的高洁品质，言近旨远，耐人寻味。这些篇章除了保持徐开垒的严谨、平淡、质朴之美的一贯特色之外，深沉的感情，动人的神韵，含蓄的笔调，浑厚的气势，不同程度地展示了徐开垒近期散文的新的走向。

如今徐开垒已逾花甲之年，他的创作历史也将近半个世纪，虽然他常说自己的园地是荒芜的，但从散文难于多产的特点，总结他的业余创作，其收获还是丰富多彩，弥足珍贵的。他，作为对时代富于敏感的"候鸟"，从来不曾停止过自己的歌唱。近年来的创作表明这位老作家正在向新的艺术高峰奋力攀登的势头。创作正未有穷期，而人们的评论和研究也不会中止。让我们追踪他的足迹，去探索散文之路，寻觅艺海珍奇……

1987 年 1 月 18 日于徐州师范学院

（此文为《徐开垒散文选》代序）

微笑为谁灿烂

俞天白

去年初冬，天气骤冷的一个日子，我去拜访开垒先生。约定时间，是下午三点半，临出发，碰到一点事，到他新华路寓所，他早已经伫立在幢与幢之间的小弄堂口等我。寒风撩拂着他的满头银丝，专注地望着大弄堂口车辆来往的马路。等我停好自行车，便抓住我的胳膊亲亲切切地引进大门。把我当孩子似的，一边提醒我，一边小心地避着堆在楼道两边一包包装修垃圾：小心，小心，有人家在装修。就这样走上了三楼。

书法家任政 70 岁书赠徐开垒

我的心情是复杂的。未能守时的愧疚，被伫立寒风里等待的感动，还掺杂着说不尽的欣慰：我这位八十五岁高龄的老师，依然这样健朗。更使我忘记时空的，是他展露在唇边的那缕注满了鼓励与期待的微笑，这一缕微笑，五十年来，丝毫没变。

是的，五十年，整整半个世纪！初次见面，他留给我最深刻的印象，就是唇边这一缕看似淡淡，情到浓时便会爆发成孩子一般天真欣喜的欢笑。那是 1957 年夏天，《文汇报·笔会》举办一个"与工农兵相处的日子里"的征文，对象是在读的大学生。正在读大一的我，写了一篇二千余字的稿子投寄去了。不久刊发了。意外的是此稿被评为这次征文三等奖。不久《笔会》通知我到报社领奖。这篇稿子，是我发表的第二篇文章。被称为处女作的第一篇，刊登于《浙江文艺》，但至今不知道责编是哪位，编辑部的门是朝哪个方向开的。所以，这是我生平第一次走进报刊杂志编辑部，第一次和编辑接触。我太幸运了，向我打开神圣文学殿堂之门的，竟是中国传媒中最高雅的这家文艺副刊，接待我的，竟是发现此稿并刊发了它的徐开垒先生，他不只是编辑，而且是心仪已久的散文名家！当时，我刚满二十岁，来上海不过一年，多年农耕生涯镂刻成的黧黑还留在我的脸上，一身乡下人才穿的黑斜纹布料的学生装，一双平口布鞋，一口乡音极浓的普通话……总之，完全是一个城里人不屑交往的乡巴佬。开垒先生却兄长般地热情接待了我，给了我一大堆奖品以外，还详细问我学习生活情况与文学阅读、写作上的问题，鼓励我多读多写，让我很快消除了拘谨。半个多小时的交谈，刀也似地镂刻在我心里的，便是他唇边这一缕注满了鼓励与期待的微笑。这一缕微笑，始终伴随着我，教学工作再繁忙，也不懈地写作。当时他家住在控江路，离我工作的江浦中学不远，我得以就近到他家请教；后来，我家搬到河南中路，离圆明园路《文汇报》社也只有一箭之遥，让我得以更多地到他编辑室，甚至抱着孩子去请教，通过他和周嘉俊，结识了《笔会》的所有编辑，朱大路、徐春发、周玉明……他诲人不倦，也真诚地帮我在文学界扩大交往圈子，一有机会，他就这样介绍我：他很勤奋，每天凌晨三四点钟就起床写作了，上班前总要写几千字，我是无论如何做不到的呀。却不知道，每天凌晨，正是他这缕鼓励与期待的微笑，像报晓的晨鸡一样催醒了我的。愚钝的我，随着忙编辑，忙创作，忙家庭，忙许许多多人到中年才有的那些世俗杂事，无情地压缩了彼此见面的机会，但我的每一步，却始终在他的热烈的视线以内。有一次，我们在市里一个座谈会上邂逅。那时，我出版了几部长篇小说，受到文学界的热情关注与肯定，并连续得奖。他一见我，就跑到我面前来，挂在唇边的这一缕鼓励与期待的笑，焕发出了从来不曾有的灿烂。说，你写了这许多，我实在太高兴了，比我自己写出的，还要高兴！……

这是我多次从他口里听到的赞词，只是措辞上略有变化，有时候，是因为看到一篇好稿子，就欣欣然地说，我很高兴，比我自己写出的还要高兴。当然，那都不是针对我的稿子而发的。唯有这一次，我才突然有了这样的感觉：站在我面前的岂是师长，分明是一位对儿女怀着大襟怀、大期待的慈父！当年为我呕心沥血的父亲，发现我稍有成绩的时候，其欣慰与骄傲也不过如此啊！

我这才真正理解，开垒先生唇边的这缕微笑为谁而灿烂！

是的，只有慈父的那份爱，才能将鼓励与期待的目光，如此紧紧追随！上世纪90年代中期，我在单位里与同事发生了一些不愉快，关系弄得很僵。当时，他正在采写《巴金传》，忙碌程度可想而知，可是，不知他是怎么知道的，突然

画家黄幻吾画作《红了樱桃绿了芭蕉》，赠予徐开垒

专程找到我家里来问我，这到底怎么啦？恳切地劝导我，不要把精力耗费在这种矛盾上面，和好吧！而且惋惜地提起一件往事：他退休前，曾经推荐我去接他那一摊子，当时我没有接受。他说，唉唉，要是你到了《文汇报》，就不会这样浪费精力了……啊啊，何必问他规劝效果呢，仅仅凭他这份对我密切而真诚关爱之情，就让我感动不已，愧疚莫名！

开垒先生八十五高寿了，去年年初，我就盘算：我一定要安排时间，登门去向他致以一个学生的敬意，但愿他不要到美国去；我与开垒先生交往整整半个世纪了，我也必须登门，一起回顾我们的深情厚谊，回顾《文汇报》七十年来，我们交往中度过的这五十个春秋，这是先生把文汇报的这块阵地，化成了一片哺育我们成长沃土的五十年。此刻我如愿了。先生的这一缕微笑如昨，书房里所挂的当代名家的书画如昨，尽管师母去世，让他有点孤独，然而浇灌了一辈子《笔会》的他，是永远不会寂寞的，他准备把他与文坛众多作家交往的文事雅趣一一写下来，同样，让一颗不老的童心，透过他依然清明的眸子，或注进鼓励与期待，或注进灿烂与欢乐，通过挂在唇边的这一缕微笑，送给我，送给他曾经培育过的所有后辈。是的，这样的人是不会老的。

(2008 年 1 月 22 日《文汇报》)

一颗早慧的星

——访散文作家徐开垒

施圣扬

在雨雾笼罩上海的一个夜晚，我藉着控江路朦胧的灯光，于临街一幢新村大楼里，找到了宁波籍作家徐开垒的寓所。

徐开垒是我国当代负有盛名的散文作家之一。我虽然读过他不少作品，那隽永优美的笔意早就注入了我的心灵。但第一次见到他，还是在第四次全国文代会采访期间。他有一张朴实、和蔼、热情的脸；面部瘦削，发染稀霜，额嵌细纹，精神矍铄；平淡自然，欠善言词，谦虚谨慎，敦厚无华，平易近人。如柯灵所说"他原是个拘谨的老实人"，有"一颗正直和质朴的心"。后来，由于工作上的事或请求斧正拙作，同他有较多的交往，但登门造访，则是首次。

真不巧，开垒仍在报社忙于编务，还未回家。他是从1949年9月起，进入《文汇报》担任记者、编辑的。五十年代后期主编《文汇报·笔会》文艺副刊；"文革"初期被迫离开报社，去黄浦江边一个装卸区仓库劳动；七十年代起返回报社参与《风雷激》副

徐开垒在家中整理书籍（徐福生摄）

197

刊的编辑工作；"四人帮"粉碎后，他又先后负责《新长征》《笔会》副刊。文艺解放的缤纷季节，唤回了他一度失去的创作青春。他重新拿起饱吸生活的笔，用清新而抒情的格调，写下了一篇篇讴歌伟大历史转折的新作，散载于《人民日报》《人民文学》《花城》《榕树》等报刊杂志，拨亮了读者审美的瞳仁，博得人们由衷的赞叹。同时，他又以主要精力，和报社的同仁一起，在副刊这块园地上辛勤躬耕。除了冲破当时的禁区，为禁锢多年的老将提供纵横驰骋的天地，如巴金在粉碎"四人帮"后的第一篇作品《一封信》、艾青在得到解放后的第一篇作品《红旗》等等，都经他的手编发之外，又为崭露头角的文学新手们打开天窗，比如短篇小说《伤痕》《枫》等作品，都在这块园地上得以问世。那些繁花，那些新嫩，都离不开他浇灌的汗滴，扶植的心血。

这时，我收住忆绪，才恍然悟到自己已置身于一间十四平方米的斗室中，举目四顾，两张大、小床铺相距而陈，书案与饭桌错杂而置，拙朴的书橱与旧式的木箱挨壁而立，木椅和方凳相互拥挤，回旋余地，十分狭小。隔壁还有一个八九平方米的小间，除放一张小床外其余地方堆满了家什和书报杂志。因为我寻访过的多数作家，或大或小，都有一间书房，所以我冒昧地问开垒夫人："老徐的书斋，看一看行吗？"她淡淡一笑："他没有书房。"这回答使我黯然失望。虽然浮现在眼帘的一切，令我对开垒简朴的生活肃然起敬。但我全然没有想到像他这样一个颇有名望的作家，连一个安宁的创作环境都没有。除他大女儿在江西工作外，尚有五口人聚居在一处。开垒写作，家里人难免会有干扰。但开垒的许多优秀作品，确实是在这卧室里写成的。这使我想起"山不在高，有仙则名；水不在深，有龙则灵"的《陋室铭》警句。平素，开垒总是睡得早一些，一觉醒来，静夜运思，凌晨即起，落笔有神，妙语横生，日久天长，渐次养成了午夜写作的习惯。小小斗室，记录着他不眠之夜中的大量收获。

时针指向八点，楼梯响起步履声。开垒果然回家了。夫人为他沏了一杯茶。于是，他不顾一天工作的劳倦，乡音夹着沪语，跟我促膝聊谈。在我赘琐的提议下，不由使他首先沉浸于故乡亲切的忆念之中，仿佛回到了阔别四十多年的宁波故地。他于1922年初春，在这座弥漫着鱼腥味的江南古城的一个职员家中，呱呱坠地。祖父经商，父亲在钱庄谋事，母亲操持着繁忙的家务。他家的住宅，坐落在灵桥附近的君子街上。原来，传说春秋时代，越王勾践曾率兵在此安营扎寨，后人故名君子营，又称君子街；世易时移，但那拭去历史尘埃的家楼，至今安然尚在。那里，他度过了最初人生历程中的十五个晨昏；那里留着他来到大千世界的第一个梦，留着他孩提时代初始的理想，留着他同小伙伴们珍贵的友谊，留着他记忆中常驻的悲欢。他说:"不管童年生活是幸福的,还是苦涩的,但童年总是人生旅途的开端,必然影响到他的前途,故乡成为每个人思想感情的扎根地,是很自然的。"

故乡是他童年的保姆,也是他文学创作的摇篮。他那跃跃欲试于文坛的处女作,正是十五岁那年在宁波获得一举成功的。1936年10月,年少有志的开垒在宁波一所著名的中学——效实中学求读初二,当时,蒋介石在全国范围内提倡所谓"新生活运动",奢讲什么"礼义廉耻",不准人们在路上赤膊行走;而劳动人民却处在水深火热之中,衣着褴褛,温饱不得,穷得在夏天惯于不穿上衣。一天,他看到泥水工在他家里干活。泥水工怒不可遏地对他说:"我们没有单衫,说在路上不能赤膊,不然就要捉到警察局去。哼,实行新生活,简直要我们的命!"这话勾起了他的沉思,激起了他感情的浪花,飞来了创作的灵感。于是,他愤然命笔,写下了《两个泥水匠》,署"徐翊"笔名,从宁波寄往上海叶圣陶、丰子恺等主编的《新少年》半月刊。那时,《新少年》正发起"小人物访问记"征文。结果,他的这篇文章,在一千多篇来稿中独占鳌头,名列第一。不久,他又以一个同学读《吼声》刊物,被国民党视为"赤色分子"逮捕为题材,写了第二篇作品《这是事实》,又在《新少年》上发表了。两篇文章都得到了编者的重视和好评,在"编后记"中写了赞语,向读者热情地推荐。这是他开始攀登文学金字塔的两个闪光的起点。开垒感慨地说:"由于这两次的鼓励,决定了我以后长期从事文学创作和新闻写作的命运。"

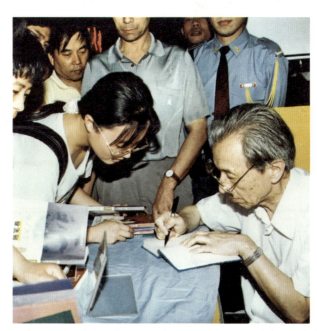

少年时代的开垒,对故乡人民的悲惨遭遇寄予深切的同情。他回溯了对宁波街头疲于奔命的劳动者印象之后,说:"故乡受难者的形象,是我从事文学创作最初的描写对象。"在他四十多

1996年7月徐开垒应邀参加上海作协组织的活动,为读者签名售书

199

年创作生涯中，记忆中祥林嫂似的故乡，一直隐蓄着他幽幽的、淙淙的、长长的文思流泉。如小说《两城间》《三代》和散文《黄昏钟声》《归去》等作品，都写有浙东地区的人情面貌，乡土风物。故乡对他的创作来说，犹如遥远的星辰陨落在他的笔下，闪烁着扑朔迷离的光。最近《浙江现代作家创作选》，就选入了他的《两城间》和《归去》。那是两篇富有旧时代浙江人民生活气息的作品。《两城间》中的主人翁叶柳说："我是生活在愚人与罪人之间，因而觉得对我的残酷。"这句话反映了作者在青年时代的苦闷与沉痛。

今天他对故乡的追怀，依然是殷切而深沉的，像晶亮的蚕丝绕在他莹莹的心头。他十分抱憾于惜别宁波之后，一直未能尽兴地畅游故地。虽在"文革"前夕，曾随一艘新客轮试航到过宁波，但因时间仓促，仅对君子街作了短暂的一瞥。另一回，是在"文革"中的一年冬天，他为父母叶落归根的遗愿，送双亲的灵魂安息于镇海墓地，又因世事纷乱沉沦，心绪郁闷苍凉，竟至于路过家乡而无心去旧居一顾。物换星移。祖国大地驱散了"十年"的阴霾之后，故乡尤以它神秘的诱惑力，常常在梦里牵动着他深情的向往。他说，最近将要去故地，看一看家乡的变迁新貌，游一游历代留下的名胜风光。

癸卯年画家张正宇画猫一幅赠徐开垒

老徐继续回顾他跋涉的文学道路。四十四年前，正当抗战爆发，他满怀愁绪，随父母亲离乡背井，逃到上海避难。在"孤岛"上继续读中学。1938 年 6 月，在柯灵主编的《文汇报·世纪风》副刊上发表到沪后的第一篇力作《阴天》，对"富人的天堂，穷人的地狱"给予无情的揭露和嘲讽，发出了"复仇的火焰在我们心中燃烧"的呼号呐喊，并预言"我们苍白的暗淡的青春，总有一天将发出光彩"。嗣后，又在《译报》上发表《擦皮鞋的孩子》《为了生活》等作品。1939 年，梅益主编的《上海一日》大型报告文学集，发表了他的《飞鸟》；同年，他又在《鲁迅风》杂志上发表了第一首诗《笼里》，唱出了"做一只候鸟吧，冲过阴沉的天色……"那少年时代希冀的心歌。1941年秋，他高中毕业，考入暨南大学文学院中文系深造。当时，主持文学院的是郑振铎；在中文系任教的，有郑振铎、王统照、傅东华等崛突于文坛，名噪一时的作家和诗人。在这良好的艺术熏陶下，进入青年时期的开垒一边攻读，一边创作，继续以"徐翊"的笔名发表散文、小说和诗歌，曾出过一本十万多字的集子。并在《自修》周刊上，以长篇连载的形式，发表了介绍文学史料和历史知识的《文知集》和《史心集》。抗战期间，他曾在柯灵主编的《万象》杂志，担任过编辑。抗战胜利时，在《文汇报》柯灵主编的《世纪风》和唐弢主编的《笔会》副刊上，写出了不少散文和诗。解放后，祖国经历着沧桑巨变，新人新事犹如百卉齐放，更使他情愫满怀，文思泉涌，谱下了许多田园诗般的动人篇章。他的作品很丰富很多彩。小说有《孟小妹》《葛老村》《两城间》《三代》等。散文，早期有《阴天》《黄昏钟声》《归去》等；中期有《阿满她们》《竞赛》《围垦区随笔》《雕塑家传奇》《新安江灯火》等；近期有《忆念中的欢聚》《山城雾》《岁月冲洗不了我对她的怀念》等。近年来，他还撰写了访问巴金、叶圣陶、曹禺、冰心、王统照等具有珍贵价值的作家印象记。今年人民文学出版社和安徽人民出版社，又分别出版了他的散文集《雕塑家传奇》和小说特写集《孟小妹》。

在开垒丰硕的创作成果中，数散文作品著称于世。他写下二百多篇散文特写，特别是他的散文写景状物曲尽其妙，遣词造句精警畅达，运思谋篇独具匠心。在1980年1月号的《人民文学》上，他曾被冰心誉为是当代"功力很深的散文作家"之一。

因为时至深夜，我只好要求他简扼地谈一点散文创作经验。他说，为文有许多唯有自知的冷暖甘苦。创作是副业，都是利用业余时间写作的。写散文，是为了抒发自己的情感，或者对自己说是一种享受。散文是作家直接抒发真情实感的文学样式。而真挚的感情，深邃的思想，则是散文的灵魂。

向老徐告辞走到街上，夜深，人静，雨霁，灯明，星亮。不禁使我想起人杰地灵的浙江，升起于文学苍穹中有众多的繁星。因为我曾在浙江度过十一年青春，所以愿把这颗宁波早慧、上海增辉的星，挂一漏万地介绍给读者朋友。

本文有删节——编者

《宁波文艺》1982年第1期）

唐弢致徐开垒的 48 通未刊书信

陈　蕾

2011 年 9 月初的某日，接徐开垒老先生来电，说自己前阵子因胆结石住院，今出院看见家门口的黄色留条，立即电话告平安，老先生还嘱我们有空去他家坐坐。那时正逢中秋前夕，于是隔日下午我们便如约去看望徐老，离开上海图书馆时突然下起雷阵雨，马路上车流即刻拥堵起来，车入文缘村时已过了约定时间。匆忙间按铃敲门，只见徐老已笑盈盈地坐在会客间等候我们了。几句寒暄后，他从隔壁卧室拿出了一沓珍藏已久的书信，老先生收藏工作做得认真仔细，每封信都用作文纸粘裱在后，保存得相当干净、完整。

关于这批书信的由来，徐老当日曾面告："唐弢同志 1950 年代调离上海赴北京工作后，长期与我通信，这些信至今还留在我的身边。1992 年唐弢去世后，组织编辑文集的同志曾来信要我把这些信寄去，它们原应交给北京中国社科院文学研究所编入《唐弢书信集》，但那段时间，我多次赴美国在儿子家休假，来不及应命，真是十分遗憾。现在把它们捐给上图，也算了却心愿，为我的恩师前辈找个永久安放之地。这些信很重要，希望你们好好保存。"

这批书信共 48 通，时间跨度为 1972 至 1985 年，现藏于上海图书馆中国文化名人手稿馆。《唐弢文集·第十卷》（社会科学文献出版社，1995 年 3 月出版）的说明中称："本卷是书信卷。承唐弢生前友好和有关方面的支持，前后共征集到唐弢书信八百余封。现从中选出书信 687 封收入本卷……"查《唐弢文集》及其余公开资料，未见此批书信，因而这四十余通被徐老视为珍藏的手札，更显弥足珍贵。

唐弢既是鲁迅研究专家，又是文学评论家，文学史家，曾与鲁迅先生有过直接交往。如今人们谈到唐弢时说得最多的，乃是唐弢晚年穷其主要精力而终究未能完稿的《鲁迅传》。唐弢虽然在 50 年代即有写作《鲁迅传》之宏愿，但囿于各方因素，撰写计划数度搁置（《新文学史料》1986 年第 4 期，《浮生自述——唐弢谈他的生平经历和文学生涯》）。甚至身处"文革"的动荡岁月中，他仍一直关注有关鲁迅的著作和各种材料，准备把《鲁迅传》的写作提上自己的工作日程。唐弢多次在信中与徐开垒谈起此项著述。

1977 年 8 月 3 日信中说："我以后将以全力从事传记工作，但临阵怯战，十分忐忑。这件工作很不好做，客观上条件困难重重，主观上水平又差，几年来，记忆大为衰退，即如《研究资料》（其实是向博物馆访问人员谈话稿）登的那篇，虽然大体事情是这样，而细节、时间，颇有出入。如写传记当然不能这样。心里极为担忧。"

1977 年 9 月 7 日信中说："今日起即转回北京校区，择地独居，考虑传记写作。"

1977 年 9 月 27 日信中说："我准备写传，开始构思，《尺素书》（《尺素书——有关鲁迅先生几件事情的通信》载于 1977 年 8 月《人民文学》第八期，署名唐弢。收入《回忆·书简·散记》，上海文艺出版社，1979 年）不过先投一块探路石而已。听听大家意见。……大家等小平同志来抓一抓，希望早日上轨道，以后能安心搞研究工作。我日渐衰老，望治之心更切。总愿能写些东西出来，条件虽然很坏，水平又低，老牛破车，努力以赴。传大约写四十万字，1980 年完成。写到这里，忽然想到似乎已复过来信，老来昏昏，令人慨叹。"

1978 年 1 月 4 日信中说："我前一时期身体不太好，闭门谢客，在此期内，倒写了几篇文章，但传记迄未动手，原因是条件还不成熟，而任务太多，也许今年下半年才能执笔。……传记并未下马，不知何人如此说。因为我于 61—64 年，曾主编过一部中国现代文学史教材，'文化大革命'中列为我的罪状（为 30 年代歌功颂德）之一，现在又有人认为是已有文学史中最好之一部，要我将它修改完毕。由于文科教材缺乏，也许我只得遵命搞。传记不能不暂时让路耳。目前尚未定局。"

然天不遂人愿，这部令唐弢念兹在兹并耗费巨大精力的《鲁迅传》（连载于《鲁迅研究月刊》，1992 年第 5 期至第 10 期）最终留给世人的，是前 11 章的未定稿，内容止于辛亥革命前夕。因此，完成《鲁迅传》的宿愿随着唐弢的离世而终成未竟之志，令人殊为惋惜。

唐弢的治学精神深为学界称道，谦逊严谨的学风在写给徐开垒的信中，也常有所现。

1972 年 7 月 16 日信中说："对于注释，我认为最好是把事实摆出来，有倾向性，使观点鲜明，就可以了……至于题解，我也以为最好把历史背景、时代环境、文艺界斗争情况、鲁迅为什么写这篇杂文、这篇杂文起了什么作用等说明就可以了，不必去解释文章内容。……我作题解注释时，是以三十年代时鲁迅对我讲过的一些话（不很多），以及我自己当时接触到的情况为线索，找到文字材料，才给注上，没有文字材料，但凭记忆，我怕靠不住，就暂时不注，等以后找到正式材料时再说。"

1972 年 11 月 2 日信中说："《上海文艺之一瞥》里的'闻鸡生气'，鸡不是'野鸡即妓女'，芸生我最初也以为是瞿秋白，现在又看了一些别的材料，又觉得十之七八不是瞿秋白了。注释确是难事，倘无实在可靠的证明，我以为不如不注。"

1972 年 12 月 5 日信中说："《门外文谈》，是我一手包办代注的，其实有些单字、单词是毋需注的，但为和他们已出的统一体例，终于也注上了，有些喧宾夺主。但也有些为十卷本《全集》所未能注出的，你如有'雅兴'，可以对照一下，并把意见告诉我。我们正在讨论四卷本选集的体例，注到如何程度等等，尊见当可供参考。"

注释在一定程度上可以成为衡量学术文章水准的维度，也是学问严谨程度的体现。唐弢对此有着深刻的自觉与严格的要求，注与不注的取舍裁量，记忆与文字材料的对比互证，亦从一侧面展露其深厚的学养。

唐弢虽长徐开垒近十岁，且深具文坛资历与威望，但其常直呼徐开垒为"老同志""老朋友"，毫无长辈晚辈之层阶隔膜。这四十余通信札，展现了两人历久弥新的友情。诸如寄书、买药等日常琐事，唐氏亦常托徐开垒帮忙寻购，并无尴尬，其信中首句总是"手书收到。前寄各书也拜收，十分感激"等语。

1973 年 10 月 10 日信中说："开垒同志：书两册于昨天收到，谢谢。本人之爱，于心不安。因为是旧相识了，老着面皮接受。宝剑赠英雄一语，实不敢当。"

收到徐开垒的赠书后，唐弢也常以回赠书籍的方式聊表谢意："开垒同志：收到 7 月 10 日惠寄书两册，感激无既。两书一册有定价，一册没有，颇使我为难，叨在知交，我就不把书款汇上了。兹寄奉《人民日报》《杂文书信选续编》一本，我估计此书你早已有了，还是寄上，不过'意思意思'而已。"（1972 年 7 月 16 日）

对于徐开垒的稿约，唐弢也在百忙之中尽力满足："承约为《笔会》写稿，以我和您的关系，和《笔会》的关系，不应不动笔。"（1982 年 3 月 15 日）

展信亦可深切感受到徐开垒为人的细心周到，唐弢对此也颇为感念。唐弢晚年饱受心脏病之苦痛："自 69 年得心脏梗塞症，中间经过 5 次大发作，都是由医院抢救回来的……"（1972 年 6 月 16 日）在购书买药的款项上，两人都有君子之风，唐氏对徐开垒并不见外："老朋友了，我就不客气的奉托。书款药钱，将来同你总算。"（1972 年 10 月 14 日）唐弢托徐开垒购买药物"潘生丁"（片剂），徐热心地回信介绍潘生丁与脉通之区别，令唐氏感激："承告潘生丁与脉通之区别，甚感甚感。"（1972 年 8 月 5 日）或出于感激，且为文坛同道、《笔会》师友，唐弢亦多次邀徐开垒赴京一叙，

甲辰初秋诗人芦芒画《钟馗醉酒图》，赠予徐开垒

情真意切，足见唐氏为人之好客并胸怀感恩之心：

1973 年 5 月 22 日信中问及："……你有机会公出至京否？多年不见，能相逢快谈，企翘之至。"

1974 年 9 月 11 日信中再度邀约："……知道你有青岛北游，快何如之。何日能来北京一行？人民首都，不莅临一下，似乎说不过去，目前又值秋高气爽，是北京最好季节。所述青岛情况，实不限于一地。大约北京、上海，是秩序最好的地方。"

直至 1980 年代初，徐开垒因公赴京，两位《笔会》老友，终于能在唐宅面叙月旦一番，多年的友谊，化作此时之快谈，令唐弢好不兴奋，只惜叹相会时光之匆匆："开垒同志：此番大驾来京，枉顾敝寓，相对快谈，稍抒积悃，实在是令人高兴的事，可惜时间太短……"（1982 年 3 月 15 日）

1992 年唐弢离开了人世，二十年后，徐开垒亦走完了生命的历程。似乎冥冥之中的天意，抑或是徐开垒生前的预感，在其生命的最后几月，将其珍藏的唐弢书信赠予我馆。从其对这批书信的保存与爱护程度，及赠函当日的口述忆往观之，他对唐弢的深切怀念与感佩之心，视唐弢为文坛导师的崇敬感恩之情，从初出茅庐的文学青年，到蜚声报林的《笔会》主编，一直未变。斯人已逝，文墨仍存，留给我们的，正是这一封封书信之中那淳厚的人文情怀与绵长友谊。

(2013 年 1 月 25 日《文汇报》)

搬家

徐开垒

我活了这十多岁，生平共搬了十次家，每次搬家景况都不相同，其间虽有太半可笑可悲之事，可供记述，但总的说来，第一次搬家，和最近一次（也许也是最后一次吧）对我说来，更有些特殊的意义。

第五辑　永远的怀念

第一次搬家，那还是我十三岁那年，当时抗战刚刚开始，敌人的飞机载整日整夜向宁波我乡投掷炸弹，夜半屋时有炸声，居民也很惊慌。宁波城内十室九空，十反笼罩着一种惊怖的气氛，当时我父亲就以此逃回来，把我们全都搬过去。

临离宁波的时候，我们没有向外人告别，不曾有他人向我们送行，因为当时事出仓卒，又正是假期内，亲戚邻舍，因为都已四散逃亡，

忆父亲：重拾往事

徐 问

父亲虽然离开我们五年了，每每想起他对我的好，仍黯然神伤。人世间最揪心的事情是，他走了，我却记得他为我所做的每一件事；人世间最伤感的事，是等我明白了他的眷眷之意，他却走了。他对我的养育教诲之恩，萦绕心际，历历在目……

记得父亲最早给我买的书，是在我小学一年级下学期，他带着我到南京路新华书店，帮我选了三本：《西汉故事》《东汉故事》《银河漫游》。每逢星期天，只要没采访任务，父亲都会给我们讲故事，他讲故事时神采飞扬，抑扬顿挫，很生动，再加上他的自由发挥，逗得我们哈哈大笑。有时候讲到动情处，那天讲到岳飞被秦桧害死，我们流下了眼泪。岳飞、刘关张桃园结义三兄弟、诸葛亮、蜀国五虎上将、林冲、鲁智深，这些人物在他的描绘中栩栩如生，讲到精彩之处，他会戛然而止。他的方法是，一本书先讲其中的几个精彩片段，使得我们对故事的前因后果感兴趣，然后自己就会自觉捧着书本迫不及待地读起来。《说岳全传》《水浒传》《三国演义》就是在我小学三年级的时候读完的。继而他又给我介绍了不少外国书籍，诸如《基督山伯爵》《牛虻》《居里夫人》《爱的教育》等等。这些书伴随着我读完小学。我如今也习惯了像父亲一样，一有空就会去逛新华书店，每一次都会收获满满，还经常把许多书空运到美国去。喜欢读书这也为我日后的工作打下了良好的基础。

为了提高我的写作能力，在读小学一年级第二学期的一天，他对我说，从今天开始，你每天要记日记，在此后很长的一段时间里，他每天下班回家再晚也要检查我的日记。记得有一天我贪玩，忘记写日记，已经睡着了，他把我从被窝里拖出来，让我穿好衣服，他说，写好了再睡。从此我再也没有忘记写日记了。不仅如此，父亲还常常给我的日记打分，写评语，改正文中的错别字，语法错误。记得有个暑假里，我天天写今天我吃妈妈买来的西瓜，和邻居同学下棋。父亲的评语是，徐问小朋友，你最近的日记天天写吃西瓜和下棋有什么意义？能不能写

1965 年徐问 10 岁时与父亲合影

1975 年徐开垒、刘秀梅和儿子徐问二十岁合影

徐开垒在新华路寓所与儿子徐问、孙子徐承棠合影

1991年徐开垒夫妇与亲家戴汉荣夫妇合影

徐问去美国后第一次回上海，在外滩与徐开垒、刘秀梅合影

211

（左起）徐承棠、徐问、徐开垒、刘凤珠（姨妈）、刘秀梅、徐音在上海合影

点有意义的事情？父亲看到我的日记有文字错误，比如的、得、地的区分，他就列出何时用的、得或地。

记得，在"文革"期间，当时批判读书做官论，批判知识分子是"臭老九"。但私下里父亲对我说，要学好中文，打好中文基础，背一些古文很重要。当时学校里都在停课闹革命，父亲找出他年轻时候用过的《古文观止选读》，让我背诵柳宗元的《五柳先生》《捕蛇者说》，欧阳修的《醉翁亭记》，李密的《陈情表》，韩愈的《师说》《杂说四》，陶渊明的《桃花源记》，范仲淹的《岳阳楼记》，刘基的《卖柑者言》等等。为我空虚的少年时代增添了一些充实的时光。

除了在学业上父亲是我的启蒙老师，平时的生活中他对我也是细致入微，关心备至。小时候早餐是吃粥，母亲烧好后盛到了碗里，我们着急上学，吃得肠子都感觉烫，也容易使胃生病。父亲就教我们吃粥的方法，先吃表面的，再吃四周的，然后吃中间的，一层吃好，再吃下面一层。用这个方法感觉粥不那么烫，速度也快了。又比如穿马路，一定要先往左看，再往右看。如果旁边有车看不见左方是否有车过来，一定要先将头探出去看左方有没有车过来，再过马路。他告诉我们，世界上没有比安全更重要的事情了，安全出了问题，什么都没了。这些生活细节他总是不厌其烦地告诉我们，希望我们养成良好的生活习惯。

我们小时候住在黄浦区江西中路 467 号麦林大楼，离圆明园路上的《文汇报》社较近。父亲平时忙于工作，家务自然是母亲全包了，但是一旦我发烧生病了，母亲到邻居家给父亲打电话，父亲立即就会赶到家里，背着我到山东中路上的仁济医院给我挂急诊。虽然过去五六十年了，现在想起我伏在他背上听着他的心跳，似乎还能感觉到心里暖暖的。

父亲不仅教我要养成良好的生活习惯，自己也身体力行。他把自己的东西整理得整整齐齐，有条不紊；尽管家里的书很多，他都摆放得很齐整；他的书橱每一本书都有它的位置；他去世后，我们整理他的遗物，书桌抽屉每一层都干净整洁；最让人惊叹的是，他集结了从幼年时到去世前的上万张照片，从135、120的相机到后来的傻瓜相机拍的，照相簿有30多本，照片按黑白、彩色、年代、与工作、与亲友、与家人，分类排列，妥妥地安插在每一本照相簿里，而且每张照片的后面都写着：某年某月某日、地点、左边是谁、中间是谁、右边是谁。还有父亲写的作品手稿，除了《巴金传》等他已捐出外，其余的手稿，都很好地保存下来。看着那每个格子里清秀的字体，心中的敬佩油然而生。他是个严谨的人，他对每件事情都是这么认真仔细。

他从66岁起应上海文艺出版社邀请开始撰写54万字的《巴金传》，历时四年，当时家里没有空调，寒冷的冬天半夜两三点钟起床，穿着棉鞋，厚棉袄埋头在写字桌上写作。夏天摇着蒲扇，汗流浃背趴在桌前，汗水把稿纸打湿。这些情景让我永生难忘。他的生活态度和工作态度一直激励着我，促使我养成对工作的高度责任感和强大的责任心。

我小时候兴趣广泛，喜欢折腾。父亲对我的爱好总是给予无条件的支持。读小学时，我喜欢集邮，每天晚上盼着父亲回家，因为他是一名编辑，每天都会收到许多读者来信，他再忙也会不厌其烦地将信封上的邮票剪下带回家给我。没过多久，我对做船模发生了兴趣，他就给我钱，让我到上海南京西路上的一家船模店去买材料，然后回家来组装。突然有一天我又对做木工活感兴趣，他就买了锯子、刨子给我，我用它做了一生中可以说第一只木箱子，也是亲手制作的最后一只箱子。多少年来这只箱子一直被父亲保管着，他舍不得丢掉。

尽管我的兴趣不断更新，甚至离谱，但父亲还是义无反顾地支持我。有一次我被单位选派去当了一次陪审员，很有感触，心血来潮写了一篇一万字的短篇小说《陪审员》，父亲就鼓励我把它投给了刚刚筹备的《宁波文艺》杂志社，不想在创刊号上发表了，遗憾的是，将我的名字徐问写成了徐向，这篇小说也是我此生唯一的一篇公开发表的小说。

"文革"期间，我在同学的影响下自学英语，由于当时缺乏学习书本，母亲到一位老教授家里借来语法书，父亲跑到外文书店，买来英文版两报一刊的长篇社论《无产阶级专政胜利万岁纪念巴黎公社成立一百周年》，让我每天背一段。

学了英语，我又对文字翻译感兴趣，在一个酷暑的夏天我翻译了一位英文作家写的中篇小说，小说的名字不记得了，内容讲的是一只狗的故事，很感人。父亲专门带我到翻译家李俍民家里，他是长篇小说《牛虻》的译者，请教他如何学外文，记得李先生告诉我，要翻译好外文，最为重要的是学好中文，他说，你自己第一语言没学好，如何将外文表达得好？李先生说的话至今记忆犹新。

我的兴趣和爱好，无论最后结果如何，父亲还是一如既往地支持我，并不会由于我的常立志，兴趣多变而改变对我的支持。1986年我参加了改革开放后第一次全国律师资格的统考，顺利通过了考试，拿到了律师执照，并且在上海市政府机关工作。父亲就告诉我，你的责任重大，业务水平必须好好提高，他就联系我的大伯，民法专家徐开墅教授，因此我一有空就到大伯家去旁听他给研究生的讲课。

1988年我放弃了在政府里的公职，去考了托福，申请自费留学到美国加州大学伯克利分校读法学硕士，父亲知道后，给予我全力支持，并告诉我趁年轻，应该到外面世界去看一看，闯一闯。他还用自己的稿费给我买了去旧金山的机票。到美国后，我历经了在国内从没有遇见过的事情，碰到了很多的困难，尽管如此，我毫不气馁。父亲一直关注着我，不断来信给予安慰和鼓励。他来美国，看到我这十年的辛劳打拼，回去跟我姐说，徐问在美国真是很不容易啊，没有任何依靠，完全是靠自己。

我到美国后，父母亲曾四次到美探访，最长的一次居住了约一年的时间。我陪他游历了许多城市，洛杉矶、圣地亚哥、拉斯维加斯、芝加哥、达拉斯、西雅图，我们从没这么长时间在一起谈论过去，谈论现在，谈论未来……

在父亲的长期教诲下，我逐渐成熟了。我在美国硅谷从事了近20年的高科技风投基金工作。父亲鼓励我说，你具有中西方文化教育背景，了解中美法律，又熟悉中美两国的经济环境，把外国的先进技术引进来，对国家和个人都是好事情。在父亲的鼓励和支持下，我夜以继日地工作，几乎每月都在中美之间当空中飞人。按理说，我与父亲距离更近了，应该交流时间更多了，可是我的工作一展开就收不住。虽然我一有时间就会去看他。最难忘的2012年1月14日那一天，临近春节，我去看他，一起吃饭帮他解决一些家务上的事情。记得临走时，父亲对我说："徐问，你还有什么话要对我说的吗？"我那时没有反应过来，总想忙完了这一阵一定好好陪陪他。想不到1月19日他竟撒手离我们而去，走得太突然，真没想到这是我们最后的一次见面。现在我的业务在稳步发展，父亲却再也看不到了，每每念及，我痛心不已……

编撰本书了却了自己多年的一份心愿，此间，得到老友浦祖康的倾心支持，在此表示衷心的感谢。

久违的心愿

徐　容

父亲，你离开我们已经有四年了，时间飞快！但对你的思念与日俱增。随着自己也到了知天命的年龄，却越来越想念你和妈妈。我总觉得你们没有离开我们，你们还在关心着我们，牵挂着我们，看着我们。

我经常会到莲花山散步，到你曾经坐过的那张凳子上坐一坐；在海田路拐弯处那块宣传栏前，我会在那里驻足半天，因为我们曾经在那里聊天；每年清明前我到上海，也会到新华路上的那个邮局去看看，走进里面，回想陪你在那里取稿费的情景；我走进联华超市，遥想你在生前的最后一天去买果汁，准备过春节，迎接我的到来……我18日和你通了电话，因为我已买好20日来上海的飞机票，你却在19日晚上十一点半走了，你为什么不等着我呢？

我去江西插队才十六岁，你是多么的舍不得。1970年3月22日那天，在送我上火车的一刹那，我以前从没看过你流泪，你哽咽地对我说："不要怕，有爸爸妈妈为你做后盾。"在江西农村插队期间，十年里，你给我写了四百多封信，足有二十来万字；每封信字里行间、密密麻麻写满了你对我的爱和期望。你还把我与你通信的信件装订成厚厚的十八本，保留至今；在那个国

老树发新枝。《文汇报》老干部办公室彭忠华为徐开垒新著问世所摄。"赠龙弟、容容、馨文留念——开垒"

215

2009 年 2 月徐开垒与大女儿徐容在深圳合影

2010 年 2 月 17 日徐开垒与外甥女崔馨文在深圳大学合影

家经济已经到了崩溃的地步，经济生活十分困难的年代，你和妈妈及全家节衣缩食给我寄了一百多个包裹，包裹用线缝制，你娟秀的字体在布袋上一次一次写着我的名字。记得里面有炒面粉、麦乳精、香肠、风油精、书籍、衣服等等，倾注了你和妈妈对女儿满满的爱。你教育我们做人要诚实，要低调，少说话，多干事。我的每一步成长你都没少操心，我的每一次进步你都及时给予鼓励。

你保存了我们写的日记，我们很小的时候你就让我们写日记，你对我说，一写东西就会思考问题，就会逼着自己想去读书，找资料。我遵从你的意见，每天坚持写日记到现在。

2010年徐开垒在深圳华侨城和大女儿徐容、女婿崔龙弟合影（崔馨文摄）

今天翻看那时的日记十分有趣：1964年8月30日，星期日，晴。这天我写了看电影《古刹钟声》的观后感，你破天荒给了我一个95分。最后还有一段评语："今天日记写得很好，但还有漏字、别字，要注意改正！"

1964年7月23日，星期四，阴。这天我写了和同学一起到少年宫游玩的事情。你给我打了90分。最后评语是："题材选择得好，文字也通顺，但仍有错别字，字也写得不够整洁。"从1964年4月到1967年8月一共有十六本日记本。1970年3月到2001年写了二十二本日记。之后的日记都在电脑里完成了。

1979年6月2日，你在来信中说，"邮寄《历代文选》上下两册，值得认真学习。你从事写作，如没有古文基础，总是个大欠缺，今后要利用这部书补一下。要背诵。这部书编得很好"。

我喜欢摄影是受你的影响，你在世时，经常拿着相机为我们拍照，你最拿手的是抓拍，趁我们不注意的时候，拍下那精彩的一瞬间。2011年1月20日，我在日记中写道，早晨起床，看到窗外下着大雪，树枝上挂满了白白的雪花。这对多年未看到过雪的我来说，好惊喜，好兴奋。就打开窗户，这时候，你站在我的身后，拍下了我看雪的背影。谁能想到一年后几乎是同一天，你竟然会离我们而去！每年春节你到深圳来，总会嘱咐我要给你多拍几张照片，并且洗出来你要带回上海去，留着纪念。有一次，我因工作忙乱在你走之前没将照片洗出来，你就不高兴了，当时并不太在意，总觉得不就是几张照片吗？有必要发这么大火吗？马上给你去洗，第二天就寄给你。现在才知道，你要留住时间，而照片最能保存记忆。现在我开始关注摄影，一拍照我脑子里就会呈现你的影子，我后悔那时没重视摄影，没给你多拍几张照片。当时你为我们拍照，我们总不以为然。人在的时候总感到什么都无所谓，可一旦走了，再来追寻就已经来不及了。好在你给我们留下了各个时期你和家人、朋友、同事、采访对象的上万张照片，来弥补缺憾。

春节回家，我感冒了，你顶着寒风去药房给我买药；1990 年 10 月 18 日凌晨 3 点 57 分孩子出生，你一早六点多赶到徐家汇国际和平妇幼保健院将妈妈烧好的饭菜送给我吃。

你用文字给我们留下了不可忘却的记忆，在我的家里，随时可以看到，你写给我们的信，寄给我们的明信片，那自成一体的徐体，一眼就能认出来，从这里我感觉到你虽然离去，但是实实在在有温度的留在我们的心里。你利用编辑工作之余写出了很多脍炙人口的散文精品，先后出版了《芝巷村的人们》《崇明围垦散记》《雕塑家传奇》《鲜花与美酒》《徐开垒散文集》《徐开垒新时期文选》《家在文缘村》《在〈文汇报〉写稿 70 年》。

特别值得一说的是《巴金传》，你在六十六岁时，毅然挑起这副重担，克服重重困难，采访了无数和巴金有关的人，历时四年，写出了五十四万字的《巴金传》。上海作协副主席、作家、诗人赵丽宏评价："你撰写的影响巨大的《巴金传》，是你一生创作的高峰，你用朴素的语言，深挚的感情，叙写了巴金漫长曲折的一生，表达了对这位文学大师的爱戴和敬重，也将自己对文学的理想，对真理的追求熔铸其中。"

我这两天重读《森林与森林老人》《香港随笔二题》。发现竟然写得

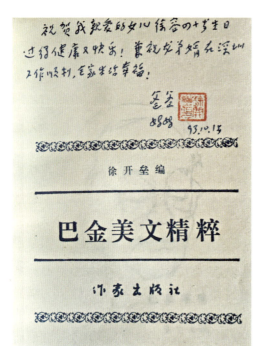

如此深刻，余味无穷。难怪称您为恩师的赵丽宏说："你的文章从不虚张声势，也不故作高深激烈，你总是用你的诚恳真切走近读者。读你的散文，仿佛是面对一个心地善良的长者，一个善解人意的朋友，你以平和朴素的态度，温文尔雅的语调，为读者描绘世态万象，也剖露自己的灵魂。你的文字，如流淌在起伏山间的一道溪流，蜿蜒曲折，晶莹清澈，在不经意中把人引入阔大的天地，使人感叹世界的美好和人心的辽阔。"

1979 年 4 月 8 日你在给我的信中说："三月二十一日我在《文汇报》写了一篇《红楼梦研究的题外话》，各方面反映很好，北京叶圣陶（前教育部副部长）同志八十六了，看了这篇文章，特也来信，奖勉有加，说'非常钦佩，高见深得我心'。……"我当时还在江西，我为你高兴。

有人说，把工作干到极致，我想你就是这样一种人。你一辈子服务于《文汇报》，在那血雨腥风的日子里，经历了一次又一次的运动，你要我们少说多做，做人要低调。你与《文汇报》文艺副刊的关系是从 1938 年开始，到 1988 年离休，历时五十年。离休后你还是在为副刊写稿到 2008 年止。为此，在你八十八岁时，文汇出版社为你出了一本书《在〈文汇报〉写稿 70 年》，书里收集了你从十六岁开始写稿到八十八岁的作品，可能是报界绝无仅有。你与《笔会》的关系是从读者到作者，又从作者到记者，然后再从记者到编者；在副刊编辑岗位上，前后付出了将近三十个年头，那正是你一生中最好的时光。复旦大学中文系教授陈思和 2016 年在纪念《文汇报·笔会》创刊七十周年撰写的文章中写道："在这里，我特别想感谢一个人，就是四十年前《笔会》的主编徐开垒先生。他主编的《笔会》，格调高雅，版面淡雅，文风儒雅，创造了一种大雅的知识分子文学传统。这个传统至今还保持在《笔会》的版面上，成为爱读者们陶冶心灵的一方净土。七十年过去了，《笔会》的主编已经从我的前辈延续到我的同辈又延续到我的学生，但斯人斯风犹在，徐先生不朽了。"《文汇报》前副总编辑史中兴在纪念文章中这样写道，如果说在副刊中《笔会》是个大牌、名牌，那么开垒，也就是当之无愧的大牌、名牌编辑。"他为人低调，友善待人，做事严谨，以为人做嫁衣为乐。他说：'我编报纸副刊时，每天来稿来信总在百件以上。这好似我每天有机会听一百多人同我谈心、讲故事，甚至吟诗唱歌、发议论提意见。所以，几十年过去，我认识的人比做记者时更多。我的通讯录每年更换，我的熟人越来越多是我的一大快乐。'无论专家、名流，还是名不见经传的年轻人，他都一样热情对待。有的退稿还要写上具体意见，或约作者到编辑部讨论。一些年轻人记住他，把他当成朋友。不是投稿，有时也会找上门来聊聊。"

你珍爱文字犹如生命，对别人寄给你的片言只语，你都如获至宝。1990年8月我从南昌来上海待产，你就让我整理作家、朋友、作者、读者、通讯员写给你的信，从1981年到1989年，按年份装订成册，共有二十多本。

你去世后，到今年还有许多人，写文章倾诉对你的缅怀之情和感激之情。可见你是一个让大家永远牵挂的人！

你去世后的第二年，徐问到深圳出差，郑重其事地跟我说，父亲一辈子最喜欢的是书，他写了许多文章，也出了不少书，我们能不能为父亲出一本书？我欣然答应了，这不仅仅我是家里的长女，也是因为我曾经当过二十多年报纸的编辑记者，你最看重的是我，作品里有好几篇都写到我，尽管我当时并不以为然。

徐问提出来给你出书，是我义不容辞必须要承担下来的事情。徐问工作非常忙，从事创投基金工作，为了对投资者负责，他几乎每天不分昼夜地工作着，半个月在国内，半个月在大西洋彼岸。尽管这样，他还经常在电话和微信中与我讨论书稿的事情。经过反复斟酌，在确定了总体框架之后，我们用发自肺腑的情感，倾力编排了这本《重读徐开垒》，希望一慰你的在天之灵。

永远怀念你——用我们的方式为你出书，将你留下来的东西传承下去。

2016年10月于深圳

父亲徐开垒

徐 红

上海，新华路，一位头发花白的老人拄着手杖在凛冽的空气中蹒跚前行，后面阿姨推着轮椅紧跟着，这一天，距离龙年只差四天，距离他九十周岁只差47天。

父亲的一生，以新闻工作为经，把文学创作当纬，在岁月的长河里交织成色彩斑斓的图画，一直延续到他生命的终点。作为新闻记者，他记录着时代的变迁；作为作家，他留下了影响深远的篇章。

父亲是非常敬业勤奋的人，他在家里留给我们的是一个伏在书桌前的背影，常常白天工作，半夜写作，冬天披着棉袄，夏天扇着扇子。在他六十多岁退居二线后，历时四年到各地奔波完成了五十多万字的《巴金传》，其中的辛苦和艰难，超出了他的年龄和体力所能承受的。

1991年重阳节前夕七位属狗的文化名人应上海电视台"今夜星辰"之邀聚会。（右起）秦怡、徐开垒、魏绍昌、白沉、唐振常、濮之珍、蒋孔阳

在父亲的晚年，每年总能在报纸上看到他的文章发表，只是近两三年来数量越来越少。他日渐羸弱，耳朵重听障碍日益严重，这让他感到痛苦，与人打电话不能轻松地交流，开会只能看着别人的表情揣摩意思。字写得越来越小，以致后来自己都难以辨认，不能再动笔写作，更让他无奈和悲哀。为此，他曾经在我面前做了一个绝望的表情和手势，让我顿时转过身伤心得难以自抑。

但是，即使这样，父亲还是没有停止文学工作和社会活动，他我行我素，做着自己想做的事情，让自己的人生有一个完美的谢幕。2009年，他编选出版了三十四万字的《徐开垒新时期文选》、二十八万字的《在〈文汇报〉写稿70年》两本文集，书里加印了许多照片。父亲一生积存了大量的作家书信，这几年他翻箱倒柜整理出了二百多封作家书信，慷慨地分批捐赠给上海图书馆等单位保存，他也有意通过整理这些书信撰写回忆文章。父亲有记日记的好习惯，他的日记从"文革"以后一直记到生命的最后一天，在他逝世这一天，他记录了外出理发和购买物品。在他的日记里，沉淀着他多少人生印记，或痛苦或快乐。

父亲在晚年一直有计划地安排自己的生活，总想尝试一些新事物，如他所说"与社会保持接触"。他把自己的生前身后事安排得妥妥帖帖，但还有一些没来得及完成，恐怕这也是父亲寄希望于我们的。

因为呼吸衰竭，父亲半夜从家里送到医院抢救不及去世。父亲逝世前半年期间四次住进医院，每次总要急着出院回家，即使在医院他也要回家看看。有一次他偷偷溜出去，被闻讯等在医院门口的保安从出租车里"请"出来，差一点酿成"徐开垒失踪事件"。

1991年重阳节，上海电视台《今夜星辰》节目邀请父亲等7位属狗的文化界人士在荧屏亮相，后来他每每戏称自己为"最后一只男狗"，现在，最后的"男狗"也走了。父亲住过的"荧荧楼"从此灯光熄灭，再也看不到他伏案写作的背影。

应该为父亲感谢的有许多人，父亲去世前一天来拜访的赵丽宏先生，他执意来参加我们的家庭告别仪式，与我们一起目送父亲的灵车远去。上海和外地的诸多文友在博客、微博上陆续开帖悼念，跟帖忆旧。作为徐开垒后人，我谨在此一一鞠躬谢过。

（2012年2月22日《新民晚报》）

笔间人生永不散

崔龙弟

　　暮春时节，去上海参加岳父徐开垒的骨灰安葬仪式。在墓园里，看着老人的骨灰盒入土，我的心不禁一阵抽搐——老人虽已年届九十，但突然辞世仍让我们感到意外。因为年初，他还接待了巴金研究会的人，精神十足地翻看了数十年来与巴老交往的手札、笔记、录音带，还有为撰写《巴金传》专门搜集的各种资料。他承诺，稍作整理之后将全部捐给巴金故居收藏。不料翌日突发哮喘逝世，未遂的愿望竟成了他生前的一大遗憾。

　　岳父1949年9月进上海《文汇报》工作，1957年任《文汇报·笔会》主编直到离休。期间，除"文革"中被下放到工厂劳动改造以外，二十多年里，他一直在《笔会》耕耘。他约写的巴金"文革"后的第一篇文章《一封信》在《文汇报》上刊出后，国内外读者都得知巴金还活着，并惊喜地看到中国的文艺政策正在发生质的转变。复旦大学学生卢新华的小说《伤痕》，也是他编发在《笔会》

1997年徐开垒在深圳青青世界与女婿崔龙弟合影

上的。《伤痕》以及接踵而至的"伤痕文学"大潮，吹响了当代文学"解冻"的号角，以至当时《文汇报》被全国读者争相传阅。多年后，岳父告诉我，当时拿到《伤痕》的稿子，很犹豫。报社领导建议他让巴金"把把脉"，他便带着《伤痕》的清样去征求巴金的意见，得到巴金的坚决支持，这才底气大增。

离休后，岳父仍一如既往地鼓励和提携业余作者。前年夏天酷暑，为推荐一篇业余作者的文章，88 岁的他居然冒着 42 摄氏度的高温，大中午挤进没有空调的公交车赶去《文汇报》送稿，吓得报社老干部办公室的同志赶快派车将他"押送"回家，并严厉地批评了因瞌睡而没有"看管"好老人的女儿。

正是这种数十年一以贯之的编辑品格和责任，成就了《笔会》的优良传统，也成就了他的报人地位。

因为长期编辑《笔会》，岳父与各个时期的作家、诗人、文艺评论家的交流特别多。他很有心地把所有信札装订成册，年复一年，几乎没有间断过。1993年以来，他抽拣出巴金、冰心、沈尹默、赵朴初、叶圣陶等文化名人的亲笔信札二百余件，还有他自己包括《巴金传》在内的六十五篇手稿等，捐赠给了上海图书馆的中国文化名人手稿馆等文化机构。我们家人都知道这批手札的分量以及所谓的"市场行情"，但老人执意为之，义无反顾。2011 年 1 月，他又捐出了十封荒芜、碧野、臧克家等十位"左联"作家的手札。

1999 年 3 月 7 日在上海图书馆参加捐献活动。徐开垒（后排右七）捐出沈尹默、叶圣陶、冰心给他的部分信件。参加活动的还有蔡尚思、贾植芳、赵清阁、杜宣、罗洪、何满子、于伶夫人、翁泽永、叶辛、赵长天、王安忆、王小鹰、陆星儿、曹雷等

岳父自 1936 年 10 月在叶圣陶主编的《新少年》发表了处女作《两个泥水匠》后，七十多年来笔耕不辍，尤其是散文创作为他赢得了广泛的声誉。

1956 年发表于《人民日报》的《竞赛》，全文不到一千字，其隽永婉约的笔触，灵动地传递了一种中年人才能品味的少年情致。当你听过老狼唱的《同桌的你》后，不妨再静下心来细读一遍《竞赛》，你可能又会为某些感悟而感动。

1980 年发表于《人民文学》的《忆念中的欢聚》，则是他当时为数不多写得比较放松的散文之一。文章以拟人化的方式，将他游历过的城市赋予各自的性格和色彩。当诸多城市如释重负地在一夜间于他的梦中相聚北京时，你能真切地感受到他对国家走向复兴的欣喜与期待。

1989 年写的《家事》也发表在《人民文学》。此文仍以他惯常娓娓叙述的方式，写了一幕兄弟姐妹几个春节期间的聚会场景。散文舒展白描手法，勾勒各人不同的人生遭际和相似的曲折辛酸。寻常的悲欢离合的家事中，实在饱含着呼之欲出的亲情。

还有《山城雾》《幽林里的琴声》《新安江灯火》等作品，老作家柯灵说："披阅这些散文，给读者一种感觉：仿佛在秋天宁静的午后，坐在四野无人的时间长河边，谛听它在阳光下淙淙细语，诉说它经过的沧桑变革。"

岳父对文学事业的热爱和探索得益于他的勤奋。接上海文艺出版社之约撰写《巴金传》时，他已六十六岁。对常人而言，完全可以颐养天年了，但他却不乏"悲壮"地接下了这个重大的任务。现在回过头来看，他的《巴金传》真是写得太累，太难，太辛苦了！《巴金传》自 1988 年开始在《小说界》连载，直到 2006 年他八十五岁之际，才出了最后的修订版。其间一版再版，一改再改，历经近十年。我想说，这部五十四万字的《巴金传》可能不是巴金相关的传记中写得最好的一本，但其披露的资料和传递的信息应该是最丰富最翔实的。

岳父还很细致地把"文革"期间的大字报选编本、红卫兵战报、"内部"大批判文件等等现在难得一见的史料，以编年体方式装订成册。这批藏品珍贵就珍贵在品种多、门类齐、数量可观，代表了各个阶段"斗、批、改"的政治导向和矛盾焦点。巴金曾提议建"文革"博物馆，日后如果真要筹建，相信这批史料会十分有用。

（2012 年 6 月 11 日《人民日报》副刊《大地》）

怀念叔父徐开垒

徐承耕

三叔，您辛卯年末突然病逝，已有四十九天了。我们悲伤的心情难以平抑。夜深人静时想起您，我彻夜难眠，您那慈祥温和的笑貌，关爱晚辈的问候时常浮现我的脑海中。

近日，捧出书橱里您生前陆续送我的一大摞书，翻阅您的散文集，又读名篇——《家事》。您写上世纪 80 年代末的春节，父辈兄弟姐妹在您的家里团聚的难忘情景，文中您讲述了我父亲和叔叔们，以及姑妈与姑父的人生履痕，磨难和成就。读后感触深沉，往事浮起。

上世纪 50 年代末，家父遭遇磨难，家里经济来源仅靠母亲每月 60 元的工资。是您首先伸出援助之手，从每月不高的收入中抽出部分，扶助我们五个兄弟姐妹生活和读书。那时我还在读小学，每逢学期放假，您和三婶邀请我们去您家玩，你们在圆明园路、控江新村的住所里招待我们的情景至今还记忆犹新。"文革"结束，我已在工厂工作了，您也重返《文汇报》主编副刊《笔会》，您又不时地寄给我"《文汇报》通讯员辅导材料"，帮助我提高写通讯报道的水平。

1999 年父亲去世后，我们兄弟姐妹逢年过节去新华路"文缘村"拜望您和三婶，您还是那样地关爱我们，关心晚辈的生活、学习、工作。2000 年元旦过后，我陪母亲去探望您，您送给我们刚出版的新书《家在文缘村——徐开垒散文自选集》，书的扉页上清整秀丽地写着："蓉芳大嫂、承耕贤侄：留念，并祝新年安吉，身体健康，工作顺利，事业兴旺！开垒二〇〇〇年一月三日"。以后每年都有新书送给我们，直至去年 12 月 15 日，我与哥去看望您，您又送了三本签名书给我们。每次看望您，都能从您那里聆听教诲，感悟精神动力。我清楚地记得五年前的国庆节，在您的书房里，闲谈中我流露出，自己将到退休年龄，事业无成就。您以平静的口气纠正我说，"你这年龄正当成熟兴旺时，要有精神，就有成就。"是呀，您年逾古稀，还著书《巴金传》，我父亲年近八十时，还编写《民商法辞典》。父辈的榜样给了我们力量。

226

　　前年 12 月，我母亲八十九岁生日时，您执意前往参与我们的家宴，为母亲祝寿。去年 3 月 6 日，我们全家在顺风酒店，为您八十九岁生日祝寿，那时的您，举止根本不像耄耋老人，除了耳背，读报看书不用戴老花镜，您告诉我们，您四十几岁时戴过老花眼镜，现在反而不用了。您还总结养生箴言："脑要用、身要动、心要松、腹要空。"我们戏言您返老还童了，好好保养，百岁目标没问题。然而，去年下半年起，您连续住院，身体状况日显衰弱。年底，我们看望您时您显得很消瘦。您说，由于胆囊炎，饮食控制了，好多东西不能吃，人瘦了，坐板凳感觉股骨痛。望着您那清癯的面容和惆怅的表情，我心头一阵酸楚。回去后，想打电话建议您中药调理，但怕您耳背通话不便，打算春节拜年时告知或通过您女儿徐红转告。可是，万万没有想到一个月以后，您遽然离开了我们，我内心的愧疚怎么也消散不去。

　　1 月 20 日上午，徐红堂妹打电话传来噩耗，您在 19 日子夜默默地走了。家人遵照您的嘱咐简办了丧事。您生前一向低调处世，走了也简化一切，然而，您优秀文品与人品的高度统一是人们所公认的。您离世后，我们才知道您把二百余封作家书信捐献给上海图书馆，把五十四万字《巴金传》手稿捐献给上海当代作家手稿收藏展示馆，您还多次向地区红十字会捐款资助帮困。您留给自己的少之又少，给予社会的却多之又多。

　　敬爱的开垒叔，您的《家事》以及 1989 年春节，父辈们相聚在您的家里的录像，我们一遍又一遍地看过。二十多年过去了，我父亲、二叔与二婶、姑妈与姑父、三婶相继离开了人间。现在您也离世了，又与天堂的兄弟姐妹相会了。您及父辈们为我们留下了为人为文的精神财富，其价值是无价的。您评价巴金说，生活着是一种力量，走了也是我们一个榜样。同样，我们的父辈在世时给予我们的是力量，离世后留给我们的是精神。我们永远会像父辈那样，勤奋刻苦地追求知识，为人正直、清廉淡泊，做一个堂堂正正的人。

　　叩拜三叔，我们永远怀念您。

2012 年 3 月 7 日

2002 年徐开垒刘秀梅与小女儿徐音在美国旧金山合影

2009 年 1 月徐开垒与徐问在深圳合影

　　2007 年 8 月徐开垒在旧金山和徐问、徐音全家聚会，祝福孙子棠棠 21 岁生日。（左起）儿子徐问、儿媳王玲娣、孙子徐承棠、外孙程晨、女婿程伟、小女儿徐音

徐开垒与徐问（右）、徐音（左）在旧金山

2007 年徐开垒在旧金山与孙子徐承棠（右）、外孙程晨（左）合影

2007 年徐开垒与小女儿徐音、女婿程伟合影

2008 年 6 月徐开垒与外孙程晨在上海合影

搬家

徐开垒

我今年七十三岁，生平共搬了十次家，每次搬家景况却不相同，其间既有不少可歌可泣，可使记述，但容略说来。第一次搬家，和最近一次（也许也是最后一次吧，）对我说来，更有些……的意义。

第六辑　难忘的记忆

第一次搬家，那还是我十五岁那年，当时抗战刚刚开始，敌人的飞机成整日整夜向宁波城多投掷炸弹，不论何处时有炸毁，居民也很……。宁波城内十室九空，市区笼罩着一种恐怖的气氛。当时我父亲就从上海回来，把我们全部迁往上海去。

将离宁波的时候，我们没有向什么人告别，也没有什么人向我们送行。因为当时实告仓卒，……是偷偷地进行，以威胁居民……

恩　师

——怀念徐开垒先生

赵丽宏

2012 年 1 月 20 日上午，我的手机铃响，屏幕上的来电者显示出你的名字：徐开垒。我打开手机，像往常一样，准备和你聊天。但手机里传来的却是你女儿抽泣的声音。她告诉我，你昨天晚上身体不适送医院，昏迷后再也没有醒来。

我放下电话，脑子里空空一片。前一天，我还坐在你的书房里，看着你慈祥温和的微笑，听你谈过去的往事。你怎么突然就走了呢，开垒师！

此刻，独自在家，面对着你几十年来送给我的一大堆书，回忆的门帘缓缓打开，一时难以合拢。远去的岁月，又倒退回来，将很多难忘的情景一一重现在我的眼前。

我和你的交往，起始于上世纪 70 年代初。那时，我还是崇明岛上的一个"插队"知青，在艰困孤独的生活中，读书和写作成为我生命的动力。最初向《文汇报》投稿时，我并没有多少信心，《文汇报》的副刊，是明星荟萃之地，会容纳我这样默默无闻的投稿者吗？出乎意料的是，我的一篇短文，竟然很快被发表了。发表之前我并没有收到通知，以为稿件已石沉大海，或许已经

2011 年 12 月 23 日徐开垒和赵丽宏一起访问巴金故居

被扔进了哪个废纸篓。样报寄来时，附着一封简短的信，我至今还清楚地记着信的内容："大作今日已见报，寄上样报，请查收。欢迎你以后经常来稿，可以直接寄给我。期待着读到你的新作。"信后的落款是：徐开垒。读着这封短信，我当时的激动是难以言喻的。虽然只是寥寥几十个字，但对于一个初学写作的年轻人，是多么大的鼓舞！你的名字，我并不陌生，我早就读过你不少散文，你是我心中敬重的散文家之一。你的《雕塑家传奇》《竞赛》和《围垦区随笔》，曾经打动过我少年的心。在此之前，我并不知道是你在主编《文汇报》的副刊。对我这样一个还没有步入文坛的初学者，你不摆一点架子。此后，只要有稿子寄给你，你每次都很快给我回信，信里没有空洞的客套话，有的是真诚热情的鼓励。如果对我的新作有什么看法，你在信中会一二三四谈好几点意见，密密麻麻的蝇头小字，写满几张信笺。即便退稿，也退得我心悦诚服。你曾经这样对我说："因为我觉得你起点不低，可以在文学创作这条路上走下去，所以对你要求高一点。如果批评你，你不要介意。"我怎么会介意呢，我知道这是一位前辈对我的挚切期望。那时，《文汇报》的副刊常常以醒目的篇幅发表我稚嫩的散文和诗，我心里对你充满感激。

你是一个忠厚善良的人，对朋友，对同事，对作者，对所有认识和不认识的读者，都一样诚恳。记得有一年春节前，我去看你，手里提着一篓苹果。那时食品供应紧张，这一篓黄蕉苹果，是我排很长时间的队，花三元钱买的。我觉得第一次去看望老师，不能空着手去。到你家里，你开始执意不收这篓苹果，后来见我忐忑尴尬的狼狈相，就收下了。说："以后不要送东西，我们之间，不需要这个，你又没有工资。我希望的是不断能读到你的好文章。"这样一句朴素实在的话，说得我眼睛发热。春节过后，你突然到我家来，走进我那间没有窗户的小房间。你说，我知道你在一间没有阳光的屋子里写作，我想来看看。你的来访，让我感动得不知说什么才好。走的时候，你从包里拿出一大袋咖啡粉，放在我的书桌上。那时，还看不到雀巢之类的进口咖啡，这来自海南的咖啡粉也是稀罕物。以后，你多次来访问我的"小黑屋"，和我谈文章的修改，有时还送书给我。你不是一个健谈的人，我也不善言辞，面对着自己尊敬的前辈，我总是说不出几句话。有时，我们两个人在一盏台灯昏暗的光芒中对坐着，相视而笑，在你的微笑中，我能感受到你对后辈深挚的关切。你是黑暗中的访客，给我送来人间的光明和温暖。遇到你，我是多么幸运！

"文革"结束后，万象更新，那时见到你，觉得你发生了很大变化，以前常常显得愁苦的脸上的笑容多了，说话也变得兴致勃勃。1977年5月，上海召开

"文革"后的第一次文艺座谈会，一大批失踪很久的老作家又出现在人们面前。那天去开会，我在上海展览馆门口遇到你，你兴奋地对我说：巴金来了！你还告诉我，《文汇报》这两天要发表巴金的《一封信》，是巴金复出后第一次亮相，是很重要的文章，要我仔细读。在那次座谈会上，我第一次看见了巴金和很多著名的老作家。座谈会结束的那天下午，在上海展览馆门前的广场上，我看到巴金和几位老作家一起站着说话，其中有柯灵、吴强、黄佐临、王西彦，他们都显得很兴奋，谈笑风生。我也看见了你，你站在巴金的身边，脸上含着欣慰的笑，默默地听他们说话。

我读了巴金的《一封信》，这是一篇震撼人心的文章，其中有对黑暗年代的控诉，也有对未来的憧憬，是一颗历尽磨难却没有放弃理想的心灵在真情表白，泣血含泪，让人感动。你约巴金写这篇文章发表在《文汇报》，是当年文坛的一件大事，可以说是举世瞩目。《文汇报》的文艺副刊，在你的主持下，从此就开始了一段辉煌的时期。很多作家复出后的第一篇文章，都是发在《文汇报》副刊上。副刊恢复了"笔会"的名字，这里名家荟萃，新人辈出，成了中国文学界一块引人瞩目的高地。

那一年恢复高考，我曾犹豫是否要报考大学，觉得自己走文学创作的路，不上大学也没关系。我找你商量，你说：不应该放弃这机会。你说你当年考入暨南大学中文系，是在抗战时期，大学生活开阔了你的眼界。你还对我说，大学毕业后，可以到《文汇报》来编副刊。你的意见促使我决定报考大学。不久后，我成为华东师大中文系的学生。进大学后，我常常寄新作给你，你还是一如既往鼓励我。有一大去报社，到你的办公室看你，你正在看一份很长的小样。你告诉我，副刊上要发一篇小说，题为《伤痕》，是复旦大学的一个学生写的，突破了"文革"的禁区。小说能不能发，当时是有争议的，在那个年代，发这样的作品需要勇气和魄力，你的态度鲜明，竭力主张发表。卢新华的《伤痕》问世后，举国震动，开启了"伤痕文学"的先河，成为那一时期又一个重要的文学事件。之后，你又力主发表了表现"红卫兵"悲剧的短篇小说《枫》，还有很多突破禁区的作品。作为一位跨越几个时代的资深报人，你的作为和功绩，在新中国的报纸副刊史上留下了浓重的一笔。

1982年初我大学毕业时，你曾力荐我到《文汇报》工作，最后我还是去了作家协会。虽然有点遗憾，你还是为我高兴，你说：也好，这样你的时间多一些，可以多写一点作品。1983年我要出版第一本散文集时，你比自己出书还要高兴。你说，第一本散文集，对一个写散文的作家来说，是一件大事情，你要认真编好。我请你为我作序，你慨然允诺，非常用心地为我写了一篇情文并茂的序文，你在序文中很细致地分析我的作品，谈生活和散文创作的关系，还特别提到了我的"小黑屋"。此刻，我翻开我的第一本散文集《生命草》，读序文中那些真挚深沉的文字，仿佛你就坐在我的对面，在一盏白炽灯的微光中，你娓娓而谈，我默默倾听，推心置腹之语，如醍醐灌顶。

1998 年，文汇出版社要出版你的散文自选集，这是总结你散文创作成就的一本大书，你要我写序。我说，我是学生，怎么能给老师写序。应该请巴金写，请柯灵写，这是你最尊敬的两位前辈。你说，我想好了，一定要你来写，这也是为我们的友情留一个纪念。恩师的要求，我无法推辞。为你的文集作序，使我有机会比较系统地读了你的散文，从上世纪 30 年代开始，一直到八九十年代，岁月跨度大半个世纪，你的人生展痕，你的心路历程，你在黑暗年代的憧憬和抗争，你对朋友的真挚，对生活的热爱，对理想的追求，都浸透在朴实的文字中。在不同的时期，你都写过脍炙人口的散文名篇。如《第一株树》《山城雾》《幽林里的琴声》《忆念中的欢聚》《庐山风景》等。你的文章从不虚张声势，也不故作高深激烈，你总是用你的诚恳真切走近读者。读你的散文，仿佛是面对一个心地善良的长者，一个善解人意的朋友，你以平和朴素的态度，温文尔雅的语调，为读者描绘世态万象，也剖露自己的灵魂。你的文字，如流淌在起伏山间的一道溪流，蜿蜒曲折，晶莹清澈，在不经意中把人引入阔大的天地，使人感叹世界的美好和人心的辽阔。

读你的文章时，联想到你的人品。在生活中，你是一个忠厚长者，你对朋友的真挚和厚道，在文学圈内有口皆碑。你一辈子诚挚处世，认真做事，低调做人，从来不炫耀自己。只有在自己的文章中，你才会敞开心扉，袒露灵魂，有时也发出激愤的呐喊。你写在"文革"中受难的知识分子时，我就常常听见你激动的心声。你的为文，和你的为人一样认真，文品和人

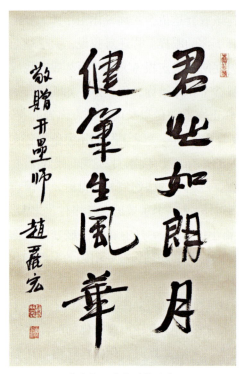

敬赠开垒老师　赵丽宏

君也如朗月　健笔生风华

作家赵丽宏书赠徐开垒

236

品，在你身上是高度统一的。在人心浮躁的时候，你的沉稳和执着，和文坛上那些急功近利、朝秦暮楚的现象形成极鲜明的对照。你后来撰写的影响巨大的《巴金传》，是你一生创作的高峰，你用朴素的语言，深挚的感情，叙写了巴金漫长曲折的一生，表达了对这位文学大师的爱戴和敬重，也将自己对文学的理想，对真理的追求熔铸其中。

人生的机缘，蕴涵着很多神秘的元素，言语说不清。你曾经告诉我，如果没有叶圣陶、王统照先生对你在写作上的指引，如果没有柯灵先生的提携和栽培，如果没有巴金和冰心等文学大师对你的关心和影响，你也许不会有这一生的作为。对我，其实也是一样，如果没有你当初对我的鼓励和帮助，我大概不会有今天。《笔会》对我，并非发表作品的唯一园地，而你，开垒师，你在黑暗中对我的引领，在艰困中对我的帮助，却是谁也难以替代的唯一。

回想起来，你对我的关心，这数十年来从没有中断过。对我的创作，你一直关注着，我每出一本新书，你都会祝贺我，会对新书做一番评价。在报刊上读到我的新作，你也会打电话来，谈你的看法。我主持《上海文学》后，你对这本刊物就有了更多更细致的关心，在鼓励的同时，也经常给我提醒和建议。我的儿子出生后，最早收到的礼物，是你让女儿送到产院病房里的一个大蛋糕，是你亲自去凯司令预定的一个鲜奶油蛋糕，蛋糕上裱着一个大红喜字。我每次搬家，你都会来看我，每次都带着给我儿子的礼物。2002年11月，我和你一起访问香港，我们一起登太平山，一起游维多利亚港，一起拜访曾敏之和刘以鬯等老朋友，一起出席金庸的宴请。这一次出访，是我们相处时间最长的一次。我们在海边散步时，你对我说："能和你一起出来访问，我心里说不出有多高兴。"你那时已经耳背，听人说话很费力。有时因为听不清对方的话而答非所问。我提出要为你配一副助听器，我的理由是，这样以后我们说话方便，你笑着答应了。我们找到了一家耳科诊所，请医生检查了你的耳朵，根据你的听力配了助听器。

从香港回来后，你打电话给我，希望我为你写一幅字。我说写什么，你说随便你写，我喜欢你的字。我书写了一张条幅送给你，写的是："君心如朗月，健笔生风华。"你有不少书画艺术界的朋友，你的藏品中很多大家的作品，我的书法，怎么也轮不到挂在你的房间里。可不久后我去看你时，你专门引我到卧室，我看到我的字已经被装裱成轴，挂在你卧室正面的墙上。我知道，不是我的字写得好，是你珍惜我们之间的友情，器重我这个学生。

去年我出版了五卷本文集，我到你家里给你送书。几天后，你打电话来，说这几天一直在读这几本书，很想写一篇书评，但是写不动了，手不能写字，电脑也不会打了。心里有很多念头，想写出来，但是无能为力，我真的老了。听你这么说，我很伤感，心想要多来看你。但是事情一多，总是顾不上，有几次你生病住院，我竟然事后才知道，心里不知有多愧疚。

去年12月巴金故居开放，你打电话给我，说很想去看看。我说你什么时候想去，我陪你去。12月23日，我去你家接你一起去参观巴金故居。那天下午，你显得非常激动。巴金的家，是你熟悉的地方，你曾经很多次来这里看望巴金，采访巴金。这里的每个房间，每扇窗户，每条过道，每个书柜，你都熟悉。在巴金的客厅里，你站在沙发边，面对着那张朴素的旧木桌，泪流满面，久久无语。巴金就是在这张小木桌上写了《随想录》中的大部分文章。你告诉我，很多次，很多次，你就坐在这张书桌旁，听巴金讲他的人生经历，谈他的创作体会。我站在你身边，默默地陪着你，我理解你的激动。在这里，你怎能不怀念这位与你心灵相通、休戚与共的老朋友。你的《巴金传》，几乎凝聚了你晚年的全部心血，也是你和巴金之间友情的最珍贵的纪念。

今年1月18日下午，我去看望你。我到花店里买了四盆鲜花，一盆大红的仙客来，一盆金黄的波斯菊，还有两盆绿叶植物。到你家里，我把仙客来放在你的书桌上，波斯菊放在你卧室的床头，两个绿叶小盆景，放在书房的窗台上，你抬头就能看见。我说：春节快到了，给你送一点春天的气息。你拉着我的手，高兴地笑，像个孩子……我走的时候，你送我到门口，脸上是惆怅的表情。我下楼了，回头看你，门还开着，你站在门口看着我。想不到，这就是你我的永别，亲爱的开垒师！

人的生死，是自然规律，谁也无法逃避。活到九十岁，也算是高寿了，但你离开这个世界，一定会使很多人悲伤——曾经得到你提携帮助的人，何止我一个。好在有你的文字在，有你的真情在，你留在人间的智慧和爱，永远不会被岁月的风沙湮没。

壬辰春节于四步斋

(2012年1月31日《文汇报·笔会》)

作者简介：赵丽宏，散文家、诗人。全国政协委员、中国作家协会全委会委员、上海作家协会副主席。

最后的贺年卡

王　殊

今年春节的前夕，上海《解放日报》的沈扬打电话给我说，我的老朋友、《文汇报·笔会》原主编徐开垒半夜哮喘病发经抢救无效已不幸去世了。我简直不能相信，还是一个多月前，我打电话给他，家里无人接听。我给沈扬打电话，才知道他因病住院。在 12 月底，我收到了他寄给我的贺年卡，他还是那样认真仔细，卡内祝贺我新年的话以及他的签名和双方地址都写得清清楚楚，一字不拘，发信时间是 12 月 26 日。我收到后非常高兴，以为他已痊愈出院了，急忙打电话给他，家中又无人接听，我想他可能住到女儿家里去了。万万没有想到，这是他给我的最后一张贺年卡了。

我与开垒相识于 1943 年中，至今已近七十年了。那时，上海早已沦为"孤岛"，整个上海正处于天寒地冻万物萧索的时期。我进大学不久，由于爱好文学，常在课余练习写些散文。但当时文坛上一片寂寞，除了日伪一些报刊外，只有很少几份综合性、趣味性的刊物。我选了两篇散文投寄给《万象》月刊，结果如

1997 年王殊寄给徐开垒的贺年卡

239

石沉大海，没有消息。可是过了几个月，我接到作家柯灵的一封信，说他已接编这份刊物，在存稿中看到我的这两篇稿件，均准备采用，而且说如果我有空，欢迎我到编辑部去见见面。柯灵接编后，对刊物做了较大的改革，除了请一些蛰居上海和其他地方的老作家化名写稿外，大量采用青年作者的作品。我常到编辑部去，认识了不少同我一样的在刊物上投稿的文艺青年，开垒就是其中之一。当时环境十分险恶，柯灵老师时常告诫我们说，年轻的作者要洁身自好，不要向日伪报刊乱投稿。写好的稿子可以放起来，等将来有机会时再发表，万万不能着急。对柯灵的告诫，开垒也是严格遵守的一个。后来，日本宪兵队到处追捕爱国人士，柯灵两次被捕，《万象》也只能停刊了。

我同开垒来往较多，还不仅是因为开垒上的大学，同我就读的复旦大学相近，而且他为人坦诚，处事认真，所以时常相聚见面，说话也没有拘束。抗战胜利后，开垒和我常在柯灵主编的一些副刊写稿，特别是《文汇报》的副刊《世纪风》。那时圣约翰大学的一些学生创办了刊物《时代学生》，当时我们还不知道是地下老党员的丁景唐同志介绍我和开垒去帮忙，当然忙是帮不了多少，但也认识了不少进步朋友。几个月后，我离开上海到苏北解放区参加工作，有三年没有见面。开垒和其他几个朋友如晓歌、何为、沈寂、袁鹰、沈毓刚等后来都成了作家，我没有当成，但是柯灵和包括开垒在内的几位朋友对我遣词造句能力的帮助，使我终身受用。

1949 年 4 月上海解放，开垒知道我到了上海就来看我，多年未见相谈甚欢。我已记不起他当时做什么工作，但仍主要是以写作为业。我劝他去考当时创办的新闻专科学校，这所学校主要是吸收一批青年知识分子，在政治和业务上进行一定时间的培训后，再分配到报社和通讯社工作。他不久就写信告我已考进了这个学校。他在学校里没有一点作家的架子，认真学习。后来，柯灵担任《文汇报》副刊《笔会》的主编，就把他从学校调去当了他的助手。柯灵多次对我说，开垒工作认真仔细，为人诚恳厚道，是完全可以放心的。柯灵公务繁忙，编辑的具体事务实际上都由开垒来办，最终开垒接替他担任了副刊的主编。当时，我已到国外担任常驻记者，他多次来信约我写稿，但我在国外工作和事务很多，而且新华总社对记者对外投稿也有一定的限制。我一直到现在都很后悔没有把真正原因告诉他，漫应之"可以"，但实际上一个字也没有写。以后，我到国外使馆当了大使，当然更不可能了。但是，我们之间友谊常在，常有书信来往，我每次收到他寄给我的一本本著作，特别是《巴金传》时，常有不少惭愧的感觉，感到自己在写作方面比他差得多了。"文革"结束后，我们可以向报刊投稿写回忆录了，我

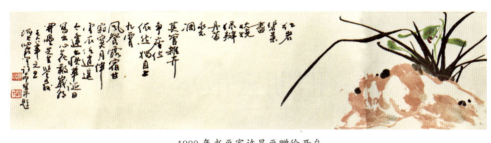

1988 年书画家许昂画赠徐开垒

向他主编的《笔会》和沈毓刚主编的《新民晚报》副刊《夜光杯》投了不少稿，他们两位常来电话信件给我鼓励，但我也深知，我的笔力已很生疏，比他们大大落后了。以后，我到上海，就去看他，再一起去看柯灵和国容师母，他们到北京开会，也一定到我家来看我。柯灵先走，我们也已老了。开垒常在电话中劝我多多写作，他说，我只要有气力，还是要写下去，直到一点写不动为止。现在，他也走了，我相信，他的话，他的精神，将是我们年轻一代，特别是文学和新闻工作者学习的榜样。

(2012 年 2 月 28 日《新民晚报》)

作者简介：王殊，曾先后任外交部副部长、《红旗》杂志社总编辑、中国国际问题研究所所长。

旧朋云散尽

曾敏之

　　接到上海传来的不幸讯息，老友开垒走了，因在病中治疗，来不及遥奠以一瓣心香，感到十分难过，追怀往事，不禁泫然。

　　我与开垒结成挚友文缘，已历数十年之久了。说来是一种巧合，我和他可说是文化文学界的"两栖"人物，他以长期在上海《文汇报》主编副刊，兼从事报告文学、散文创作，我在香港《文汇报》担任新闻编辑、评论兼主编文艺周刊工作，按文友们的戏称也是"两栖"的形式，这就与开垒声气文情相投无间了。

　　由于历史进程的诡谲、曲折，我们都不是平坦走过来的，在动乱岁月中，曾互以坚持"良知"共勉。直到改革开放新形势开始之后，我们才消除香江与黄浦江的遥隔，不仅电信频通，我更多次到上海与故人相聚叙旧，开垒更热忱接待，当年曾以诗记下"衔杯不尽浮沉感，一醉休辞玉瀣催"。令我更感幸运的是，每次到上海探候巴金老人，都是他陪我同去的。开垒撰写《巴金传》，与巴老是崇高的师友情怀；我则自抗日战争年代于桂林拜识巴老，屈指算来也超过六十年的历史了，他对我的关怀、鼓励，令我终生不忘。他出版的全集、六卷《随想录》

2000 年 8 月 27 日徐开垒（右一）在上海作协参与接待来沪访问的香港作家代表团，团长为曾敏之（前排右四）

等著作都曾题签相赠。最后一次与开垒同去探望他老人家时，只能隔玻璃窗看他了，我们曾挥泪离开华东医院。

因地域和工作关系，多年难与开垒见面了，但是我们都感到老了，争取能相聚一次算一次，其间最难忘记的是杭州之游。西湖的龙井是驰名中外的名茶。承杭州市文化局长之邀，约了北京的吕德润、上海的唐振常、开垒连我四人去西湖参加西湖茶会。我们四老结伴而游，在湖边品茶纵谈世事，友情的温馨，慷慨的抒怀。可说是难以磨灭的记忆。我曾以《浣溪沙》一词记下感受——

　　西湖茶会诵茶经，陆羽丰姿映湖滨，无边春色水盈盈。
　　品茗共抒家国感，笑谈不尽古今情，湖山无处不芳馨。

西湖分手之后，却连续传来吕德润困守于层楼，不能举步，终于治疗无效，以九十高龄走了；接着唐振常患难治之症，于华东医院一瞑不起。我为痛悼他们，曾撰文记叙德润卓越的记者生涯，他参加过为抗击日本军国主义的侵略，他随中国远征军进军印、缅、备历艰险，立下军功的纪录；振常原是史学家，对近现代史及人物有传播于世的著述，我以"千古文牵未尽才"悼惜他的史识抱负。如今开垒也走了，西湖四老只剩下我不胜怆吟鲁迅的诗"旧朋云散尽，余亦等轻尘"了。因深感岁月无情，自然规律不可抗拒，我与开垒仍抓紧机会相聚。2009年2月，他应女婿崔龙弟和女儿徐容的邀请来深圳庆春节。在电话上希望我于春节期间到深圳欢叙。他的女婿在深圳发展得很好。我高兴地策杖由我的侄儿为我

2009 年 2 月徐开垒与曾敏之在深圳相聚。（左起）崔龙弟、徐开垒、曾敏之、徐容

作家曾敏之书赠徐开垒

驾车到深，这次与他欢聚了一天。正是春光明丽季节，我们见面有说不完的话题，他向我介绍养生之道，我深受感染，抱喜悦满怀写了一首七律诗赠他——

深圳行赠开垒兄
春风熠熠到鹏城，挚谊文缘话素襟。
喜兄崔容拓胜业，羡君回好长精神。
追怀共励书生色，迟暮难回两鬓青。
我是江南驰慕客，还期策杖向园林。

可是深圳一别，竟成永诀。因为各处两地只能电信互报平安。我以老病侵寻，腰腿神经剧痛、老化，已不良于行了，听觉也告重听，所订"还期策杖向园林"之约落空。开垒也进入手颤难以执笔写信的苦境了。他希望我以书法写一条幅给他以代晤面，我借苏东坡一阕词中"一蓑烟雨任平生"之句以表达我们淡泊明志的情怀。他高兴地悬于书房壁上。

开垒走了，但是他平生慧业所留下的值得大书的功绩，于文化文学界口碑传誉的就有惊人的纪录。当巴金老人受困受辱于"文革"十年期间，几如埋名被人忘记。当他恢复自由、声誉时，他给开垒写了《一封信》，发表于上海《文汇报·笔会》上，令海内外以至国际惊喜于巴老的持节不屈活在人间。又如"伤痕文学"的第一篇作品，是上海复旦大学学生卢新华写的题为《伤痕》的小说，是发表于开垒主编的《笔会》，也引发了上世纪80年代文学的新创作热潮。又如《笔会》这个名驰文坛的副刊，几乎是当年著名老作家、学者以名篇发表的阵地，是青年作者向往文学得到《笔会》奖掖发展才华的园地……根据《笔会》的纪录，巴金、沈尹默、冰心、柯灵、曹禺、师陀、王西彦、陈伯吹、萧干、叶圣陶、王辛笛、楼适夷、钱昌照、周谷城等都与《笔会》有了文缘。

　开垒于1949年加入上海《文汇报》直到他辞世，对《文汇报》所作的贡献以《笔会》的品牌就已创文学副刊的辉煌成果。由他收藏的作家、学者的手札就有二百余封捐赠给上海图书馆中国文化名人手稿馆，毫不考虑具有的历史价值拥为私利。他还喜欢收藏珍贵的文物，《红楼梦》就有二十多种不同的文本。

开垒很重乡情，当他离休之后，仍系念宁波家乡的文化教育，不断以有限的工资购置图书寄赠给图书馆和学校，尽他补偿未能为家乡服务的遗憾。

就是这样的开垒走了！他的《巴金传》《笔会》的品牌以及散文小说的创作……都为文坛文学史不会遗忘的卓越成就。他的德行操守、待人接物的真诚、交友以信……谦谦君子的音容笑貌永远活在我们心中。

二〇一二年四月于广州

(2012 年 5 月 6 日香港《大公报》)

作者简介：曾敏之，作家、诗人、报人。暨南大学教授，曾任香港《文汇报》社副总编辑。香港作家联合会会长。

一路攀登七十年

史中兴

　　四明山烈士塔高高在望，千余级台阶，我们这群上了年纪的离退休人员，七零八落，艰难攀登。突然，台阶尽头一位白发老人回过身，朝还在半途中的我们挥舞手杖，哇，徐开垒！他是我们这一行人中年龄最大的，八十七岁，人老了，还这么精神！三年过去，这个场景还不时在我眼前浮现。

　　徐开垒为《文汇报》写稿七十年。《文汇报》1938年创刊，那年他16岁，投寄给报纸的第一篇稿子发表于副刊。从一个少年投稿者到成为报社的记者、编辑、作家，一路攀登不息。他是一名优秀记者，写过农村，写过工厂，写过开垦崇明荒滩的农垦大军，写过里弄的今昔巨变，写过一批为我国文化教育事业作出卓越贡献的知识分子，还远赴大西北写过上个世纪50年代支内的上海人。他的新闻作品紧扣现实，反映新潮新貌新人新事，喷发浓烈的时代气息。作为作家，他的文学作品，着眼烟火人间，世态万象，关注的是时代变迁下普通人的悲欢。他发表在《文汇报》的第一篇散文《阴天》，控诉的是"看不见日光"的黑暗年代，他"文革"前夕发表在《文汇报》的散文《番瓜弄迎春节》，歌颂的是老中少三代的"心儿向太阳"。他的许多散文、报告文学，饱含热爱人民、热爱新生活建设者创造者的激情。他离休后历时数年写作的《巴金传》，被论者誉为"为二十世纪良心塑像"。

　　他在《笔会》的时间最长，浇注心血最多的也是这块园地。建国后我们国家政治生活几番风雨，《文汇报》几度浮沉，《笔会》也几经荣枯。建国后《笔会》一度中断，1956年正式复刊，开垒被从记者岗位调入，他们与前辈柯灵从前联系过的一大批作家、艺术家重又接上关系，加上"双百方针"的贯彻，1949年后一直没有动过笔的巴金、丰子恺、傅雷、叶恭绰、阿英、施蛰存、宋云彬等人的散文、杂文、随笔又一一出现，《笔会》版面焕然一新。好景不长，反右时一大批知识分子被打入另册，《笔会》气息奄奄，接着而来的"大跃进"，一切稿件都得配合政治任务，"双百方针"退场，"三面红旗"飘飘。三年困难时期，重提"双百方针",《笔会》一度恢复生机,版面活跃,重获作家、艺术家和广大读者的青睐。又是好景不长。"文革"时,副刊改名《风雷激》,被绑到"四人帮"的战车上,文气不存,暴戾之气弥漫。徐开垒靠边站了。新时期开始,被重新任命为《笔会》副刊主编后,他再度全身心投入。应他之约,并经他之手编发,巴金、叶圣陶、艾青、柯灵、王西彦、孔罗荪、秦兆阳等作家复出后第一篇作品,一一在《笔会》发表。巴金的《一封信》刊出后,几天内就收到几百封读者来信。《笔会》还把目光投向年轻人和广大业余作者,注意发掘文学新人,举办短篇小说征文,来稿八千多篇,从中编选了一本征文短篇小说选《新蕾集》。这块蒙尘十年的副刊园地重放光彩,重又得到作家、艺术家和广大读者的信任喜爱。

画家陈瑾画赠徐开垒

如果说在副刊中《笔会》是个大牌、名牌,那么开垒,也就是当之无愧的大牌、名牌编辑。可在他身上,从不见什么大牌气息,也从不倚老卖老。他写过一篇《老人戒》,"年纪大了,阅历多,说话自然有分量,因此老人说话,总有人侧着耳朵来听,这是文明社会尊重老人的普遍现象。这样,作为老人,有时就不免要想想自己说的话,特别是谈到过去,是真是假?不该让自己把事情搞错了,有负社会对老人的信托"。他为人低调,友善待人,做事严谨,以为人做嫁衣为乐。他说:"我编报纸副刊时,每天来稿来信总在百件以上。这好似我每天有机会听一百多人同我谈心、讲故事,甚至吟诗唱歌、发议论提意见。所以,几十年过去,我认识的人比做记者时更多。我的通讯录每年更换,我的熟人越来越多是我的一大快乐。"无论专家、名流,还是名不见经传的年轻人,他都一样热情对待。有的退稿还要写上具体意见,或约作者到编辑部讨论。一些年轻人记住他,把他当成朋友。不是投稿,有时也会找上门来聊聊。

开垒1988年离休,他是离而不休,五十多万字的《巴金传》是离休期间写成的。老有所为，老有所乐。有所为便有所乐，感到自己还有用，没被社会抛弃，自然乐在其中了。最近两年，他身体状况大不如前，听力下降，老态日显。有些会议、社会活动不通知他了。前些年要是不通知他，他知道后会找到有关同志理论，有时激动得面红耳赤，"我还能行！"他登上四明山千余级台阶后挥舞手杖，就是要向大家证明自己。这两年他不争了，也没力气争了。他很苦恼，几次在支部组织生活上表白：我最难过最难忍受的就是孤独。一般老人都会有一种孤独感，他尤为强烈。这也跟他的职业习惯有关。新闻工作是活水，当记者或是做编辑，每天接触生活大海的波涛起伏，一旦断了这种接触，难以忍受是很自然的。他的补救办法，就是看书看报。我们离休支部的老同志，读书读报最勤的，他算一个。每年总有几次，我接听他的电话，他只说一件事：今天在某某报上读到一篇文章，你看了没有？他依然保持对现实生活的敏锐感觉，令我感佩。

　　开垒走了。他攀登四明山回头朝我们挥舞手杖的身影又在我眼前浮现。这是一种精神。上个世纪 80 年代，他曾为我的一个集子热情作序，给我鼓劲。今天，他攀登不息的精神，让我动容，更带来鼓舞。

（2012 年 1 月 31 日《文汇报·笔会》）

作者简介：史中兴，《文汇报》社原副总编辑，高级编辑。中国作家协会会员。

怀念《联合时报》创刊元老徐开垒

浦祖康

前些时刚刚辞世的徐开垒先生是《联合时报》的创刊元老。创刊那时候，叫《上海政协报》，以后才改名为《联合时报》。

这位著名的老报人来自民盟，算得上我新闻界里的第一位老师。

三十多年前，我和开垒先生的儿子徐问一起担纲上海造船行业的共青团工作，常有机会接触开垒先生，少不了耳濡目染。

那时，造船系统的共青团工作，召开一个千人大会，是常有的事。青年人也由此得到锻炼，主持这样的大场面渐渐从容自如。

形式容易，内容不易。然而，我们的报告会每每能请到思想活跃的名家。那时名家报告不多，于是小青年的会总能引来党政领导踊跃参加。

至今，一些当年听过报告的老同志都能绘声绘色地重复名家报告的精彩片段。记得江南造船厂的新中国第一任老厂长张心宜听完报告会，总要对团委的小青年竖大拇指说报告好，一口宜兴话，"这些人都是不得了的呀！"说我们是"朝气蓬勃向未来"。

这一切都因为我们背后有徐问的爸爸，开垒先生。他总能为我们找到思想特别解放的名家。

得益于这位来自民盟的前辈，我初识新闻视角的独特，开始了解不同于机关文牍的新闻文字。

有一个字，我记得一辈子。

那一年，在造船局团委，徐问忙里偷闲为父亲誊写《雕塑家传奇》的书稿，我有机会在一边读名作家的手稿，新奇而神秘。

在作家笔下，雕塑家创作各种动物作品，栩栩如生。开垒先生文字洗练，每一种动物都只用一字动词勾勒，真是字字传神。

读到"马鸣"，我表示疑惑：马怎么能"鸣"呢？马应该"嘶"呀！未几，《雕塑家传奇》出版，开垒先生特意送给我和妻子一本签名本，翻到马"鸣"处，果然改成了"嘶"。名家纳言，小青年暗暗高兴了一阵。

多少年过去了，又会想起这一字之疑。

嘶，其实就是马鸣，特指马发出高而拖长的、典型的鸣叫声。马作低鸣时，较之长嘶状抑或更深沉、更有沧桑感。未经历练的朝气蓬勃，读不出沧海桑田的意境。今日之我，方读出青年之我的浅。

而，正是这宽容的一字纳言，让我对自己的文字有了信心。那文字，是报人的文字。

有一次勘误，够我用一辈子。

兴许是有缘，三十年过去了，我会在开垒先生参与创办的《联合时报》工作。

每每徐问从美国回家探望父亲时，开垒先生总有一句话要说："去看过小浦了吗?《联合时报》现在办得很好看了。"一次，我在《和不同声》专栏中写了一篇《致敬，可靠的后盾》，文中写到这一细节：

"最近，老报人徐开垒说，现在的《联合时报》是有报以来最好看的时候。此说传来，吾辈诚惶诚恐之至。

徐开垒先生，新闻界前辈，当年随老社长赵超构先生创办本报。某日执编一版面，即一纸风行，洛阳纸贵。创下本报单期发行之最。

多少年前，初识先生，即有人告知，徐，曾与鲁迅同事，亲眼见过鲁迅用弹弓射在编辑部墙边'随便者'(随地小便者)。

《联合时报》人，应该无愧前辈的厚爱。"

见报当日，周五上午 10 时许，电话铃响，"我是徐开垒，读了今天的'联合时报'《致敬，可靠的后盾》，有些话要说说。"徐老前辈说得一口浓重的宁波口音。

"——我是参与过早期《联合时报》的工作，我也为报社做过一些工作，如'后盾'文里说的。

——我是说过，现在的《联合时报》是最好看的时期。办得好看，是因为办报人的努力、才能。"徐开垒先生说到他喜欢读本报的评论，特别是《论语·专栏》。

话到此处，开垒先生指出："我没有与鲁迅先生同过事，'后盾'里说的有误。"老前辈郑重其事。

闻之肃然起敬。敬者有二：一曰，不攀名家；二曰，有误必勘。于我而言，一位我素来敬重的老前辈读本报，读得这么早这么细这么认真，能不敬意倍添！

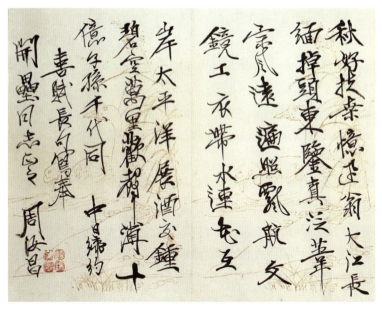

红学家周汝昌书赠徐开垒

本报言论版主编潘真告诉我，像我接到的开垒先生的电话，她常常接到。星期五的早上，电话响起，老先生已经读完了本报，说感受、说联想，有鼓励、有指点……

潘真还说，老先生出了新书，会亲自把签名本送到报社给她。2011年，我也得到了一本开垒先生送到报社的签名本——《在〈文汇报〉写稿70年》。

此书开篇于1938年6月14日的《阴天》，末篇是2008年9月22日的《书海欢聚》，时间跨度长达七十年之久。1938年1月，《文汇报》创刊，时隔五个月，十六岁的开垒先生即为《文汇报》写稿，一写就是七十年。1949年进入《文汇报》，长期从事新闻采访及编辑工作，并担任该报文艺部副主任，主编《笔会》副刊。

开垒先生，忠厚善良，温文尔雅的书生学者模样。然而在其漫长的职业生涯中，他永远有新闻工作者的社会责任和敏锐的职业眼光，他手中的笔记录下了各个时期的世态万象及人情冷暖。

全国政协委员赵丽宏在《恩师——怀念徐开垒先生》一文中写道：

　　"在生活中，你是一个忠厚长者，你对朋友的真挚和厚道，在文学圈内有口皆碑。你一辈子诚挚处世，认真做事，低调做人，从来不炫耀自己。只有在自己的文章中，你才会敞开心扉，袒露灵魂，有时也发出激愤的呐喊。"

"你告诉我，副刊上要发一篇小说，题为《伤痕》，是复旦大学的一个学生写的，突破了'文革'的禁区。小说能不能发，当时是有争议的，在那个年代，发这样的作品需要勇气和魄力，你的态度鲜明，竭力主张发表。卢新华的《伤痕》问世后，举国震动，开启了'伤痕文学'的先河，成为那一时期又一个重要的文学事件。之后，你又力主发表了表现'红卫兵'悲剧的短篇小说《枫》，还有很多突破禁区的作品。"

为人厚道真诚，不失报人敏锐锋利；处世诚恳低调，时有呐喊激愤。在《联合时报》，开垒先生也是如此。

作为创刊元老，开垒先生常常亲自操刀为《联合时报》写稿、编版。这些日子里，怀念前辈，报社同仁查找《联合时报》库存的老报纸，从中找出老前辈编的版面和撰写的稿件。

当人们开始解剖"十年动乱"时，开垒先生及时为《联合时报》编写反思"文革"的专稿。那期报纸一纸风行，一印、再印、三印，成为《联合时报》的发行之巅。《联合时报》人也为之自豪了二十多年。写《蒋经国传》的江南先生，老前辈也为之做了专版。得风气之先，《联合时报》也一时洛阳纸贵。

敏锐的新闻意识，创刊元老的财富，我等后辈还能继承几何？

从《联合时报》的老报纸中，读得到开垒先生为文的严谨。凡材料主要来自书籍，或者来自他人的，老前辈决不会署名的。

时下，文抄风盛，《联合时报》也时有人因"抄案"饱受诟病。若是想起开垒先生，会不会脸红？

……

去年7月1日，本报创刊27年时，老前辈应潘真之约为本报写稿，开宗明义就是："我和《联合时报》不是一般读者和报纸的关系，不一般的情缘。"

这大概是先生写的最后一篇稿子了。

如今，星期五早上，编辑部不再响起开垒先生的电话铃声。宽容纳言、勘误较真的老报人的"师说"，依然会时时响起。厚道而敏锐，低调能呐喊的创刊元老的楷模依然在你我心中。

（一稿刊于《上海盟讯》2012年1月号、二稿刊于2012年2月21日《联合时报》）

作者简介：浦祖康，上海市政协《联合时报》原社长、总编辑。

文缘村里那个亲切身影

——徐开垒著述生涯怀记

沈 扬

数月前，本报记者曾探访时年八十九岁的徐开垒老人，并在"文化老人在上海"系列专栏中推出对他的访谈。老人音容笑貌犹在，却已永离他所倾情一生的编辑事业和爱戴他的读者朋友。在好友的回忆中，徐开垒对于文学的热诚和真挚令人长久动容，而他几十年的创作生涯也一直秉持着高洁的创作风格，用"文如其人"来形容，再恰当不过。

一

笔者离职前编发的最后几批稿件中，有一篇是徐开垒先生的散文《家在文缘

1991年4月徐开垒与《解放日报》沈扬（左一）、《青年报》吴纪椿（左三）、中国福利会孙毅（左四）在浙江诸暨合影

村》，后来他赠我一部散文自选集，书名也叫《家在文缘村》。我退休后曾经多次来到新华路（文缘村），探望这位尊敬的前辈师友，也曾为《文学港》《上海滩》杂志写过对徐先生的访记。每次辞别的时候，徐老总要同我一道从三楼走下来，送到弄堂口。而如今，文缘村里再也没有了徐老先生亲切的身影，1月20日，当徐老的女儿徐红在电话中泣告父亲于昨晚突发哮喘病抢救无效辞世的噩耗，真的是十分震惊和痛心。

徐开垒先生作为《文汇报·笔会》副刊的老主编，其卓著的编辑业绩和编辑作风，在业内外众所周知。我国报纸副刊的历代编者，有不少亦编亦写的好手，开垒先生也是属于这一类。他是一位编辑家，也是一位散文家和传记作家。在这里，笔者想就其自身写作的这一侧面着重作些记述。

1922年出生于宁波城内君子营小街的徐开垒，自幼就着一盏5支光的昏暗电灯刻苦攻读，荧窗苦志，雪案劳心，打下了良好的语文基础（他在文缘村的书房取名"荧荧楼"，就是对幼时学习生活的纪念和自勉）。从课堂作文到在报刊上发表文章，是读初中之后的事情。上海的《新少年》杂志举办征文，开垒按身边生活的感受写了一篇《两个泥水匠》，试着投稿，竟一举成功，登载在刊物上的文稿，前面由编者写了这样的按语："少年诸君深入了一回'民间'，当了'小人物'的大众书记，起草了他们的宣言。"一个"民间"，一个"小人物"，这些个字眼，慧心初露的小开垒是牢牢地记住了。抗战时期，跟随大人逃难来到上海的徐开垒，开始较多地接触"五四"以来的文学作品，进入了一个新的认知世界。身居"孤岛"，畸形社会中"小人物"的悲苦生活最使他感到沉闷和压抑。他向柯灵主编的《文汇报·世纪风》投送的第一篇作品《阴天》，就是此种感受的自然表达。此时地处四马路（今福州路）上的《文汇报》受到敌伪势力手榴弹威胁，酿成职工三伤一死的惨案，柯灵迅即用杂文《暴力的背后》控诉和抨击这种罪恶行径，开垒写《阴天》，也是有意呼应主编先生的正义呐喊。正是从《阴天》《告八哥》（嘲讽附逆汉奸）开始，徐开垒结识了心仪的柯先生，由此成为了相知相交数十年的好朋友。

二

此后不久，经柯灵向范长江推荐，徐开垒调入《文汇报》工作。他是1956年《笔会》复刊时开始做副刊编辑的，十年动乱中的曲折变化这里不说了，"四人帮"倒台后，徐开垒被恢复副刊主编的职权，重新回到报社大楼。由于作家长期搁笔，文坛长期沉寂，副刊组稿发稿任务之繁重可想而知。许多时候，徐开垒服从于编刊要务，自身创作难以顾及，纵然如此，在一个长的时期中，仍然利用一些间隙辰光，或者结合业务，陆续地写下了许多作品。开垒散文的一个显著特点，是跟随时代，关注社会，具体取材则更多地贴近活跃在社会底层的普通劳动者。从早期的《两个泥水匠》《阿满她们》到后来的老校工、负米人、饲养员、报贩、坝上人家、草原兽医——一个又一个普通人形象出现在我们的面前。由于对叙写对象有着细致的观察和了解，这些人物的身上不但有时代的投影，也都有各自的个性特点。其散文文风质朴，叙写舒缓轻灵而有韵味，曾被柯灵称为"村姑式的妩媚"，王西彦、潘旭澜、周明等也写过评介徐开垒散文的专文。

在"左"风炽烈的年代，徐开垒也受过某些创作思潮的影响，于作品中有意无意地回避自我，写了一些后来自认为近于"废品"的东西。"拨乱反正"中重新认识作者主体在作品中的重要位置，"我"字回归，加上表现方法的改进，作品的主题、精神内蕴有了新的提升和增强。《山城雾》就是这方面的范例。从人的角度看，相约—失约—永远的诀别，连线的情节，都与作者自身的情感紧密联系，因而血肉丰富而有"灵魂"闪光。从"城"的角度看，"雾"的变化折射社会变迁、时代前进，"形"和"神"在这里得到了较好的结合。此后的创作，在接触生活矛盾，揭示人物思想感情复杂性方面也有了较多的探索和实验。

建国六十周年前夕的一些日子，徐老用了很大的精力整理旧稿新文，于2009 年出版了两本书——《在〈文汇报〉写稿 70 年》和《徐开垒新时期文选》。他为此感叹："70 年的光阴啊，真如一部一个人的二十四史"，篇篇章章，都与变化无穷的时代风云、社会轨迹紧密相连。

三

在与开垒老人的接触中，我也了解了他的一些散文观点，尤其是 2003 年在崇明森林公园的一次座谈，徐先生较为完整地述说了自己的散文观。他认为作家在创作中应当时刻不忘时代和民生，在此前提下，追求真善美是必备的品质，——"真"（真情）是散文的基础，"善"（出发点和立足点）是散文的用心，"美"（社会审美效果）是散文的本质。会上有人提出当前一些文字载体充斥虚情矫情私情和滥情，开垒对此的看法是"不用急，一切都会过去"。他说由于种种原因，社会转折期总会出现一些异象，包括某些文化异象，但作品是时代的产物，虚伪矫饰的东西不能真实地表现时代，就不会有生命力，文章有道，最终还是会回到它原来的位置上去的。

徐开垒的著述生涯中，《巴金传》无疑是他鼎力完成的一部传世大书，具有广泛的社会影响，其文字业绩也由此进入了一个高境界。对于这部传记作品，已经有过许多评论，笔者在与先生的交往中，对其为这部著作倾注心血的情形，也有一些片断的了解。大约是1991年吧，上海一批作家和编辑去浙江诸暨采风，内中有徐中玉、徐开垒等老先生。游览之间，我发现徐先生常常对着景物空间凝神深思良久，有时还忘了赶路。回来后我在一篇散文中写到了这个细节。开垒读报后给我来信，内中说，"那天在湖上，我确在沉思，但并不是如您所说在构思散文题材，而是在想怎样把《巴金传》写完。现在，我已经在赶续卷的最后一章，估计本月底就可完成。如您同意，我可以选一节有关粉碎'四人帮'后的一段情节给您（指续卷出版前先在几家报刊发表个别章节）。"……此后在文缘村的交谈中，他也曾说到当年接受任务的时候自己已是老年人，但感到是一次难得的机会，既紧张又兴奋。有几点让他增添了写传的内心底气，其一是自己早年就爱读巴金作品，从早期的《灭亡》到晚年的《随想录》，一直在他的关注视野中。其二是与巴老在长期的联系中建立了很好的情谊，许多时候他是武康路巴金寓所的常客。其三是传主健在，而且由他写传得到了巴老的首肯。其四则是一些熟悉巴金的文人和亲属，不少人他认识，能得到他们的具体帮助。纵然如此，徐先生在"工程"启动后的每一个环节，都不敢有丝毫的懈怠，而是尽可能地做足功课。例如每次与巴老交谈，都会事先仔细地写好提纲，高龄之人，提问不宜太多，谈话的时间也不能太长。他顺便说到的一点是，有人说巴金似乎口才不好，"讷于言"，其实并非如此，他的直接感受是：在进入高龄阶段之前，巴金还是善于言谈的，语速也不慢。高龄期间有了一些变化，这与体力精力的衰退有关，不是口才的缘由。

采写过程中，巴老说的一些话他是谨记在心的。"用我的材料，去写你的文章吧！""作家传记应该是以作家在实际生活中的为人，来对照他的作品所反映的思想，看看两者是否符合。"开垒遵照巴老的这些观点和勉励，在过细的学习、了解、对照中记录、反映世纪老人的一生。

有些涉及作家内在精神的事情，本身比较复杂，加上社会的变化，要说清楚不容易，例如无政府主义思潮对早期巴金的影响状况，以及它与巴金创作动因的关系；又比如《随想录》写作过程中作者的认识变化等等，都在面对面的谈话中得到了很好的解决。写传过程里，有一个问题常常使开垒感到困惑：建国之前，巴金的创作呈山泉喷发之势，建国之后，却出现了较多的"空寂"。他就这个问

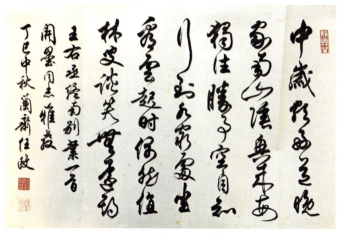

丁巳中秋书法家任政书赠徐开垒

题请教巴老，并说，如果弄不明白出现"低谷"的真实缘由，"我的传记就没有完成任务"。巴金对此作出了回答，核心意思是：作家应当写自己所熟悉的东西，并指出"你出主意，我写作"创作模式的非科学性。为让开垒深入弄清个中缘由，他建议："那么请你多看看《随想录》。"

《巴金传》首卷自采写到出版费时四年，续卷和 2006 年修订本出版又是五年。在整个撰写过程中，作者深入到传主的文字世界和精神世界，"握住"了一代大师的生命脉息，也"握住"了传记的"灵魂"。至于作者自身在这一过程中所吸纳的"营养"和教益，那自然是不言而喻了。

荧荧楼的主人远去了，其光彩照人的报人品格，以及七十多个寒暑中留下的文字风流，将长留人间。

(2012 年 2 月 9 日《文学报》)

作者简介：沈扬，上海《解放日报》社原文艺部主任。中国作家协会会员。

开垒老师和我的文学梦

刘绪源

　　三十多年前，我是一个船厂的工人，心中一直想着文学，把投稿看得很神圣。工人作家仇学宝在我们厂里劳动过几年，我们经常向他请教创作的事。有一次他的一首长诗将在《文汇报》发表，他拿起电话说："开垒同志，我有几个地方还想改一改……"然后他们就具体谈修改的事了。我是何等羡慕这样的通话啊，心里立时充满想象。我当然知道听电话的正是主持副刊的徐开垒，也知道他是有名的散文家。有朝一日，我也能这样和他谈修改稿子的事吗？我也能在副刊发表文章，并且成为作家吗？我的心在跳，心里充满憧憬和希望，但又不敢太往好处想，不敢相信自己能成功。但那阵悄悄的激动，就一直留在记忆里了，三十多年来，常常会想起。

　　后来我也向《文汇报》投稿了，几次退稿之后，忽然有一次说要用了。一位熟悉的编辑把校样交给我时，轻声说："开垒对你评价很高呵，他不大这样说的。他说你们船厂写稿的人不少，但真正能写的，我看还是他！你们以后抓抓紧，让他多写写。"我只觉得血往上涌，眼前显现一大片明朗的天，快乐在胸中奔突，有一种"范进中举"似的感觉。那天回家后，我一遍一遍看校改，不知看了多少遍，老也看不够。一边自我欣赏，一边就猜想，哪些地方是开垒满意的，哪些句子他会喜欢……

　　然而，这篇散文后来竟没能刊出。大样也排出了，排在副刊头条，很大的一块。我等着第二天报纸出来，可到了那天，形势突变，"反击右倾翻案风"开始了，文章不合时宜，只好换掉。那是一个不正常的时代。不过自此以后，我有了直接向开垒寄稿的特权，也可以像当初仇老师一样和他通话了。他每稿必复，信上必称"绪源兄"，后面则署"弟：开垒"。那时还不大懂这些称呼的用法，但能感觉到他的谦逊和对每个作者的尊重。

　　时间飞快地过去，我的作家梦在一点一点实现。终于有一天，我调到《文汇报》工作了，进了当时让人瞩目的《文汇月刊》。这时开垒已退休，正埋头写

258

他的《巴金传》，但还常来报社。那天早晨，他忽然跑到我们办公室，把我叫到外面，在楼梯口，轻声而严肃地问："听说要调你到《笔会》，你不肯去。有这回事吗？"我一下子嗫嚅起来。是有这么回事，那时《笔会》缺人，分管副总编老史找过我，但我刚到月刊，一心想当月刊编辑，就态度坚决地表示不去。开垒很痛心地说："你去很合适的！副刊对一张报纸非常重要。月刊印十几万份，副刊一印就是一百多万，多少人看啊！副刊影响大，以后再找你，你别推辞，知道吗？"我漫应着，心里明白，开垒编了二三十年《笔会》，全身心地投入，他对副刊是真有感情的！

转眼又过了十多年，怎么也想不到，我真的去了副刊，还当了《笔会》主编。遇到开垒，他老远就挂着笑，眯缝起眼睛，向我伸出手，长时间地握着，说："你要好好编，你要好好编！《笔会》对《文汇报》太重要了！"又语重心长地说，"当副刊主编，比起别的部主任来是要吃力点，但是值得。这是你最理想的岗位了，你一定要编好！"这一次，我是很真诚、很明确地点头答应着，心里又一次感到了他对副刊的感情。

只是，当时对他说的比别的部主任辛苦，我有些不相信，毕竟这是可以预拼的，稿子也是由作者们写的，作者又多是名家高手。这个悬念，等工作一上手，马上就体会到了。我这才明白为什么开垒当初总是下班了还不回去，有时要忙到晚上十点多钟，才一个人拎着包，关灯，锁门，离开办公室。当你想安安静静看看来稿，写点回信，把校样、大样再细心推敲一下，你不加班，简直是不可能的。我想到了过去开垒给我的那些回信，我也就决定，只要有条件，我也每信必复；而且，只要是上版面的文章，我每篇都要精读、细编。是的，我不能对不起这个岗位，不能对不起像开垒那样对我寄予厚望的前辈。

今年春节前，开垒老师九十岁高龄，安然辞世。我参与了悼词的草拟，在定稿时加了一些有关他对副刊的感情和他的文学成就的话。毫无疑问，他是对得起这张报纸、这份副刊，也对得起自己手中的这支笔的。

我已于去年离开副刊主编岗位，但开垒那种投入的感情，那种对于自己事业的神圣感，始终在激励我。我想，我也要像他那样投入到写作中去，写出真正问心无愧的作品，要对得起开垒和所有帮助过我的老师们；当然，我也要对得起三十多年前，当仇老师和开垒打电话时，我心中涌起的憧憬、希望和那阵悄悄的激动。

（原载《文艺报》，录自 2012 年 5 月 7 日中国作家网）

作者简介：刘绪源，《文汇报·笔会》原主编。中国作家协会会员。

一本未能签名的开垒赠书

王镫令

去年秋末，我去拜访徐开垒先生，他送我新书《在〈文汇报〉写稿70年》。晚上，我拿着新书高高兴兴回家。第二天傍晚回到家里，老伴说徐开垒先生有电话找你。我立即回电。老徐说："昨天送你的书忘记签名了，你有空过来，我帮你补签。"我连声道谢，深为他对人的真诚感动。

我本该第二天就去请他签名，然而由于懒，由于怕挤公交，拖了几个星期才打电话给他。可是，没人接听。第二天再打，还是没人接听。我想会不会是他儿子把他接到美国去了，他和我说过儿子要他去美国玩玩；或是香港《文汇报》的老报人曾敏之把他接到香港去了，因为我在他家里看到了曾老给他的信，非常热情地邀请他去玩玩。所以，我就把签名的事放一放，想等到龙年春节给他拜年时，再请他签。然而，我万万没有想到，小年夜，翻开《新民晚报》，一眼看到：作家徐开垒病逝。

怎么可能呢？三个月前我到香花桥拜访他，他还从三楼下来，为我开门哩！那天，在他的卧室兼书房里，我们畅谈了一个多钟头哩！他是那样的健康，那样的健谈，我还不时拿出小本子，记下他的妙语哩！那天，我告诉他：我一直想把他在粉碎"四人帮"后，立即让巴金和他同时代的人，一一在《笔会》亮相，这件了不起的事情写出来，通过《夜光杯》告诉上海人民。于是，我便写了《75年前的〈新少年〉》。我从包里拿出复印的《夜光杯》给他看。他笑着说：我订晚报，早看到了，谢谢你！

那天的谈话，我不会忘记的。他是那样的健康，那样的慈祥。我对他说，现在医学进步了，八九十岁的老人，如果没有大病，往100岁前进是没有问题的。他笑了，笑得很开心。我万万没有想到，三个月后，他住进瑞金医院，就再也回不了香花桥了。我的眼泪出来了，我还没有让他签名哩！他在《孟小妹》上给我签过名，他在《雕塑家传奇》上给我签过名，他在《鲜花与美酒》上给我签过名，他在《巴金和他同时代的人》上给我签过名，他在《巴金传》上给我签过名……要是在他九十高龄时，又在《在〈文汇报〉写稿70年》上给我签上名，该多好啊！

还记得八年前，上海作家协会副主席赵丽宏先生推荐我参加作家协会。在他的办公室填好表格后，他签上大名并对我说："需要两位作家推荐，作协还有哪位作家比较熟悉你？""徐开垒！"我脱口而出。赵丽宏笑了。我拿着表格来到开垒先生家里，他一边签字，一边鼓励我说："你的《高与绿》刚刚获得散文大赛二等奖，希望你加入作协后写出更好的作品。"我像小学生似的点头表决心说："会的，我会向徐老学习，更努力地写作。"

他退休以后完成了五十万字的《巴金传》和三十五万字的《徐开垒新时期

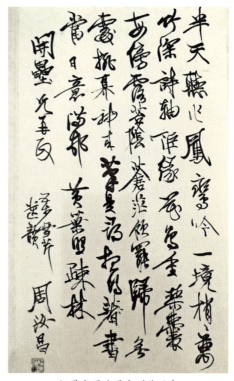

红学家周汝昌书赠徐开垒

文选》。我望尘莫及。每次拜访，都能从他那里学到知识，获得动力。他在主编《笔会》的时候，培养了不少文学青年，特别是让工人作者和学生作者通过《笔会》走上文坛。龙年春节前一个星期拜访市二中学校友、老作家居欣如时，一谈起开垒先生，她立即赞扬，非常钦佩。没想到一转眼，他竟然离开了。我一直认为，他九十高龄，很幸福，很健康，往100岁前行是没有问题的。然而，又有长者告诉我：九十毕竟是人生一个重要的坎儿，不能盲目乐观的。唉，我由于幼稚而盲目乐观，未能及时请开垒先生签名而留下遗憾。不过，《在〈文汇报〉写稿70年》的大书一直放在我的床柜上，开垒先生永远活在我心里。

（2012 年 1 月 29 日《新民晚报》）

作者简介：王镫令，高级教师、散文作家。中国作家协会会员。

这才是恩重如山

徐 岳

　　读完郭鉴明在《宝鸡日报》副刊写我的文章《恩重如岳》，经过冷静思考之后，倒使我想起上海《文汇报》的副刊编辑徐开垒来。他是老报人，编辑的楷模。人家对待业余作者，比如对我，那才算"恩重如山"。唉，我对你鉴明算个什么……惭愧惭愧！

　　那一年，我在郭鉴明老家岐山凤家庄驻队，先后驻过几个村子，写过几个短篇，其中有一个叫《山羊和西瓜的故事》。当时农村人更穷，我是趴在农民炕边上写下的。但不知天高地厚，竟把它寄给了上海的《文汇报》。因《文汇报》发表小说《伤痕》后，全国掀起了"伤痕文学"热，他们又趁势发起声势浩大的小说征文，请巴金、冯牧、柯灵、吴强等著名作家组成了评委会。正在期盼编辑部回信的我，一天忽然收到署名"徐开垒"的来信，只说"写得不错"。这次征文共收了八千多篇小说，他们会怎样对待一个趴在农民炕边上写小说的无名之辈呢？揭晓以后二等奖是"徐岳、蒋子龙"。我一下蒙了！是不是搞错了？此后，《文汇报》以整版或半版的篇幅为我发过四个短篇。徐开垒给我写过十一封信（至今保存完好），每次都有着热情的鼓励和期盼。后来《山羊和西瓜的故事》被天津电视台拍成电视剧，上海电影制片厂的电影脚本改成后，因故未拍。在徐开垒的推荐下，《小说月报》《新华文摘》转载了我的小说《数学权威和他的宝贝儿子》。中央电台常年广播了我的《三排十六号》。再后来，《上海文学》和上海的《巨人》《儿童时代》《少年报》等都向我约稿。王安忆的约稿信是这样写的："常常看到您的作品，觉得您的作品很有生活气息，也生动！""您能否在近期内给我们一篇小说？等您的稿子。"我立即给了《聪明的秘密》，后又给了《双喜当家》（收入当年的儿童文学优秀作品选）。给《巨人》一个中篇《生命山中历险记》，给《少年报》《多了一撇，又多了一横》（收入小学生文库）。《上海文学》发了我的《电视婆》。有些朋友问我，你的作品为什么老在上海发？我说，这是我的秘密。今天我要说，这个秘密全在"徐开垒"和"文汇报"六个字上。

那一年，因我给香港胡星元写传记，需去上海采访。我想这回一定要拜访一下恩师徐开垒了。拿什么礼？西凤酒珍贵，岐山锅盔不错，西安羊肉泡有名。但又一想，吃岐山锅盔，上海人未必有那么大的嘴劲，免了；羊肉泡怎能带到上海？还是西凤酒吧！到了上海，我先到《文汇报》，再去新华路，找到了徐开垒的家。他和夫人正在用餐，我们都很高兴这次千载难逢的见面。他们吃的大米饭，碗很小。岐山民谚："嘴儿长，跟着尝。"饭罢，拿出我带的那瓶西凤酒，徐开垒高兴地接过。因为来时忘带身份证，他先把我领到离他家不远的宾馆安顿下。第二天带我到了另一处地

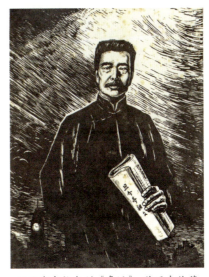

版画家戎戈木刻《鲁迅》。徐开垒收藏

方，一大片楼房陈旧低矮，没啥好看的。但我很快明白了，他叫我来这里，是因为他弟弟住在这里。吃饭时，摆了满满一桌，他才说，"昨天太随便了。我弟家会烧饭，好好吃。"啊，他醉翁之意不在酒，我一下被他对人的赤诚之心感动了。吃饭间，他问我"去过豫园吗？"当他听到我没有去过时，立即说，明天我领你去那里玩。在他的面前我有了一种小弟弟的感觉。逛完豫园，我们去政协餐厅用餐，我才知道他是上海市政协委员。在我的追问下，也才知道他还是《文汇报》文艺部副主任、《笔会》主编。又办报，又创作，忙得不亦乐乎！陪我三天，谈何容易！

我调到陕西省作协后，进了《延河》，当了编辑。他给我写信，又祝贺，又安慰，怕我想着创作，不安心编辑（他的猜想是没有错的），又向我介绍他一身两栖的经验和教训。但他著作颇丰，除长篇《巴金传》，他还出了八本散文集子，还有两篇散文入选中学课本。我没法和他比。2012 年 1 月 19 日 23 时 30 分，这位好前辈因病逝世于上海瑞金医院，享年九十岁。我常常会因某种触发油然想起他来。如果说，有人还认为我像个编辑的样儿，那么这和我长期受徐开垒的影响是分不开的。要说恩情，他对我才算得恩重如山。因为他在我创作的起步阶段，给了我关键性的无私的帮助；又在我初踏上编辑生涯时，告诉我如何去走人生的另一段道路。这才是真正的恩重如山啊！

(2016 年 4 月 22 日《宝鸡日报》)

作者简介：徐岳，《延河》杂志编辑部原编审。中国作家协会会员。

难忘的背影

汪义生

时间过得真快，徐开垒先生离开我们已经两年了。记得他老人家走的那天是2012年1月19日，暨南大学上海校友会徐名亮会长打电话告诉我这一噩耗，还转达了徐老家属的意见：丧事从简，不召开追悼会。归于自然，崇尚简朴，我想，这正是徐老一向对待人生的态度。

徐老走了，他的音容笑貌，他的谦谦君子风范，长留在我的心中。徐开垒先生的著作《雕塑家传奇》《芝巷村的人们》《徐开垒散文选》《巴金传》……静静地排列在我的书架上。我喜欢徐老写的书，是因为商品经济时代生活节奏快，人心浮躁，读徐老的书，可以帮我从熙熙攘攘、繁繁嘈嘈的现实生活里暂时逃遁出来，让心境得到平静、安宁。

说起我与徐老的文缘，要追溯到半个世纪前了，那时我在上海读小学。一天，父亲从虹口区图书馆为我和姐姐借来一本《崇明围垦散记》，那是一本散文体的儿童文学作品。深深烙印在我幼小的心灵中的，除了曲折有趣的故事、鲜明生动的人物、流畅活泼的语言，还有作者的名字——徐开垒。

星移斗转，时光荏苒，又一次注意到徐开垒的名字，已是二十多年后了。中学毕业后不幸遇上"文革"，我去江西插队、工作。1977年恢复高考后，我考进赣东北一所师范学院中文系。那是一段激情燃烧的岁月，每个大学生的求知欲都是如此的强烈，每天都要到图书馆抢座位，《文汇报》是77级中文系学生首选的读物之一。在那个思想解放运动方兴未艾的年代，这份大报的副刊《笔会》成为文学破冰方阵中走在最前列的刊物之一。

在《笔会》上，我们读到了打破现代迷信锋芒最锐利的一批作品，如《伤痕》《枫》。我注意到《笔会》的主编正是徐开垒，我幼年时就是他作品的读者呀！从此，我特别留意这位有胆识的名报主编。我了解到，徐开垒先生少年时，就跟随家人从家乡宁波来到上海，早在上海孤岛文学时期，他就在上海发表文学作品。上世纪40年代，徐开垒曾就读于暨南大学中文系，五十年代以来历任

2006 年 11 月徐开垒（右七）与暨南大学上海校友会会长徐名亮（右八）等在广州

《文汇报》记者、编辑及副刊《笔会》主编、文艺部副主任、高级编辑，是位闻名遐迩的老报人、资深作家。我深深地敬佩他，这位从几十年风风雨雨中走过来的文化界老前辈，在共和国进入天翻地覆的大变革时代，能与时俱进、勇于开拓，为新时代的到来鼓与呼，这是何等的不易！我成为他作品的忠实读者。我努力搜寻能找到的徐老的著作，认真拜读，从中汲取真善美的营养。

上世纪 90 年代初，我调回上海工作。因曾经在广州暨南大学学习深造，我参加了上海暨大校友会。第一次参加校友会活动，就遇到了仰慕已久的徐老。徐老身上有一种特殊的气场，你在他身边，能感受到他发自内心的热忱，这种热忱缘自中国老派知识分子特有的爱国情怀、使命感和文化担当。徐老待人谦和，在他身上看不到一点文化名人的派头。他举手投足间不经意地显露出的从容、淡定、大气令我着迷。徐老住在新华路 413 弄一幢名为"荧荧楼"的小楼里，上海的文人常爱上那儿串门。不久，我也成了徐府的常客，与徐老结为忘年之交。我们一同参加暨大校友会活动，有几次分手时，徐老悄悄对我说："我最近又出了一本书，你有空过来，我送你一本。"

与徐老在"荧荧楼"促膝长谈，聆听教诲，真是如沐春风。徐老是一位不可多得的良师益友。他阅历深广，学识渊博，生性耿直，诲人不倦，我们间有那么多共同感兴趣的话题。听徐老谈人生、谈文学、谈哲学，谈他编辑、记者生涯的奇闻轶事，真是兴味无穷。我感叹道："徐老，您的人生就是一部大书，应当把这些都写下来，这不仅是您个人的经历，也是珍贵的文史资料啊。"徐老淡淡地一笑道："我是尽力在做，只是年纪大了，精力不济了。"近年来，徐老听力不很好，可或许是心灵相通之故，我们间的交谈却没什么障碍。

徐老几个子女都很孝顺。人到迟暮之年能尽享天伦之乐，令徐老感到很满足。前几年他老伴去世，是子女们浓浓的亲情，化解了他心中的悲伤。说来很巧，徐老大女儿的丈夫崔龙弟，竟是我大学同班同学。崔龙弟是当年我们班上的"笔杆子"，毕业后在报社工作，也是位小有名气的作家。有这么个继承其衣钵的女婿，徐老显然很是欣慰。

至今，我仍清晰地记得，徐老的《巴金传》出版后，叫我去他新华路寓所取书时的情境。我深知，为了写这本传记，徐老可谓呕心沥血。为搜集素材，他四年间在各地奔波，又伏案撰写，几易其稿，其严谨不苟的作风，令人感佩不已。得知大功告成，我兴冲冲地上门向徐老道贺。那天，走到徐老书房门口，我不由怔住了：只见徐老背朝门口，坐在窗下的书桌前伏案写作。阳光从窗外斜射进来，在他身上勾勒了一道金边。徐老身子纹丝不动，微微低着头，沉浸在他的心灵世界，和煦的秋风轻轻拂动着他的几缕银发……

此时，我想起徐老说过的一句话："一个人的生命如同一支荧荧烛光，要燃得有点价值，才不枉此生。"我想，这就是徐老为自己住的小楼取名"荧荧楼"的缘由吧。是啊，徐老就是这样一盏荧荧之光，他将全部的心血注入其中，烛照自己坦荡的人生，烛照无数青年学子的前行之路，这样的人生，自然有意义，有价值。我在门旁静静地欣赏着眼前这尊雕塑般凝重的背影，生怕打断了徐老的思路。

在写这篇追思文章时，我的眼前又一次浮现出徐老那令人难以忘怀的背影。徐老的背影，连同他那一息尚存，奋斗不止的精神，已在我的心中定格。徐老在尘世太辛劳了，愿他在天国安息！哦，我还是希望徐老在天国能拥有一间像"荧荧楼"那样宁静的小楼，拥有一张书桌，因为他是那样酷爱写作，他是个闲不住的人，我了解他。

（2014 年《海派文化》第 1 期）

作者简介：汪义生，《海派文化》副主编。中国作家协会会员。

徐老，您是我学习的楷模

张立俊

在我眼前的桌面上，放着一本厚厚的精装本图书，它是我国已故著名作家徐开垒先生一本很有影响的力作《巴金传》。徐老一生中出过多种著述，《巴金传》便是其中之一。打开《巴金传》的扉页，徐老清秀的字体立即映入了我的眼帘："立俊老友存正　徐开垒1991.9.19"，再注视报纸上刊登徐开垒先生离世的消息，我再也控制不了自己，泪水如珍珠般夺眶而出，我与徐老友好情谊的往事，犹如万马奔腾在我脑海中涌现。

要我参加作者会议

上世纪60年代初，我在中华书局上海印刷厂当工人。尽管我没有上过几年学，但我却很喜爱看书，特别是文学之类的书，一天不看心里就总好像缺了点啥。平时我也喜爱动动笔头，但从未向报刊投过稿，仅是把厂里发生的一些新人新事写成"豆腐干"，交厂报刊用。日长天久，我便成了厂里的"名人"，被领导看中，参加厂报工作，经常深入到工人群众中去采访，对厂里的事有较多了解。

一天宣传科通知我，说《文汇报》有位记者来厂采访，叫我去与他见面，为他提供些写作素材。我急忙赶到会议室，宣传科长和那位记者早已等候在那儿。我刚走进会议室，那位记者赶紧站起来，过来与我热情握手。他操着浓浓的宁波口音，自我介绍："我叫徐开垒，《文汇报》记者，今天来麻烦你了。"我向他瞅了一眼，见他清癯的脸上露出微微的笑容，显得既平易近人又和蔼可亲。

那天我们谈得很多，临走时他还在自己的采访本上记下了我的姓名和联系电话，并一再叮咛我，今后要常为他们报纸写稿。

说实话，为《文汇报》写稿我想都没想过。因为在我心目中，《文汇报》属于高不可攀的文化新闻界的大报，作为一个普通工人，要想在那上面刊登文章只能是遥远的梦想，所以我也就没把这事放在心上。随着时间的推移，我已把它淡忘了。也不知过了多少年，一天我忽然接到《文汇报》一封来信，觉得很奇怪：从没与《文汇报》有过联系，他们怎么会给我来信？是否他们搞错了？当我把信拆开一看，这才明白，信是当年到厂采访的《文汇报》记者徐开垒寄来的，现在他已调入《笔会》副刊担任编辑工作，这次是通知我到《文汇报》去参加《笔会》作者会议。我怎么也没想到，多年前仅见过一次面的大报记者，至今还记得我这个小人物。这着实让我感动，以致拿信的手止不住地微微颤抖，愣了好一会。

我知道，《文汇报·笔会》是个很有影响的文艺副刊，所刊登的小说、散文、诗歌和杂文之类的佳作，大多出自名家之手，而我这个无名小卒，怎么有资格参加这一会议呢？自卑感使我产生了放弃参会的念头。也许开垒先生揣摩到了我的心思，开会前一天他又特地给我来电，要我无论如何都要到会。

我还有什么话好说的呢？像我这样极其普通的人，有什么理由拒绝人家的这番好意？那天我怀着忐忑不安的心情来到《文汇报》社。当我踏进会场，正想找个不引人注目的地方坐下时，被开垒先生发现了。他连忙走了过来，一把拉住我的手，要我坐在他的身旁，并向在场作者介绍："这是我们的新作者张立俊同志，供职于大名鼎鼎的文化企业中华书局，他很爱写作，请在座各位老作者今后多多关照。"

开垒先生一席话把我的脸都羞红了，嗨，我能算得上什么作者呀？只不过喜爱看书而已，从未涉及过文艺创作，没有作品，咋能称得上作者？这也许是开垒先生对我的鼓励和鞭策吧，他是好意，我无法解释，只是感到自己很惭愧，不敢大方自在地面对大伙，而是怯怯地面对大家，礼节性地笑了一笑，然后便默默地低头坐下。开垒先生见状，把嘴凑近我的耳朵，轻轻地说："立俊同志，别不好意思，这里都是我们的作者，以后时间长了，你就会熟悉的。"

鼓励我搞文艺创作

以这次会议为契机，开垒先生开始叫我搞文艺创作，还亲自送来不少中外名著供我阅读学习。从这些书中我确实学到了不少东西，但创作还是迟迟下不了手。开垒先生鼓励说："别怕，万事总有个开头，试试看，胆子大点，下些苦功，总会有所收获的。"他还把自己开始创作时所碰到的困难经过一一向我讲述，给予我很大的启发和鼓舞。

在开垒先生一再鼓励和支持下，我终于放开胆量，开始创作。我的第一篇习作《咱们的好当家》，是写一个车间主任带领大伙创业的真人真事，总共只有千把字，既不像小说也不像散文或故事，成了个"三不像"。开垒先生接到稿子后，并不因为稿子质量差劲就扔在一旁，而是认真地把稿子看完，不到一星期就答复我了。虽然稿子没有被采用，但他却给我写了一封差不多与我稿子相等字数的退稿信，密密麻麻的小字写满了两张信纸，在肯定我"作品"长处的同时，又进行一番鼓励，对稿子逐句逐段提出宝贵意见。开垒先生再三告诫我不要灰心，继续拿起笔来，只要深入生活，不怕艰苦，努力奋斗，就一定会写出好文章来。想到开垒先生是著名作家，经常写作，每天还要为《笔会》处理大量来稿，为我写这么长的退稿信，那可要占用他多少宝贵时间呀！虽然稿子最终没能刊登，可开垒先生这封长信使我获益匪浅，足以让我感动、庆幸和高兴。

从此，我牢牢记住开垒先生的嘱咐，每天下班后只要有时间就看书、写作。虽然辛勤付出，但换回来的仍是一封封退稿信。于是，我又开始心灰意冷了，觉得自己不是写作的料，何必花这么多的精力去搞那些望尘莫及的东西呢？算了吧，还是安安稳稳地过日子得啦！

我确实消沉了，一段时间里既不看书读报也不写作，除了本身工作外，成天无所事事，懒散得很。

开垒先生发觉我很长时间没与他联系后，好像猜测到了我的心事，于是就主动约我星期天去他家"闲谈"。

"荧荧楼"里一次长谈

"荧荧楼"是开垒先生为他书房兼创作室起的名字，坐落在新华路香花桥附近的一条弄堂里。"荧荧楼"不大，略看不足 20 平方米，却充满了书香气息，长排的书橱里放满了各种书籍，就连一旁的板凳上和茶几下都堆满了图书和杂志。看来他对我去他那儿早有准备，茶几上放着一摞文学书刊和报纸，估计这是他将送给我的礼物。我刚在沙发上坐下，师母就把一杯浓浓的龙井茶端放到我面前的茶几上，很客气地对我说："请用茶。"看着长者师母为我端茶，我受宠若惊，过意不去，赶紧说"谢谢侬。"师母轻轻地摆了下手，说道："别客气，你们谈吧。"然后便退了出去。

果然被我猜着了，师母刚走，开垒先生便把茶几上的读物交到我的手上，说："这些都是给你的。"并要我逐篇阅读，逐篇研究。我粗粗翻了翻，这些读物里既有小说，也有散文、故事等优秀作品，读来动人心弦，我连连说："真好，好极啦！我一定好好拜读！"

开垒先生朝我笑了笑，说："是呀，这些文章确实不错，都是我特地为你挑选的。这些作者跟你一样都是普通工人，他们本来也不会写文章，文化程度也并不高，但经过不懈努力，刻苦钻研，碰到困难从不气馁，才写出这么好作品的。像你这样，退了几篇稿就泄气，想打退堂鼓，我说老弟呀，谁天生就会写文章？谁不是经过多次退稿才会获得成功的呀？你不该半途而废，前功尽弃。我觉得你很有天赋，条件也不比别人差，接触的生活面又广，还有单位领导大力支持你，要是就这样半途退出了，我真为你可惜啊！"开垒先生泪水盈盈，看得出他确实因我的"封笔"之举而感到难过。

那天开垒先生推心置腹地与我谈了很多，又把我带去的习作看了一遍，肯定优点的同时又指出缺点所在，句句切中要害。

我们一直谈到了中午还是道不完说不尽。为了不影响他家人吃午饭，我便起身告辞。谁知开垒先生和师母无论如何也不让我走，一定要留我在他家用餐。开垒先生说："还有许多话要跟你说呢，我们饭后再谈。"

午饭刚用完，开垒先生一改平日午休的习惯，又接着谈开了，主题仍然是不离本行——写作。开垒先生像个教授，单独为我开"小灶"，使我学到了不少文艺创作上的知识，坚定了我创作的信念。这是开垒先生在耳提面命、手把手地教我写作啊，我真的不该如此不争气而惹他不开心啊！

那天我们从上午九点一直谈到下午四时，整整谈了七个小时，开垒先生仍然精神十足，毫无倦意。

临走时，他送我到门口，亲切地拍了下我的肩膀，说："如果你信任我的话，今后将你写的稿子常给我看看，也许对你写作能起些小小的作用。"

这真是求之不得的事儿，我心里特别高兴，决定重整旗鼓，再次拿起笔杆子来。

病床上为我看稿

开垒先生工作实在太忙，除了写作和编稿外，还要外出约稿、培养青年作者、受邀讲课等。特别是在他担任上海市政协委员后，到本市和外地参加活动是常有的事。这一切使他忙得不可开交，总觉得时间不够用。当时我对开垒先生这些情况还不甚了解，仍像以往一样常把习作送往他家或寄往报社，请他指教。每次他都认真地很快看完，给予答复。只要稿子有点基础，总是千方百计地帮我修改。他并不武断行事，每次都将可用的稿子修改后打出校样寄给我，还在校样一旁写上，"立俊同志，请别迷信我的改稿，有不妥之处，尽量提出批评"。如此谦虚，让我更是对他肃然起敬。

在开垒先生精心的指导帮助下，我的习作《朋友》《妈妈》《恩玛蒂奶奶》《信》等终于得以在《文汇报》或其他报刊上发表。这对我鼓舞极大，想不到梦想终成现实，我高兴得像个孩子似的，又蹦又跳，写作起来也就更来劲了。每当看到我的稿子被用，开垒先生当然十分高兴，同时也不忘给我"敲木鱼"，常给我八个字："不得骄傲，继续努力。"

有次我去开垒先生家取稿，这是我们早在几天前就约好的。师母为我开门，我问师母："徐老师在家吗？"此时我发现师母吞吞吐吐，欲言又止。我仿佛看出了什么，刚想说声"再会"，房间里面却突然传来了开垒先生的声音："是立俊同志吗？请进。"当我走进了他的卧室，眼前的一切让我惊呆了：开垒先生的左臂上吊着一根宽宽的纱布带，躺在床上，看上去很痛苦，而他的右手却拿着我的习作在看。我不知其因，就问师母。师母告诉我：前两天开垒先生等市政协委员去江苏某地交流，路上不幸遇上了车祸，他左臂受伤骨折。师母为了让他休息好，要求他停止接待访客。而事实上，开垒先生从没顾及自己的伤痛，只要发现有人上门，从不拒绝。

看到开垒先生在这般情况下还坚持为我看稿，我着实于心不忍，说："徐老师，你别再为我操心啦，好好养伤要紧。你这样，叫我如何对得起你呢？"

他摇了摇头，连连说："这没啥，这没啥，帮助青年作者，这是我们的责任嘛！"接着又说："看了你几篇文章，我觉得你大有进步，就这样写下去，准会有出息。不过你现在该'毕业'啦，今后对自己的作品要多琢磨琢磨，文章就会写得更好的。"

我懂得他话中的意思。孩子长大了，应自己学会走路，不要老叫大人抱。从此我决定在一般情况下不再去打扰开垒先生，尽量做到"自力更生"。但多年来与开垒先生建立起来的深深的友情是不可磨灭的，故我有时还会抽空去看望他。

痛苦与内疚

由于我接受了开垒先生的教诲和指导，不断刻苦学习，创作上初有建树，小说、散文、故事、儿童文学等作品，相继在报刊上发表，还出版过多本儿童读物，有的文章还上了教科书，有的被译成外文，有的获奖。拙作引起了人们注意，常会有编辑上门来向我约稿。退休后，我又被一家报社聘为业余编辑。这些事使我成了大忙人，常抽不出时间去看望开垒先生，只能有时给他家去个电话。也不知为什么，每次电话只听铃声响，总是无人接听，我不禁担心起来：莫非开垒先生出了啥事？我为此很不安，决定登门看个究竟，想不到他家"铁将军把门"，怎么敲门也无人应答。这是怎么回事呀？后来经过多方打听，得知师母已离世，开垒先生去美国探亲了，难怪家中无人。

后来我才知道，徐老在美国时间并不太长就回国了，去美国期间积累下来很多事情，都要他亲自处理。后来几年，时常生病住院，故我去电话，很难联系得到。让我不安的是，徐老治病就住在我家附近的瑞金医院，我却一点儿也不知道，要不是媒体报道他离世的消息，我至今兴许仍浑然不知。我感到很惭愧，很内疚。虽然那天我在无人知晓的情况下悄悄去看了徐老一眼，但还是消除不了我心中对他的愧疚。我只能在心里默默地说：徐老，您老走好，实在对不起您啊！

我为失去徐老这位恩师而内疚和痛苦，为徐老为人处世的美德而感到敬佩。徐老，您永远是我学习的楷模！

(2013 年 1 月 25 日《联合时报》)

图书在版编目(CIP)数据

重读徐开垒/徐问,徐容编.—上海:上海人民
出版社,2017
ISBN 978-7-208-14705-8

Ⅰ.①重… Ⅱ.①徐… ②徐… Ⅲ.①徐开垒-纪念
文集 Ⅳ.①K825.6-53

中国版本图书馆 CIP 数据核字(2017)第 183394 号

责任编辑　屠毅力
封面设计　傅惟本

重读徐开垒

徐　问　徐　容　编

世 纪 出 版 集 团

上海人 民 出 版 社 出版

(200001　上海福建中路 193 号　www.ewen.co)

世纪出版集团发行中心发行　　上海中华印刷有限公司印刷

开本 720×1000　1/16　印张 18　字数 305,000
2017 年 11 月第 1 版　2017 年 11 月第 1 次印刷
ISBN 978-7-208-14705-8/K·2678

定价 88.00 元